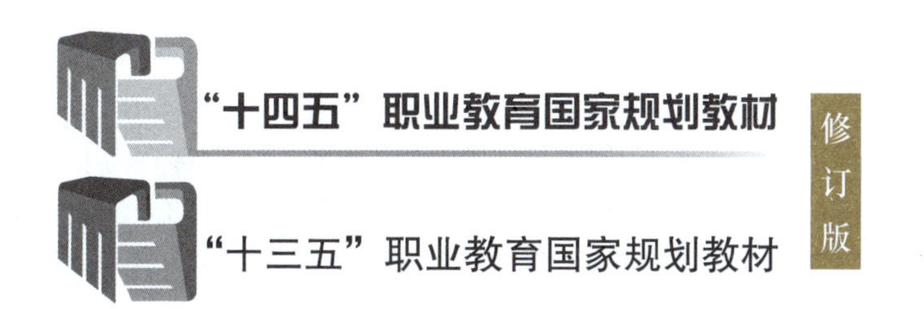

客户服务技能训练教程——基于体验经济

第3版

王晓望　著

本书作者具有多年企业工作经验和一线教学经验，在实践中积累了大量的优秀成果。这些经验和成果保证了本书结构设计的系统性和实操性。本书以项目为载体，将工作过程转变为学习过程，并通过让学生边“理论”、边“实操”、再总结的形式，引导学生自主学习，教师与学生实现充分的互动，体现了经管类一体化课程改革的最新成果。

本书提供有足够的原创案例、工作情境和练习以及所有难点习题的参考答案，并以文本、音频、视频的形式展现出来，增加了学生学习的趣味性，也便于教师教学、学生自学。

本书适用于高等职业院校的市场营销、电子商务、网络营销与直播电商、经济贸易类、工商企业管理等专业，同时也可作为提升企业员工服务能力的培训教材和读者学习客户服务技能的自学教材。

为方便教学，本书配备了电子课件、二维码教学视频、参考答案等教学资源。凡选用本书作为教材的教师均可登录机械工业出版社教育服务网www.cmpedu.com免费下载。如有问题请致电010-88379375联系营销人员。

图书在版编目（CIP）数据

客户服务技能训练教程：基于体验经济/王晓望著．—3版．—北京：机械工业出版社，2023.4（2024.7重印）

ISBN 978-7-111-72417-9

Ⅰ．①客… Ⅱ．①王… Ⅲ．①企业管理—销售管理—商业服务—高等职业教育—教材 Ⅳ．①F274

中国国家版本馆CIP数据核字（2023）第026446号

机械工业出版社（北京市百万庄大街22号 邮政编码100037）

策划编辑：孔文梅 责任编辑：孔文梅 董宇佳

责任校对：韩佳欣 王明欣 封面设计：鞠 杨

责任印制：刘 媛

涿州市般润文化传播有限公司印刷

2024年7月第3版第4次印刷

184mm×260mm・14.75印张・322千字

标准书号：ISBN 978-7-111-72417-9

定价：49.00元

电话服务 网络服务

客服电话：010-88361066 机 工 官 网：www.cmpbook.com

010-88379833 机 工 官 博：weibo.com/cmp1952

010-68326294 金 书 网：www.golden-book.com

 机工教育服务网：www.cmpedu.com

关于“十四五”职业教育
国家规划教材的出版说明

为贯彻落实《中共中央关于认真学习宣传贯彻党的二十大精神的决定》《习近平新时代中国特色社会主义思想进课程教材指南》《职业院校教材管理办法》等文件精神，机械工业出版社与教材编写团队一道，认真执行思政内容进教材、进课堂、进头脑要求，尊重教育规律，遵循学科特点，对教材内容进行了更新，着力落实以下要求：

1. 提升教材铸魂育人功能，培育、践行社会主义核心价值观，教育引导学生树立共产主义远大理想和中国特色社会主义共同理想，坚定“四个自信”，厚植爱国主义情怀，把爱国情、强国志、报国行自觉融入建设社会主义现代化强国、实现中华民族伟大复兴的奋斗之中。同时，弘扬中华优秀传统文化，深入开展宪法法治教育。

2. 注重科学思维方法训练和科学伦理教育，培养学生探索未知、追求真理、勇攀科学高峰的责任感和使命感；强化学生工程伦理教育，培养学生精益求精的大国工匠精神，激发学生科技报国的家国情怀和使命担当。加快构建中国特色哲学社会科学学科体系、学术体系、话语体系。帮助学生了解相关专业和行业领域的国家战略、法律法规和相关政策，引导学生深入社会实践、关注现实问题，培育学生经世济民、诚信服务、德法兼修的职业素养。

3. 教育引导学生深刻理解并自觉实践各行业的职业精神、职业规范，增强职业责任感，培养遵纪守法、爱岗敬业、无私奉献、诚实守信、公道办事、开拓创新的职业品格和行为习惯。

在此基础上，及时更新教材知识内容，体现产业发展的新技术、新工艺、新规范、新标准。加强教材数字化建设，丰富配套资源，形成可听、可视、可练、可互动的融媒体教材。

教材建设需要各方的共同努力，也欢迎相关教材使用院校的师生及时反馈意见和建议，我们将认真组织力量进行研究，在后续重印及再版时吸纳改进，不断推动高质量教材出版。

机械工业出版社

Preface

前言

习近平总书记在党的二十大报告中明确提出，高质量发展是全面建设社会主义现代化国家的首要任务，实现高质量发展是中国式现代化的本质要求之一。商业零售业是国民经济的重要组成部分，提升服务品质不仅关乎商业零售业的创新发展，同时在“满足人民对美好生活的向往”这一奋斗目标中也具有战略意义。

服务的生产、供应以及消费是同时进行的，因此服务的交互过程对消费者体验质量有着至关重要的影响。纵观学者们的研究，服务交互的内容包括顾客与服务人员的交互、顾客与顾客之间的交互以及顾客与服务环境的交互（物理接触、数字接触）三个维度。限于本书的服务对象，本书重点培养服务人员与顾客的交互能力、促进顾客与顾客之间交互的能力以及构建满足客户需求服务体系的服务思维。

本书第1版于2009年初问世，在相关课程没有广泛开设的情况下，全国近百所院校选用了本书。经典教材也需要与时俱进，第3版主要特色是知识体系“理实一体”注重理论知识与实践知识的有机结合，教学理念“工学一体”强调满足企业人才需求，书中案例、情境描述、工作方案均采自企业一线，突出学员服务思维与能力的养成训练。这一点已经在作者15年的教学实践中得到证明，不论从企业反馈，还是学生评价，毕业生服务客户的能力都让人赞叹。毕业生普遍认为，该课程培养的服务能力让他们赢在了“职业起跑线”。

第3版保留了前2版的体例，其改进在于以下几点：

一、突出职业素养赋能专业知识有效输出的作用，实现了知识传授、技能培养和价值引领的有机统一

本书不仅传授专业知识，还致力于促进学生在德、智、体、美、劳全面发展的养成教育。本书不仅注重知识含量，而且在专业知识输出时自然融入社会主义核心价值观、个人品格素养和科学观方法论，三者有机转化为本课程的主题：新零售时代为消费者创造美好的购物体验，助力消费升级和人民生活品质提升。例如：在分析客户服务岗位和体验经济时代特征时，引导学生建立服务岗位的使命与担当，树立适应中国式现代化新发展格局的服务意识；处理客户投诉是具备完整行动导向的工作过程，通过分析信息，学习国家与企业标准，学生体会到“客观公正”的服务理念，在制订解决方案的过程中，学生体会到不仅要创新服务、满意服务，更要遵守“道德、法律、安全和政治正确”的服务底线。在与客户磋商沟通的过程中，学生能感受到“真诚”和“主动为他人着想”在改变客户态度中的力量；在处理客户不同

问题的训练中，学生可以体会到运用技术性劳动帮助他人解决问题而给自己带来的成就感；在学习不同国家卓越服务的案例过程中，拓宽了学生的眼界，促进了学生开放思维的养成。

二、促使学生构建阶梯式上升的知识体系

本书的知识体系由5个项目、16个任务组成，第3版在项目二中新增了“线上受理客户咨询”工作任务，以完整目前的服务渠道。本书除了工作任务训练，还包括了体验经济、体验营销、客户满意的含义、满足客户需求和投诉处理方法等理论知识，其中蕴含了“理论1.0输入—实践演练提升—理论2.0输入—实践演练巩固—理论3.0输入”的逻辑结构，以促成学生服务能力养成的“阶梯式上升”。

三、达成集“教材、学材”为一体的一体化课程教材建设要求

每个项目以综合实训任务书开篇，任务书详细地说明了实训任务描述、实训目标、实训成果形式、实训方式和评价标准。每个项目任务的完成，都需要学生综合运用该单元的知识。正文仍然保留了边“理论”、边“实操”的基本设计思路。第3版更新了多篇新零售行业的案例并增加了近两年学生优秀实训成果。本书运用了教师教授、任务驱动、案例分析、情境模拟、角色扮演、项目教学等多种教学方法，使课程更加丰富多彩、贴合实际。

四、数字教材的尝试有助于教师尝试新型教学方法

本书依照新形态数字教材的建设要求，制作了丰富的场景视频和难点微课。学习者依据需要，自行扫描书中二维码就可以得到更多的辅助信息，这些信息以音频、视频和微课等形式出现，既可以满足学习者自学的需要，也可以帮助教师尝试“翻转课堂”等创新的教学方式。

国民对服务的理解决定了其能够获得什么样的服务，因而本书的使命在于：①传播适应中国式现代化高质量发展新格局的服务理念；②通过培养一批又一批具有服务素养和先进服务理念的行业从业者，在服务的过程中传递美好、专业与价值，营造舒适的消费氛围。

为方便教学，本书配备了电子课件、二维码教学视频、参考答案等教学资源。凡选用本书作为教材的教师均可登录机械工业出版社教育服务网 www.cmpedu.com免费下载。如有问题请致电010-88379375联系营销人员。

编　者

二维码索引 Index

Contents

目录

Project 1

项目一

认识客户服务

综合实训任务书

【实训任务描述】

请依据企业背景，拟定一份基于体验经济的企业营销创新发展思路（包括企业简要介绍、客户特点分析、具体而系统的客户体验活动）。

企业背景 1：某海滨城市的著名民宿聚集地，那里有多家各具特色的小型私人度假酒店和俱乐部。

企业背景 2：可自行选择熟悉的企业为背景。

【实训目标】

素养养成目标：

1. 树立服务理念。
2. 实践体验经济与体验营销的理念。

专业能力目标：

1. 创造美好的客户度假体验。
2. 提升暑假期间的销售业绩。

3．赢得客户口碑。

4．增加客户黏性，将其发展为忠实客户。

【实训成果形式】

1．Word 版本的工作方案。

2．图文并茂的、有关核心内容的演示文稿。

【实训方式】

全班学生分成若干小组，每组 6 ～ 7 人，每组集思广益、合理分工，制作一份实训成果。

【评价标准】

满足越多下述评价要素，得分越高。

1．通过有形与无形的设计，刺激客人视觉、听觉、嗅觉和触觉等感官接触，创造客户体验。

2．环境设计理念与体验主题相统一。

3．体验主题鲜明。

4．体验具有丰富性。

5．体验活动具有高度的客人互动性、参与性与融入性。

6．体验设计体现出“以客户为中心”的“兴趣”和“情感”要素。

7．体验设计有助于提升客户某种技能或者主、客间的文化交流。

任务一　理解客户服务

知识目标

- 掌握客户与客户服务的内涵。
- 说明对于客服岗位的理解。
- 分析客服岗位工作内容与能力要求。

能力目标

- 比较客服职业要求与自身所具备的素质，制订改进计划。
- 建立客户服务意识，树立优质客服理念。

素养目标

- 客服岗位助力“文明和谐美丽”社会主义强国愿景的实现，需有岗位使命与担当。

任务引入

请根据下面的两则广告选择其中的一款冰箱，并说明原因。

超级冰箱	魔力冰箱
颜色：有红、白、蓝、黄4种颜色。 体积：180厘米×100厘米×70厘米。 容量：60升。 功能：冷冻、冷藏分开，零件进口率达98%，获得国际质量金奖；速冻保鲜，不串味；电压不稳时可自动断电。 最低制冷温度：−15摄氏度。 售价：2 200元。	颜色：有红、白、蓝、黄4种颜色。 体积：180厘米×100厘米×70厘米。 容量：60升。 功能：冷冻、冷藏分开，零件进口率达98%，获得国际质量金奖；速冻保鲜，不串味；电压不稳时可自动断电。 最低制冷温度：−10摄氏度。 售价：1 900元。

请说出你的选择并说明原因：

____

____

____

请根据两款冰箱的补充信息，再次做出选择，并说明原因。

超级冰箱	魔力冰箱
服务： 1. 保修3年，开通24小时热线电话。 2. 如果顾客在购买冰箱后发现商店销售人员夸大了冰箱的功能，可以立即退货。 3. 一旦冰箱发生故障，维修人员会在8小时内赶到现场。 4. 所有维修人员均受过专业训练，他们必须在3小时内解决问题，否则顾客可自由退货。 5. 如果对维修人员的服务不满意，可直接通过客服中心（电话、网络）反馈情况。	服务：保修1年。冰箱一旦售出，若无明显质量问题，概不接受退货。

请说出你的选择并说明原因：

____

____

____

【相关问题】

1. 你的前后两次选择有所改变吗？
2. 这个选择改变的过程对你有什么启发？
3. 你认为客户服务在现在的商业竞争中占有什么样的地位？

任务分析

随着社会主义市场经济的不断发展，信息技术的突飞猛进，企业间产品的同质化倾向日趋明显，产品被复制的难度越来越小，产品更新换代的速度也日益加快。企业间日趋激烈的竞争焦点落在了客户身上。怎样为客户提供优质的服务？怎样才能吸引更多的客户？怎样培养企业的忠实用户？每个企业都在努力寻求这些问题的解决方法。越来越多的企业选择组建客户服务部门以期为客户提供更好的服务，并且大部分企业在制定企业高层目标时都会包括客户服务质量的目标，也就是说，更多的企业已经把客户服务部门放在了企业经营战略的重要位置。因而，企业对客户服务工作人员和具有客服意识的人才的需求不断增多。

任务引入中两则小广告前后内容的变化，会导致大部分消费者对产品选择的改变，本任务试图通过这个比较使大家认识到服务在企业竞争中的作用。

相关知识

一、客户的内涵

客户是企业的利润之源，是企业的发展动力，很多企业将“顾客是我们的衣食父母”作为企业的客户管理理念。而究竟什么是顾客，什么是客户呢？在西方的论著中，顾客（Customer）和客户（Client）是两个不同的概念。尽管顾客与客户都是购买和消费企业产品的人或者组织，但两者最大的区别在于顾客是“没有名字的一张脸”，而客户的资料却详尽地储存在企业的信息库中。从这个意义上讲，客户与企业之间的关系比一般意义上的顾客更为密切和亲近。在服务经济、体验经济到来的时代，一个非常重要的管理理念就是要将顾客视为“客户”，而不再是“一张没有名字的脸”。

在现代企业管理中，客户的内涵进一步扩大。除了企业外部的客户（即营销学中的“客户”概念）外，公司内部的下一流程、下一道工序的工作人员也是客户。

以下为理解客户内涵的几个要点：

（1）客户不一定是产品或服务的最终接受者。对处于供应链下游的企业来说，他们是上游企业的客户。他们可能是一级批发商、二级批发商、零售商或物流服务提供商，而最终的接受者是消费产品或服务的个人或组织。

（2）客户不一定是用户。处于供应链下游的批发商、零售商是制造商的客户，只有当他们直接消费这些产品或服务时，他们才是上游制造商的用户。

（3）客户不一定在公司之外。内部客户日益引起企业的重视，它使企业的服务无缝连接起来。因为人们习惯于为企业之外的客户服务，而把企业内的上、下流程工作人员和供应链中的上、下游企业看作是同事或合作伙伴，淡化了服务意识，造成服务的内外脱节和不能落实。

我国某大型物流公司为关怀内部员工，设有专门的工会组织。为了让广大员工知道这个组织的作用和服务内容，在炎炎夏日，该公司特意将工会的职责与服务内容制作成蒲扇发给基层员工，以广为传播指定信息。从这个细节，我们就不难理解这家企业在短短十几年的时间里就发展成国内物流行业龙头企业的原因了。

在现代企业客户关系管理理念的指导下，个体的客户和组织的客户都统称为客户，因为无论是个体或是组织都是接受企业产品或服务的对象，而且从最终的结果来看，“客户”的下游还是客户。因此，客户是相对于产品或服务提供者而言的，他们是所有接受产品或服务的组织和个人的统称。

不过，在单独使用这两个概念时，含义上没有太大的区分，完全可以视情况来用词。在本书中，作者也是根据行文的需要选择使用“顾客”或“客户”一词，没有刻意区分两词之间的含义。

二、客户服务的内涵

1. 何为“客户服务”

狭义的客户服务是指售出后跟产品有关的服务，如使用说明、维修保固、退货或账务服务等。广义的客户服务是指致力于使客户满意并持续购买公司产品或服务的一切活动的统称。在现代市场经济中，往往采纳广义的客户服务的概念。因为客户不仅需要产品和服务，还需要企业更好地对待他们，为他们的消费过程带去难忘的体验。

2. 客户服务所包含的内容

客户服务所包含的内容非常广泛，基本的客户服务内容如下：

（1）提供购买咨询。当客户准备购买产品时，客服人员需要向其提供有关信息和咨询。

（2）受理客户订单。当客户购买产品时，也就是下订单时，客服人员需要迅速受理。

（3）提供技术支持。当客户对企业的产品在技术问题上产生疑问和需要支持的时候，客服人员要迅速地对他们所提出的疑问予以解答或者给予技术支持。

（4）受理客户投诉。当客户产生不满并进行投诉时，客服人员需要迅速受理。

（5）管理客户关系。搜集客户信息，分析和把握客户特征，提供有针对性的产品和服务，维护良好稳定的客户关系。

（6）服务设计[㊀]。传统意义上的服务设计指的是在经营和营销领域中，为服务所进行的策划及活动；现代意义上的服务设计，强调的是为了能让客户得到更好的体验，依据时间线设计客户不同类型的接触点（包括物理接触点、数字接触点和人际接触点）。服务设计是为了提供更有益、更有效率、更具魅力的服务而存在的。服务设计是为开发服务进行的设计过程，是在基准的服务基础之上提出的革新的、创造性的、实质性的方法，有助于企业从硬件和软件系统上提升服务品质。

// 案例 1-1

在韩国的很多医院里，为了做空间指引，地面上都会标注带有颜色的线条，目的是让病人沿着不同颜色的线条找到不同的场所。其实没有任何的文字说明或是相关人员的指引，单靠几条线条是达不到引导目的地的，之所以还采用这样的方式，是因为当病人询问路线的时候，医院的医护人员可以通过那些线条准确、亲切地向病人说明（如“请您沿着蓝色的线，步行大约 150 米就到了”），帮助病人的同时，还能让病人感受到医护人员的情感呵护，从而传递出医院的服务品质和服务理念。医院通过这个导航系统，巧妙地实现了物理接触点和人际接触点的融合。

㊀ 茶山．关于服务设计接触点的研究——以韩国公共服务设计中接触点的应用为中心 [J]．工业设计研究，2015（3）：111。

数字接触点指的是用户在使用智能手机、互联网站或者其他数字系统中的接触点。我们可能用过这样一种自动点餐系统：用户可以选择自己喜欢的食物和数量，被选择食物的详情页除了显示食物的名称、图片、价格以外，还包括了食物的用料、烹饪方法和健康指数等，方便用户点餐的同时，也普及了国民对于健康饮食的习惯及意识。

可见客户服务的意义并非只限于接受订单、送货、处理投诉以及维修等服务，更和一些人仅将客户服务理解为“端茶倒水”的简单劳动相距甚远。客户服务从个人单个行为到企业整体系统都已经成为企业赢得竞争的战略考量。从最广泛的意义上讲，任何能提高客户满意程度的因素与行为，都属于客户服务的范畴。客服人员对顾客的一个会心的微笑，都会让顾客感到愉快，那么微笑也属于客户服务的范畴。银行的网上银行操作界面设计简便，会让客户满意，那么操作界面的设计也属于客户服务的范畴。

企业能否在未来的市场竞争中获胜，关键不在于企业能提供什么产品或服务，而在于企业能提供的产品或服务的附加值是多少，服务就是企业提高产品附加值的一种有效途径，服务能力同时也是个人提高职场竞争力的有效途径。因而，在学习本书时，大家不要只把本书的内容视为客服岗位的能力训练，而要把本书的内容当作提升自身素养、增加就业竞争力的能力训练。

3. 客户服务的源起——客户价值

企业对于客户服务工作的重视，源于客户对于企业的价值。客户对于企业的价值主要体现在以下方面：

（1）客户创造了利润。企业的首要经营目标是创造更大的利润，客户为换取企业的产品或服务而支付的金钱是企业唯一的收入来源，因而每家企业都把客户视为“衣食父母”。赢得客户就是赢得利润。

// 案例 1-2

乡下的小王 16 岁时到城里开了一家米店，一开始没有生意，这个小伙子便想出一个办法，使自己的米店生意红火起来。那时电话还没有普及，家庭主妇买米要上街，买多了拿不动，买少了过不多久又要买，而且一不留神就会在要煮饭的时候发现没米了，非常麻烦。米店老板则是坐着等顾客上门，也很被动。

小王很爱动脑筋，想到了一个好方法，碰到顾客上门买米时提出了一个建议：“您要的米我帮您送到家里好不好？”客人说：“好啊！”有人愿意免费送米当然是求之不得的事。

你能说出小王是采用了什么办法吗？

（2）客户创造了质量。对企业来讲，客户使用产品后提出的意见具有重要的价值，它会直接影响企业的经营行为，以及企业对客户消费行为的把握，成为企业下一阶段经营的依据。

// 案例 1-3

腾讯创始团队曾经回忆产品研发初期的经历。他们开发出 QQ 早期产品 OICQ 之后的一段时期，团队成员每天守在电脑前，收集用户意见并立刻对产品进行修改。经过将近半年时间与用户的互动，腾讯正式推出 QQ 这一被广泛使用的交流软件。

// 案例 1-4

小米是成功运用论坛，吸收用户意见并运用到产品优化中的典范。小米推出的第一款产品并非手机，而是基于安卓系统的 MIUI 手机操作系统。MIUI 开发时有意引入第三方民间团队。发布后，小米会随时响应尖端用户在小米论坛上的反馈，小米没有传统的营销团队，只有一支以创始人雷军先生为核心的用户意见反馈团队，雷军先生一度是论坛中最活跃的身影，他将论坛中收获的最有发展前景的功能在最短的时间内集成进正式版，再每周发布新版本的 MIUI。小米由此积累了大量的论坛粉丝，诞生了最早的一批忠实用户——“米粉”。

（3）客户创造了机遇。一般消费者的从众心理很强，一个企业拥有大量的客户群会成为其他客户考虑的重要因素。另外，当一个企业拥有忠实的客户在市场中占据相对较大的份额时，就会形成规模优势，也会降低企业的成本。

客户还会为企业带来网络化价值。客户网络化价值是指当有一个商业客户使用你的产品、服务，该商业客户的客户为了便于与其进行商务行为，也可能会采用你的产品、服务。因此形成了一种网络化的消费行为，为企业带来更多的客户。

不论是腾讯还是小米，再或者阿里巴巴，这些企业都成功地建立了自己的经营生态圈。腾讯的众多 QQ 注册用户，是其微信产品一经推出就迅速发展的基础，也为游戏等其他产品的销售创造了机遇。小米的忠实粉丝群为其网上订购销售模式的成功创造了机遇。阿里巴巴集团淘宝注册用户群为其天猫等高端品牌的成功上线创造了机遇。这些注册用户群已然成为企业其他产品销售的“蓄水池”，为企业的不断发展创造了机遇。

（4）客户创造了市场。一个品牌的追随者越多，它的价值就越高。企业拥有较多的客户就意味着占有了较大的市场份额，品牌形象需要一定的市场份额来支撑。曾有人做过这样一个试验：将一瓶普通的威士忌倒入路易十三的空瓶中，让一位专业品酒师品尝，居然让他赞不绝口；一件普通的衬衫绣上品牌标志，就能多卖几百元。在笔者身边发生过一件真实的案例，有个学生这样分享他的一次经历，他花了五百多元买了一双名牌鞋，穿到脚上感觉步履轻盈，看着品牌帅气的 LOGO 标志，心里十分满足。他穿了一个多月后，终于有一天，有人指出他的那双鞋是仿造的，即“山寨版”的。可这个“山寨版”的鞋子就是因为贴上了品牌 LOGO 标识，穿着它的人一样感觉十分满足，品牌的影响力由此可见。

企业只有提供高质量的产品，同时伴随令客户满意的服务，才能获得越来越多的追随者，形成品牌效应，从而赢得更广阔的市场。

（5）优化服务，开发客户。为客户提供优质的服务，企业与客户之间才能形成良性循环的关系。企业从最开始关注客户的需求，到迎合客户的需求，再到最后企业自主优化服务，从而开发更多的客户。

三、客户服务的意义

1. 适应市场营销环境变化的需要

随着技术的发展，产品的同质化倾向日趋明显，企业之间的竞争不仅仅是产品的竞争，更是服务的竞争。服务日益成为企业竞争和生存的关键。而市场也正处于从“产品经济”时代逐步过渡到“服务经济”“体验经济”时代的转变之中。作为一名消费者，我们在接受产品本身功能所带来的价值的同时，还在享受服务所带来的乐趣。只有具有优质客户服务质量的企业，才能够在服务经济社会里取得成功。这种转变还将继续，因为“体验经济”的时代正逐步来临。万事都可能被其他企业复制，唯有顾客的体验不可替代。只有建立全面的客户服务体系，关注客户从产品、服务到体验的全过程，企业才能把握客户需求，不断提高客户满意度，使客户成为企业的忠实用户。

2. 建立竞争优势

当今时代，信息传播速度之快令人惊叹，技术的“保鲜期”逐渐缩短，这使得各厂商间同类产品的质量水平日趋一致。通过质量来赢得消费者的青睐显然已不够。而服务是竞争者无法模拟和复制的，因为服务的执行者是员工，服务文化和行为的建立需要较长时间的积累。所以，服务是企业在竞争中获得优势的秘籍。

// 案例 1-5

全球在线零售巨头 Amazon（亚马逊）曾经以 8.5 亿美元收购了美国最大的在线鞋类零售网站 Zappos。Amazon 已经是全球在线零售的巨无霸，Zappos 的销售额不足前者的 1/20，那 Zappos 是如何让 Amazon 如此青睐有加的呢？答案就是卓越的客户服务。Zappos 以提供卓越的客户服务著称，这使得它们将鞋子这个被认为最不适合在网上卖的商品做到了每年 10 亿美元的销售额。Amazon 的创始人杰夫·贝索斯谈到对 Zappos 的收购时说道：Zappos 对客户的着迷让我十分敬佩，一旦我看到一个对客户痴迷的公司，我就会完全地脚软。

Zappos 客户服务体系的核心是公司的服务文化。该公司明确规定 Zappos 的所有新员工，甚至包括不和顾客直接接触的职位，如会计师、法律顾问等，在入职时都要在拉斯维加斯总部花一周的时间接听客服电话，然后再飞到肯塔基的物流中心，把订购的鞋子打包并发送到顾客指定地址。为了让支持运营部门也能理解前台的工作内容和客户的需求。Zappos 将“客户至上”的理念落实到了日常行动中。公司的一位客服人员，在发现顾客所订的鞋子缺货后，便去竞争对手的网站搜索，并把找到的相关页面告诉顾客。公司华裔总裁谢家华认为，“对 Zappos 而言，更好的客户服务比增加一笔订单更为重要。”在这样的服务文化环境中，Zappos 特别重视客户沟通，Zappos 的 1-800 免费电话号码显示在其网站每个页面的显著位置，聪明而风趣的接线员不会受到通话时长、固定话术的限制，他们可以与客户交流任何客户想交流的事情，有些客户在买鞋的过程中会不自觉地与接线员交流起家事。这样的呼叫中心曾经创造了单个电话通话时长近 4 小时的纪录！试想有多少企业可以建立起这样强势的客户服务文化呢？这样的强势服务文化是萦绕在另一种工作氛围之上的，它的工作环境推崇创新、变革、乐趣和谦逊。在 Zappos，即使是平凡的日常会议，也充满了歌声、笑声和口哨声，填字游戏和漫画更是家常便饭。试想又有多少企业可以建立这样宽松的工作氛围呢？

除了服务文化，Zappos 还建立了完善的服务制度，包括：①配送服务。Zappos 把公司安在了联合包裹服务公司（UPS）的机场附近，仓库 24 小时运作。公司承诺 4 天内免费送货，但在大多数情况下，顾客第二天就可以拿到货。②“退货”制度。Zappos 最初推出了 30 天免费退货制度，后期还延长到了 1 年，运费都是由 Zappos 承担。③卓越的在线体验。为了降低顾客的购物障碍，Zappos 为仓库中 5.8 万种款式的 130 万双鞋，都拍了八张不同角度的产品照，以让消费者可以更清楚地了解产品。同时，配有详尽的产品文字介绍以及购买者发表的评论等，以为计划购买者了解产品提供帮助。

服务文化和服务制度的建立依靠企业高层管理者的智慧，而执行依赖的是企业员工。Zappos 不仅重视员工培训，更重视员工的录用，为此而建立了别具一格的甄选制度，即录用的新员工会进行 4 周的培训，在这四周里，新员工会充分感知公司的战略、文化以及对顾客的执着理念。在培训开始后的一周，公司会让新人选择是否继续留下，如果离开可以获得 1 000 美元的奖金。据统计大约 10% 的呼叫中心新员工会拿钱走人。这样做的目的就是把每个持有与企业价值观相同的员工留下。

Zappos 创始人最终从战略层面考虑出售这家企业，而吸引 Amazon 这个大买家的唯一理由就是它不可复制的客户服务体系。

3. 服务是体验式广告

曾经的商战，除了产品和渠道竞争之外，无外乎三种手段：广告、降价、促销。但其效果往往只能维持一段时间。而服务带来的是满足之后的美好体验。

// 案例 1-6

服务是体验式广告

如果有人问，哪些品牌是你喜欢的购物平台？哪些品牌是你会多次消费的？有人会说，京东商城；有人会说，拼多多；有人会说，海底捞……这些你愿意为它们广而告之的品牌，有一个共同的原因：购物过程中，企业的服务让你体验良好。

京东商城，运用大数据对用户购买行为进行分析，向客户推荐感兴趣的产品，减少其浏览的时间，从而做到精准营销；通过供应链优化，与供货商、渠道商共同服务终端消费者，保障产品质量和及时订货；通过自建仓库和物流配送中心，运用大数据分析匹配最优配送路径，保障配送效率；建立完善的会员制营销体系，增强用户黏性和提升顾客忠诚度。会员分为不同的等级，可以通过登录、购物、评价、晒单实现等级进阶。用户需支付会员费才能成为京东 PLUS 会员。不同等级的会员既可以获得包括可抵现金的京豆、享受极速退款、分期付款、上门取件付款服务外，还可以获得会员称号带来的归属感、会员级别提升带来的喜悦感、生日特权带来的优越感。这些综合服务体系为客户传递了良好的购物体验。

拼多多，作为一家专注于 C2B 拼团的第三方社交电商平台，其发展战略上采用了市场补缺战略，瞄准淘宝和京东放弃的三四线城市价格敏感型客户，运营策略是运用微信入口吸引用户下载企业 APP，用户在其 APP 商城搜索到中意的商品，购买分为两种价格“单独购买”和“发起拼团”，“发起拼团”的价格几乎是单独购买的一半，价格敏感型客户支付拼团价后，就会自发地运用社交关系在微信和朋友圈等渠道发起拼团，拼到规定的人数，商家就会按订单发货给客户，购买过程直接简便。平台在 APP 页面上通过有效方式创造“买到就是赚到”的消费氛围，刺激用户的购买欲望，这种社交裂变＋利益捆绑的激励模式让供应商、平台、客户以及客户的关系方四方共赢的方式，使得拼多多仅用了三年即成为仅次于淘宝和京东的第三大电商，并创造了 C2B 社交电商商业模式。

海底捞，是 1994 年成立的一家以经营川味火锅为主的连锁品牌，2018 年 9 月 26 日成功于港交所上市，正式登陆香港资本市场，2010 年度获大众点评网最受欢迎十佳火锅店称号。海底捞从经营战略选择上采用了差异化战略，经过对火锅行业环境的分析，确定了“服务差异化和市场推广差异化”的战略。网友戏称其服务为“变态的服务”，因为海底捞所提供的差异化服务时常超出顾客的想象。排队等餐的时候，能够享受免费水果、免费茶水、免费美甲、免费上网、免费玩牌、免费按摩服务，吃饭时依据客户需求送袖套、围裙、手机套和热毛巾，在洗手间还可以免费刷牙与补妆。出差的客人还会意外收到“平平安安”的苹果，过生日的客人也会意外收到相应的礼物，凡此种种组成的贴心、周到、优质的个性化服务成为海底捞的一个品牌象征，也是消费者对海底捞最为称道的一个方面。最终保持了消费者对品牌的信赖度，使企业获得了高于同行业平均水平的利润。

在上述案例中，有两个关键词得以凸显：一是客户体验，二是客户服务。体验是服务的目的，服务是体验的载体。客户体验扩大了服务的深度和广度，它让好服务突破了“礼貌”等态度的范畴，上升到建立服务系统和设计客户接触点的深度。也就是说，只有具备服务技巧的员工而没有一个完善服务设计的企业是不可能创造良好的客户体验的。

为了更好地认识客户服务，要先理解本书所要求大家掌握的服务技能是在怎样的时代背景下提出的，大家才能理解“为什么要这样做”。下一任务将较为详细地阐述客户服务得以获得重视的经济背景——体验经济时代的到来。

任务实施

任务引入中的两款冰箱在功能上几乎没有差别，超级冰箱只是在第二则广告中增添了客户服务的详细内容，使得顾客的选择发生了逆转。我们从中可以看出服务已经成为当今企业在竞争中制胜的关键。有一位成功的企业家说过：“服务是我们最有效的战略营销武器，是产品在市场上取得差异性的唯一途径。”

广告、降价、促销是企业常用的销售手段，但很容易被其他企业效仿，服务已经成为第四种销售手段，而且几乎无法复制，因为它的执行者是每位员工。从超级冰箱取胜的因素中我们能够体会客户服务的含义已经不仅仅是售后服务，而是从产品研发、销售过程到售后使用各个环节都能让顾客满意的“全方位服务”。

知识拓展

一、有关客户服务的职业

1. 职业内容

致力于使客户满意并使客户持续购买企业产品或服务的一切活动的执行人员，都可以称为客户服务人员（简称客服人员）。例如：企业的前台接待人员、售后服务人员、技术支持人员、客户经理等。随着电子信息技术的广泛应用，客服人员需要综合运用计算机智能与电话集成技术，通过电话、传真、电子邮件、互联网、视频图像、短信、数据仓库等现代信息处理手段，为企业客户提供信息服务，客服工作的形式和职业内涵得到了进一步扩展，呼叫中心应运而生，其座席代表也成为企业进行客户服务的主要执行者。

在一个信息高速发展的时代，客服人员要做的不仅仅是解答客户的疑问，提供专业的咨询、查询等信息传递的服务，而且需要在此基础上最大限度地发挥客户服务部门的作用，为客户提供如信息处理、解决问题等更为全面的服务，并进行直复营销。客服人员通过对客户的各种消费行为进行统计与分析，以及对客户提供的各种信息进行总结和分析，为客户提供个性化的服务，为企业的营销部门提供及时有效的市场信息，辅助营销决策。随着客户接触手段的多元化、客服效率的提高，作为企业代表的客服人员成为企业培养忠实用户的重要途径。

2. 职业要求

客户服务相关岗位较多，但总体来说，这些岗位的共同任职要求包括：拥有良好的服务态度与意识；具备专业的服务形象与礼仪；具有较强的语言表达、沟通能力；具有较强的理解能力和临场应变能力；具有把握客户心理，并加以引导的能力；具有良好的心理调适能力；具备团队合作意识，能尽快适应工作；熟练掌握计算机操作技能；打字速度达到 80 字 / 分钟。

本书主要围绕上述职业要求，选用大量的工作情境案例以训练阅读者掌握客户服务的基本礼仪与技巧以及维护客户关系的技能。

3. 职业发展

客户服务人员的职业发展可以是纵深式的（如图 1–1 所示），以呼叫中心为例，首先是一线服务人员（如接线员），然后是后台资深服务人员（如质量督查、数据统计分析等），最后成为客户服务专家（如服务质量监控、呼叫中心运营管理）。也可以是横向的职业发展路径（如图 1–2 所示）。某大型股份制银行的客户服务中心员工职业生涯发展示意图（如图 1–3 所示）清晰地诠释了客服人员纵向与横向的职业发展路径。

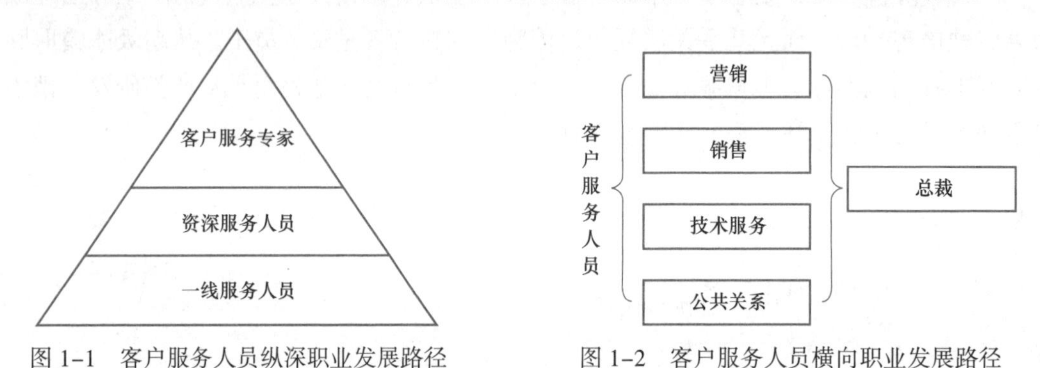

图 1–1　客户服务人员纵深职业发展路径

图 1–2　客户服务人员横向职业发展路径

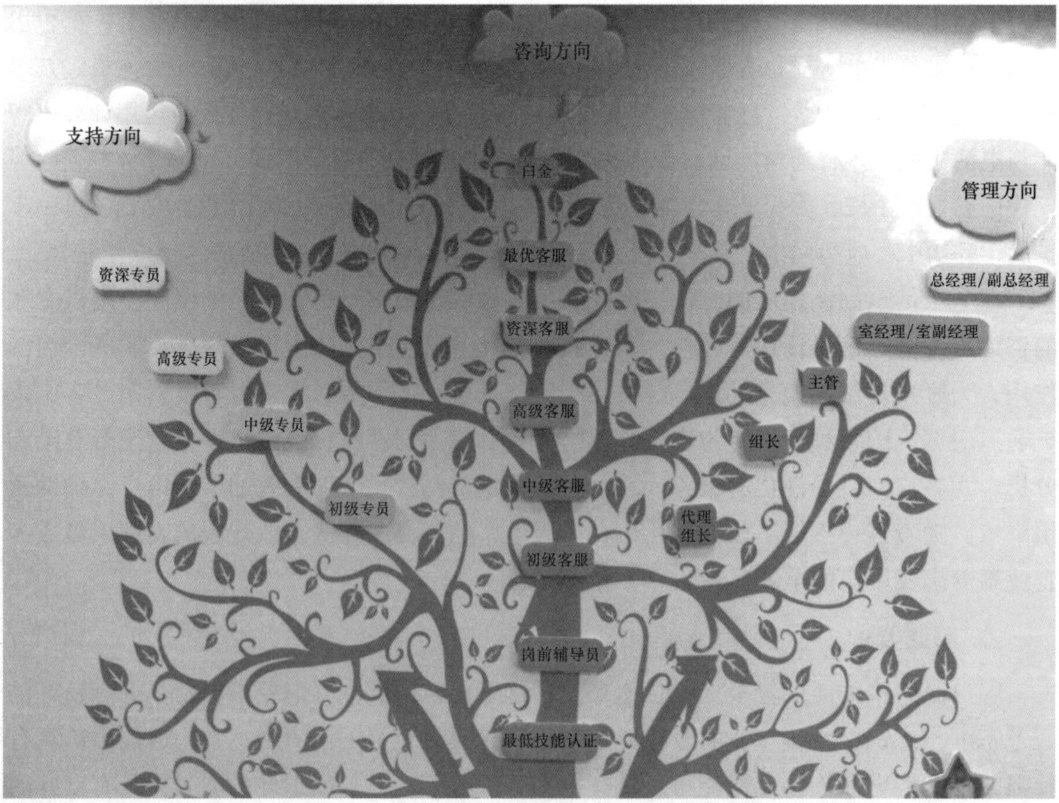

图 1–3　客户服务中心员工职业生涯发展示意图

从对客户服务人员的能力要求可以看出客服人员的技巧与经验其实是多方面的。首先是沟通，通过每天与客户打交道，客服人员的沟通技巧得以逐渐培养。迅速领会客户需求与心理并立即给出最佳建议的能力是十分宝贵的。其次是毅力与热情，客服人员面对不同需求、不同性格与修养的客户要提供始终如一的服务，这需要巨大的毅力和饱满的热情。其他的技能与经验包括：熟悉公司结构、产品知识、服务情况，掌握客户服务技巧、电话营销技巧。许多提供技术支持的客户服务人员的专业知识可能是企业内拔尖的，而许多提供服务、营销的客户服务人员对客户的熟悉与关系的维护却是其他部门工作人员不能比的。因此，在企业内部，客户服务人员的职业发展除了走向资深客服人员或客服部门的管理岗位外，进入技术、营销、销售、公关等领域也是不错的选择。

客户服务人员还可以有其他职业选择。通过若干年客户服务积累的工作经验，掌握了较好的与人沟通的技巧，练就了良好的语言表达能力，培养出非常好的心理素质，这些能力与素质对于许多职业都是十分有价值的。如果还积累了其他方面的专业知识，那么客户服务人员再去选择服务行业外的其他行业的职业，也是非常可取的。事实上，客户服务机构的员工职业生涯规划可以有更广阔的选择，很多人的最终目标是成为一个企业的 CEO，要知道，世界 500 强企业的 CEO 有 50% 是从客户服务做起的！

在美国等发达国家，信息技术高度发达，呼叫中心被广泛应用，从事客户服务工作的人员在就业年龄上基本没有什么限制，可以是大学生，也可以是生育后重新回到职场的妇女。

但在我国情况有些不同，呼叫中心的服务模式尚未普及，面对面提供客户服务的情况仍然十分普遍，因而企业对一线客服人员的外在形象比较关注。这就造成了从事一线客户服务人员的年龄基本都在 30 岁以内这一现象。在招收员工时，年龄歧视是客观存在的，这似乎预示着客户服务人员在 30 岁以后必须去选择其他职业或岗位。然而随着社会的进步和发展，越来越多的境外企业加入国内市场的竞争，国内各服务市场的发展速度惊人，服务行业对熟练员工的需求十分巨大。作为一个新兴的产业，客户服务产业在国内取得了蓬勃发展，产业规模和从业人员数量已经具备相当的规模。这一发展不仅从深层次提高了各行业的客户服务意识和服务水平，而且对整个服务行业的用人理念产生了极其深远的影响。各航空公司开始聘用“空嫂”就是企业用人观念改变的一个例证。

二、树立良好的客户服务意识

1. 客户服务意识概述

若要做好客户服务工作，除了掌握良好的服务礼仪与技巧，更为关键的是工作人员是否具有良好的客户服务意识。良好的客户服务意识是实现客户满意的基础。

意识，就是人的头脑对客观世界的一种直接反应，是感觉、思维等各种心理过程的总和。比如，走在街上，如果有车子鸣笛，你的直接反应是闪到一边。服务意识就是人们从事服务活动的主导思想，反映人们对服务活动的理性认识。意识决定个体的行为，只有具有服务意识的员工才能自然地做出令人满意的行为。

客户服务意识表现在全心全意地站在客户的立场思考问题，真心真意地为客户提供帮助、解决问题。只有拥有客户服务意识，才会从工作中发掘更多的乐趣，发掘更好的服务方法，形成友好、亲切、得体的服务风格，从而使自己服务的企业取得更大的效益，也会使自己的事业更上一层楼，形成企业与自我双赢的局面。

// 案例 1-7

拥有服务意识助力职业生涯

服务意识是综合职业能力中的重要组成部分，是典型的行业通用能力。服务意识包含以下关键词及具体的行为表现：忍耐、宽容，站在客户的立场考虑问题，为客户提供帮助解决问题。拥有服务意识的职业人，他们的职业生涯都呈现出旺盛的生命力。

徐爱是一家品牌航空公司的空姐，空姐岗位看似光鲜亮丽，实则也很辛苦。她每天 5 点就起床化妆，通常要到夜里 10 点半才着陆。由于飞机延误造成的司乘矛盾，乘客就会把气撒在空姐身上，将东西摔到她身上，被旅客旅行箱的拉杆刮伤等各种意外，她都默默承受，并宽容了客户，坚持为乘客的每一段旅程提供标准的服务。她以 23 岁的年龄被提升为最年轻的乘务长，随后成为一分部副经理。同事起初也有些不服她，但她却抱着一颗热情为大家服务的心去面对。以往空姐领服装，总是要自己去找。她当上副经理后，亲自将服装按每人的尺寸分好、捆好，等同事来领时，直接提走就行。就是这样，徐爱怀揣一颗服务之心，为同事提供真诚的服务，很快赢得了大家的认可。

邱晓是某一线发达城市市政府行政服务大厅窗口的工作人员，她的服务被网友热赞为令人感动的“邱晓式服务”。网友们通过微博、论坛和表扬信表达自己的感谢之情，被提到的具体行为有：

“在与邱晓近 30 分钟交流中，她因重感冒 6 次打喷嚏，她 6 次向我说对不起。感动！致敬！”

“记性很好，把我们的事当自己的事。”

还有来办事的人员表示，这是他第二次来办业务，距离上次来办业务已经过去有两个星期了，但让他惊奇的是邱晓一下就叫出了他的名字，让他倍感亲切。

因为多年的客户赞扬，邱晓也多次被评为“先锋模范人物”，并因此带来了职位的晋升。

某职业院校的毕业生小王进入某知名物流企业总部客服中心工作，作为合作伙伴某平台的商品配送业务的专项客服代表。某天客户陈先生因订购月饼款项滞后到账问题，订单一直未下成功。小王了解客户需求后，第一时间安抚客户，对客户焦急的心情深表同理心，并及时联系录单同事核实，后因商品缺货无法下单，他耐心与客户解释，客户强烈表示不接受，要求他提供私人手机，为安抚客户，小王毫不犹豫地提供了个人手机号码，下班后仍一直受理客户需求，客户情绪激动要求中秋前夜一定要将月饼送给对方。他及时到超市购买了客户所需要的月饼，并为客户及时寄出，实时追踪、通知优先派送等，终于使客户需求得以满足。他积极主动、耐心真诚的服务打动了客户，客户希望从物质上感谢他，他均以应该为客户服务的理念婉拒。

事后，公司层面得知此事，做出如下奖励通报：专项客服代表王××耐心积极地帮客户处理问题，本着客户至上的服务理念，积极履行自己的工作职责，用真诚的服务赢得客户赞赏，根据员工手册第二章行政奖励第十条，特给王××行政奖励2分。

小王在工作中一直持有卓越的服务意识，在毕业工作的10年间，由客服代表转岗副总裁秘书、中心分公司总经理和总部产品开发部总监等各管理岗位。

2. 如何树立良好的客户服务意识

（1）以客户需求为导向。客户的需求主要包括：对便利的需求，对价格的参与需求，对专业信息的需求，对舒适环境的需求，对情感上获得理解和认同的需求。任何企业或者个人如果能够认识到客户的这些需求，并以此为依据改善自身的服务状况，就可以使客户达到基本满意的状态。

（2）植入“客户至上”的理念。企业要赢得市场和客户，首先要接受“客户至上”的理念。高层管理者拥有这一理念，具体表现在努力建立一个完善的客服体系。行政管理者具备这个理念，具体表现在努力与一线员工建立良好的关系，为一线的客服人员提供帮助、解决问题；给予一线客服人员一定的自主权；经常深入一线，与员工分享失败与成功；为员工提供系统客服培训，而不是高高在上、颐指气使。

而作为一线客服人员，要理解“客户至上”的具体意义。客户是商品的购买者，不是麻烦的制造者；他们最了解自己的需求、爱好。在客户服务的范畴中，客户服务意味着客户“认为”服务提供方应当做什么或没做什么，而不是你实际做了什么或没做什么。如果服务人员能够理解这一点，就会在与客户的交往中保持平和的心态，试图去理解、满足客户的需求，这样就会减少与客户的摩擦。客服人员应该站在客户的角度考虑问题，想客户之所想，急客户之所急，让客户得到应得的益处，真正用行动做到“以客户需求为导向，向客户提供优质的服务”。

收获与体验

任务一的学习已经完成，请总结自己的收获与体验。

1. 新名词（新思想）

………………………………………………………………………………

………………………………………………………………………………

………………………………………………………………………………

2. 工作技巧

………………………………………………………………………………

………………………………………………………………………………

………………………………………………………………………………

思考与练习

1．下面的一些例子，哪些是客户服务？哪些不是客户服务？

（1）在零售商店里很快就得到店员的热情问候。

（2）复印机坏了，修理人员能在打电话后的一个小时就赶来修理。

（3）买了一件衣服，回来以后又不喜欢了，当你去换的时候，店员没有对你冷嘲热讽。

（4）无线网络没有收到信号，打电话投诉时，得到真诚的道歉和及时的解决。

（5）在超市里，为寻找一件小商品而发愁的时候，有人能够及时地为你指引。

（6）乘火车出行的时候，列车员主动帮你提很重的行李上车。

（7）买车票的时候，售票员耐心提供帮助。

（8）在银行填错取款单时，营业员能主动帮你更正。

2．阅读下面的案例，比较国内客服意识与发达国家的差距。

甲公司在修建楼房时，客户服务人员给工地附近的居民打电话：“您好！阿姨，请原谅打扰您。我们在修建楼房的过程中，不可避免地会产生一些尘土和噪声，敬请谅解。我们准备在我们施工区的外围栽种一些花草树木，您不反对吧？很高兴为您服务。如果您能顺便填写一份居民满意度调查，我们会非常感激。祝您快乐！”难道搞建筑的也需要做客户服务？是的，他们专门有一个客户服务部门，而且经过专业培训，专门处理施工时的服务问题。

乙公司在修路时，将路面刨了一条沟，只在前面立了一块指示牌：“前方施工，请您绕行。”乙公司还存在深夜施工的情况，周围居民睡不着觉，到处投诉。乙公司认为他们所做的一切是合理的，周边的居民应理解他们。

3. 用你的自身经验和所学知识阐述对客户服务的认识。

____

____

____

____

____

任务二　认识体验经济

知识目标

➢ 解释体验经济的内涵。
➢ 掌握体验营销的含义。
➢ 阐述互联网＋形势下的体验经济模式。

能力目标

➢ 运用体验经济理念，重新设计企业体验营销的创新举措。

素养目标

➢ 运用中华优秀传统文化创新企业服务营销活动。

任务引入

【案例分析】

实体店真的会消亡吗

2016年4月5日，互联网企业巨头淘宝宣布即将推出全新购物方式Buy+。Buy+使用虚拟现实（Virtual Reality，VR）技术，利用计算机图形系统和辅助传感器，生成可交互的三维购物环境。比如消费者只要戴上特制的眼镜，就可以看到欲购买的沙发摆在家里是什么样子，尺寸合不合适，消费者可以全世界任性地买、买、买。此消息一出，不少媒体惊呼"这是要革实体店的命啊"。可是仔细一想，这个消息让人惊叹科技力量的程度实在应该大于对实体店命运的担心。VR眼镜也许可以帮助消费者做出购买决策，提高销售的转化率，可它仍然是个虚拟的空间，不是消费者消费过程中的实际感知。

在各种电子商务运营模式蓬勃发展的这些年，实体店确实受到了冲击。不少传统行业也在运用"互联网＋"的概念寻求突破，传统的零售企业，比如山姆、天虹，都相继开通了网上订购渠道。但近年来，我们发现了一个新的现象，互联网企业开始开设实体店为其网上销售助力。

2007年创立的美国本土男装品牌Bonobos是美国最大的互联网男装品牌。2014年8月其获得新一轮的融资后，即宣布将这笔资金优先用于开设更多的线下体验店。其实三年以前其创始人邓恩还宣称，“开实体店是错误的经济决策”。理由是，“男人不喜欢逛街，就让他们远离商店吧”。邓恩之所以发生观念的转变，源于在现实中，不断有顾客要求在购买前能够感受商品，超过一半的顾客拒绝直接在网上下单。这个数据是通过用户调研得到的，他有五六位团队成员，不仅观察用户购买行为，也做大数据分析。2011年邓恩开设了第一家线下体验店，店里展示的商品只服务于一个目的——通过试穿帮顾客找到适合自己的尺寸，然后直接在网上下单，Bonobos网站上颜色和尺码齐全。开设体验店后的6个月内，西装的购买量翻番，衬衣的购买量增加了50%。平均每笔线下店的交易金额为360美元，这是平均每笔网上交易金额的两倍。

成立于1995年的电子商务企业鼻祖亚马逊（Amazon），于2014年年底在美国最繁华的商业区曼哈顿开设第一家线下实体商店，震惊业界。亚马逊的实体店除了为用户提供传统零售店的当面服务体验以外，也是一个小型仓库，承担纽约市当日送达即客户自提点的功能以及网购退换货的职责。除此之外，亚马逊还用这个空间展示其电子设备，比如Kindle、Fire手机或者是Fire TV机顶盒等。2015年2月，亚马逊首个线下自提点在普渡大学正式开业；2015年11月，这家曾经几乎要把实体书商逼死的互联网巨头开设了第一家实体书店；2017年，亚马逊以137亿美元收购了全食超市Whole Foods，随后设立了Amazon Fresh生鲜店；2018年，亚马逊首家无人收银便利超市Amazon Go开张；2022年5月，亚马逊旗下首家实体服装店Amazon Style在美国加利福尼亚州洛杉矶市正式开业。

SPA全球综合零售部副总裁穆罕默德·阿米尔认为，开线下店对企业和顾客是一种双赢，因为消除顾客购买时的不确定性，就能提高购买转化率。业界专家普遍认为线下体验店作为网络营销的补充，能为其电商铺路。通过线下展厅可以刺激线上购买。笔者认为，无论从线下到线上，还是从线上到线下，这样的变化趋势只是反映了现代市场环境中“以顾客为导向”的核心战略，客户的良好体验成为每一家优秀企业追逐的目标之一，客户的美好体验也成就了这些优秀企业惊人的销售业绩。

零售业的未来一定有些是线上的，有些是线下的，还有大量来自移动端的。客户会在不同的渠道中游走，去搜索、发现、比较、购买、设计和分享。在这其中客户体验是唯一的决定因素。可见实体店能否消亡不取决于某种新科技的产生和应用，只取决于消费者的需求。

【相关问题】

1. 请你描述当前市场环境的具体特征（从消费者和企业经营模式两个角度）。
2. 你认为，哪些力量推动了企业商业经营模式的不断创新？
3. 实体店采用了哪些方式提升客户体验？

任务分析

每一个新的经济形态的出现都是由于旧的经济形态不再能够满足人们的需求。例如，消费者不再满足于商品本身，而是更加关注服务，于是“服务经济”时代到来了。如今，随着经济的增长以及生活节奏不断加快，人们开始追求超现实主义的精神境界，追求越来越强、越来越富有想象力的体验。人们的消费已经不仅仅停留在该产品是否能带来使用价值，而是上升到该消费能否为其带来美好的体验，达到物质上与精神上的双重满足。这也与马斯洛需求层次论提出的观点有很大的耦合性。因此，“体验经济”营销已经逐渐融入各行各业中，各行各业在经营中贯彻“体验经济”的理念已成为时代进步的潮流。

相关知识

理解体验经济

一、何为“体验经济”

1. 体验经济的定义

“体验经济”最早由美国学者约瑟夫 • 派恩（B. Joseph Pine Ⅱ）和詹姆斯 • 吉尔摩（James H. Gilmore）于 1999 年在其著作《体验经济》一书中提出。体验经济是企业以服务为舞台，以商品为道具，以消费者为中心，从生活与情境出发，塑造感官体验及思维认同，创造消费者美好回忆的活动[一]。

我国学者赵放等人通过对体验经济思想基础和其规定性的研究，将“体验经济”定义为：体验经济作为经济模式，是通过文化包装或创意设计，利用网络等科技手段，实现大规模的定制服务，创造出满足大众个性化体验感受需要的某种经济提供物，并以蕴含其中的体验价值来获取经济利益[二]。

从定义中可以提炼出关于“体验”概念的核心要素[三]：①对象是人。人是“体验”发挥作用的主要对象和参与者，将其他经济要素诸如牲畜、植物以及机械排除在外。②以“感受”为核心。“体验”根植于人的一系列主观感受，包括人作为独立个体，与外界交互过程中的视觉、听觉、嗅觉、味觉、触觉感受，以及进一步获得的心理感受。这种交互包括人与人的交互和人与物的交互。③时间节点和时间轴。“体验”突出强调“瞬时”的体验感受，长时间的连续体验是由无数瞬时体验连续生成的。④个性化和主观感受。体验强调人们的个性化感受以及差异化服务，而不仅仅关注共性的需求。

2. 体验的价值

（1）体验创造新的营销方式与经济发展模式。体验事实上是当一个人达到情绪、体力、智力甚至是精神的某一特定水平时，他意识中所产生的美好感觉。20 世纪 70 年代，

㊀ 约瑟夫 • 派恩，詹姆斯 • 吉尔摩．体验经济 [M]．夏业良，等译．北京：机械工业出版社，2008：16–18。

㊁ 赵放，吴宇晖．体验经济的思想基础及其规定性的阐释 [J]．吉林大学社会科学学报，2014（2）：66。

㊂ 孙映雪．刍议体验经济下生产力和生产关系的发展变化 [J]．商业经济研究，2016（1）：126。

美国学者阿尔文·托夫勒首次将体验与经济产出联系在一起，他说："在物质资源更加富足的情况下，人们逐渐意识到经济需要满足人们新的需求水平，人们需要建造一个新的经济体系，这个经济体系需要能够提供给我们精神上的满足；来自消费者的压力和希望经济继续上升的压力会推动技术社会朝着未来体验生产的方向发展；体验产业会成为服务业之后的经济的基础，体验生产会超过服务业[1]。"

研究体验经济的学者认为，体验经济的发展会经历三个阶段，第一个阶段是在原有生产和销售基础上不断地增加有关体验的元素，如体验式的营销等。第二个阶段是消费者作为创造体验的一部分更多地参与到体验式的生产与销售活动中去，如许多果园推行的进园采摘和销售。第三个阶段则是依靠目前的信息智能技术和3D打印模具生产技术，全面进入"大规模的量身定制"的状态。总之，体验经济将是未来产业发展的重要特征。

（2）体验可以成为利润的来源。体验经济的核心内涵，是对"体验价值"的发掘和塑造。可以将体验价值看作传统产品价值在新时代的发展和升级。体验感知的程度和水平，成为消费者提升产品价值预期的关键要素。在西方经济学理论中，一般来说，每一单位产品价格是否大于该产品的边际生产成本是企业判断是否继续加大该产品生产的标准。而在体验经济环境中，产品价格通常会与生产成本之间出现较大的差距。比如，消费者在某些情况下即使明显感知某产品的实际生产成本很低，但仍然愿意出较高的价格购买该产品。这一块较大差距空间被称为"体验增益"。有学者指出，体验时代的产品价格 = 产品生产成本 + 体验价值增益。也就是说，消费者不仅愿意为生产成本付费，也愿意为体验付费，体验经济产品获得价值增值。这种体验增益在以互联网为销售渠道的产品中体现得更为明显。

西方著作（包括《体验经济》、美国学者迈克尔·沃尔夫的《娱乐经济》和丹麦学者拉尔夫·詹森的《梦社会》）都指出当代生产经营者需要从传统的产品与服务以外寻找新的经济增长点，而这一增长点正是这种新的经济提供物——体验[2]。

（3）体验可以创造更加美好的生活。业内专业人士将"创意"和"体验"经常联系在一起，甚至很多人认为创意产业是体验产业的先驱或是体验产业在现实社会中的表现。因为只有不断创新才能持续带来消费者不一般的消费过程感受。在体验经济中，消费者往往参与产品或服务的生产过程，体验就在生产者与消费者互动中产生。生产者和消费者对于美好"体验"的追求会促使双方在互动时采取对彼此更为有利的方式，比如生产者会不断完善消费者的物理接触点和人际接触点，消费者会倾向于配合生产者的设计，甚至由于双方和谐的互动会产生意想不到的、不可复制的完美体验。在这样的气氛中，消费者和服务者都能从中体会到快乐，从而感受到生活中的美好气息。

3. 体验经济与其他经济形态的区别

约瑟夫·派恩和詹姆斯·吉尔摩同时提出体验经济是继农业经济、工业经济、服务

[1] 阿尔温·托夫勒.《未来的冲击》[M]. 蒙广均，等译. 北京：中国对外翻译出版公司，1985：205-207.
[2] 赵放，吴宇晖. 体验经济的思想基础及其规定性的阐释 [J]. 吉林大学社会科学学报，2014（2）：65.

经济之后的第四种经济形态（表 1–1 详述了四种经济形态的比较）。

表 1–1　四种经济形态之比较

经济形态	农业	工业	服务	体验
经济提供物	产品	商品	服务	体验
经济功能	采掘提炼	制造	传递	舞台展示
提供物的性质	实物的	有形的	无形的（不强调可记忆性）	难忘的（强调可记忆性）
关键属性	自然的	标准的	定制的	个性化的
供给方法	大批储存	生产后库存	按需求传递	在一段时间后披露
卖方	贸易商	制造商	提供者	展示者
买方	市场	用户	客户	客人
需求要素	特点	特色	利益	突出感受

在农业经济时代，土地是创造价值最重要的资本；在工业经济时代，企业主要依靠销售产品获取利润；在服务经济时代，企业通过创新服务方式去创造利润，不断更新的服务理念提高了服务的运行水准，但服务规程由企业制定，消费者被动接受企业提供的服务。

体验经济与其他经济形态的主要不同在于，体验经济以满足消费者个性需求为出发点。在传统经济形态中，都是企业在努力寻找消费者的共性来提供产品，以方便大规模生产。例如：工业经济，生产者是以自己对市场的把握来进行生产的，企业不知道其所生产出来的产品是否符合不同消费者的口味；服务经济的运行则是以生产者提供服务、消费者被动接纳为表现，消费者没有自我决定的权力。而体验经济首先想到的是消费者，消费者需要什么由消费者自行决定，企业所做的工作是按照消费者的需求来进行生产和经营，这是一个彼此互动的过程。可以说，传统经济是寻求共性的“硬化”的生产与服务，而体验经济则是依靠网络智能科技，寻求个性的“软化”的生产与服务。

具体来说，体验经济有以下表现特征：

（1）体验经济的消费过程具有持久性。农业与工业提供的一般是有形的实物产品，服务业主要是提供一般性的服务，表现形式是无形的，但其产品对人类精神层面的作用和影响力很小。而体验业主要针对人类的精神层面，会伴随着人的记忆而存在，目的是给消费者以“美好”“难忘”的感觉。

（2）体验经济生产过程具有更短的生产周期。在农业经济时代，由于受到自然条件和科技水平的制约，其生产过程的周期往往较长，多数是以年作为单位，即便到了现代，农业产品的生产过程也至少需要以季度来计算。而在工业经济中，生产周期多是以季度或月份为单位的。服务经济周期相对较短，可以以天或小时计算。但是，在以网络为发展基础的体验经济中则可以以分钟甚至以秒来计算，具有更短的生产周期。

（3）体验经济提供定制化的服务。产品经济和服务经济提供的大多是标准化产品，而体验经济提供的是“大规模量身定制”服务。这种服务是一种高水平的劳动，它需要生产者和服务者具备相对更高的技能、知识与素质，来为消费者带来个性化的感受。工业经济的到来依靠的是蒸汽机实现了大规模的产品生产，而体验经济则依靠现代网络技术的支持来实现大规模的定制服务。

（4）体验经济使消费者直接参加生产活动。传统经济的生产过程都停留在消费者之外；而体验经济所带来的美好感觉，消费者不会独享，而是会通过社交媒体与他人分享，积极地进行传播或是成为体验氛围中的一分子，进而产生放大效应，吸引更多的消费者参与到体验的过程中来。在体验活动中，生产者与消费者是强烈互动的，从而形成更具感召力和影响力的“体验品”。

（5）体验经济依据体验感受形成不同的“体验价值”。产品经济与服务经济在产品和服务产出后，其价值就固定下来了；体验经济则只有在不同的消费者体验活动结束后才能获得相应的价值。这个体验价值是因人而异的，因此对于生产者来说，可以实现某种意义上的“完全价格歧视”，消费者则依据自己的不同需要而为“体验”支付费用。

改革开放以来，我国社会生产力显著提升，物质极大丰富，人民的生活状况得到了极大改善，一部分人具备了足够的消费能力，当体验显示出独特的价值，人们愿意为价值带来的美好回忆付费时，“体验经济”时代自然到来。

二、认识体验营销

1. 体验营销的定义

美国学者吉尔摩在《体验经济》一书中指出：“体验营销是从消费者情感、思考、行动以及其他感官关联出发的市场营销理念，体验营销假定消费者并非全部基于理性观念做出消费决策，理性和感性共同促成消费者的市场行为。”这个定义打破了传统的“理性消费者”的假设，认为消费者消费时是理性和感性兼具的，认为消费者在消费前、消费时和消费后的体验，才是研究消费者行为和企业品牌经营的关键。为此，体验营销强调消费者的参与性和接触性，强调引起消费者的“情感共振”。

只有以创造“体验”作为主要利润来源的产业，才应该被称为体验产业。但现实中更为常见的是“体验型产业”，指许多企业或行业只是采取“体验式”的营销方式，以吸引消费者购买产品或服务，而不强调对“体验”本身的收费，例如那些设计、创作、生产、加工除了具备一般性功能之外，还能够给人们带来体验感受的产品或服务的生产部门，包括音乐、互联网、旅游、电影、体育、广告设计等部门。

// 案例 1-8

随着体验经济时代的到来，体验经济营销方式已经成为各行各业营利的利器。餐饮行业主要出现了三种较为典型的营销业态：服务经济、体验经济以及介于服务经济与体验经济间的营销业态。下面以三家火锅店为例，说明它们之间营销模式的差异。大丰收是服务经济营销业态的代表，海底捞是体验经济营销业态的代表，小鱼小牛是介于服务经济与体验经济之间的营销业态的代表。

大丰收以产品定制化为经营理念，为宾客提供规模化、标准化的产品，以及单一化的服务。在菜肴的口味选择上，只有简单的几种组合鱼锅和大骨汤锅底，宾客除了选择辣、微辣和不辣三种口味外，只有酱油和醋供宾客调味；在服务方面，宾客只能被动地接受员工的服务。

小鱼小牛则是从产品定制化向服务定制化过渡。与大丰收相比，虽然小鱼小牛也实施产品定制化，但产品定制化已具有相当的灵活性。小鱼小牛主要经营干锅鱼和干锅牛仔骨，同时该餐厅还为宾客提供多种调味料以及自助水果、餐后甜点等，一定程度上满足了不同宾客在产品需求上的个性化需求。在依托产品提供无形服务的同时，小鱼小牛还提供候餐自助零食、餐前赠送眼镜布和发圈等；除了提供免费 WIFI 外，还提供其他可供消遣的服务，如电子游戏、美甲用品、自动擦皮鞋以及免费水果等。

海底捞完全以服务定制化为经营理念，它践行了服务差异化经营策略，针对不同宾客提供个性化服务，给宾客营造可回忆的体验，它是先锋体验经济型企业。海底捞的核心业务是提供贯穿于消费始末的优质服务，在这个理念实践中，食品只是它的道具。因而在这里宾客不仅可以满足食欲，更多的是可以满足情感上的需求和精神上的慰藉。

海底捞除了提供免费 WIFI、美甲服务、自动擦皮鞋和按摩服务外，还能根据不同宾客消费当天的实际情况赠送礼品，如为生日的宾客送上寿面，为旅行的朋友送上苹果，为喜欢吃西瓜的客人送上整个西瓜等各种不同的、令人惊喜的馈赠方式。甚至员工会邀请过生日宾客的家属一起跳舞，共同为生日的宾客送上祝福。不仅如此，餐厅每隔一定的时间还为宾客提供变脸、民间艺人为小孩捏糖人等非遗表演。客人用完洗手间，员工会主动递上擦手纸和护手霜。海底捞通过授予一线员工充分的自主权，使一线员工可以根据顾客的需求，自行决定赠送菜品、为顾客免单等一系列的服务。

体验经济时代推动了体验营销的发展。在体验经济时代，传统的电视广告、平面广告、人员推广等已经不能够发挥足够的效应，需要选择新的、更加具有吸引力的促销方式，因而体验营销已逐步被优秀的企业采纳成为新的经营模式。不管是体验产业还是体验型产业，需要强调的是，虽然将“体验”作为新的经济提供物，但并不意味着体验经济可以离开“商品”与“服务”，“体验”只不过是对“商品”与“服务”的“整合”，实际上如果没有传统经济作为坚实的基础，就不会有体验经济的产生与发展。早期研究者认为客户体验就是公司有意将服务作为舞台，将物品作为支撑，让每一个顾客都参与其中以创造一个难忘的体验㊀。

2. 体验营销带来营销模式的变化

图 1–4 对比了传统营销模式与体验营销模式的差异，传统营销模式通过广告等方式引起关注（attention），进而引发兴趣（interest）和购买渴望（desire），通过得体的销售沟通加深记忆（memory），最终通过交易行动实现销售（action）。而体验营销模式中出现

㊀ 曾德国．国外客户体验研究综述 [J]．商业经济研究，2015（24）：74。

了新的“精准营销（search）”和“即时共享（share）”环节。精准营销和即时共享是体验营销的关键词。体验营销模式运用大数据分析并获得单个消费者的偏好与特征，从而能够精准营销，实现销售由传统推销方式发展为买方与卖方的互动产生的体验，并且卖方会建立多种分享渠道鼓励买方即时分享这种体验，引起其他消费者的关注，带来新一轮的销售。比如，国内某知名电商平台已经集成了消费者内部评价和聊天功能，通过专用实时通信软件，具备相同购买行为的人可以对所购买的商品展开交流，并且将交流信息展示给之后的消费者。90% 以上的用户看重其他用户评价对于自己做出消费决策的重要性㊀。也就是说，在体验经济时代中，潜在消费者格外重视过往消费者的购买感受，将该信息作为购买决策依据。消费者在整个消费过程中具有更大的主动权和决定权。体验营销相继衍生出口碑营销、植入营销、病毒营销和媒体营销等细分形式。例如，在微信平台朋友圈中，卖家经常进行“买家秀”展示，会对潜在消费者购买决策产生关键影响。

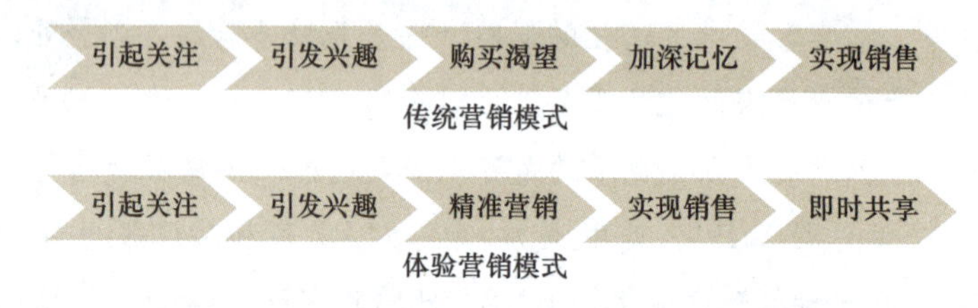

图 1–4　传统营销模式与体验营销模式对比

3. 体验营销成功实施的基础

20 世纪 80 年代，专家学者提出了“服务接触”的概念，服务接触包括物理接触点、数字接触点和人际接触点。随着服务接触理论研究的进一步深化，专家学者提出了“服务交互”的概念并认为服务交互的管理对于体验营销实施效果影响巨大。服务交互包括三个方面的维度：客户与服务人员的交互、客户与客户的交互和客户与服务环境的交互㊁。

客户与服务人员的交互是指各个层面的服务人员的言行举止、服务方法与技巧、服务灵活性在交互瞬间会对客户感受产生影响；客户与客户间的交互越来越受到卖家的重视，因为它会直接影响到潜在顾客的购买决定，卖家现在会竭力采用诸如自媒体宣传、买家评论展示、会员管理等方式促进客户与客户间的互动，同时采用积极方式管理买家的负面评价也是互动的内容；客户与服务环境的交互是指客户可以接触到的卖家的物理空间环境是否便利和取悦于客户，如实体店的门店装饰品味与风格、网络商城的人性化操作界面、服务场所的指示标识、服务设施是否齐备等。

体验经济时代，企业必须通过提高服务交互的质量来为顾客创造独特的体验价值，为体验营销策略的成功实施打下基础。

4. 体验营销与服务之间的联系

服务营销发展到最高层次就形成了体验营销。良好的服务能够使消费者在无形中增

㊀ 李娜．体验经济时代下的 B2C 电子商务发展创新 [J]．商业经济研究，2015（31）：85。
㊁ 闫静．体验经济视域下服务交互管理研究 [J]．商洛学院学报，2015（10）：73。

加对企业的好感，建立顾客对企业的忠诚度。在整个体验营销中，服务发挥着载体的作用，通过服务让消费者体会“体验”。

在体验经济时代，消费者更加注重消费体验，服务方面的问题会对体验造成负面的影响，降低顾客的忠诚度。因此在服务的过程中要依据客户的需求不断提高服务的水平。体验经济时代的定制化和互动特征，需要企业建立更高的服务战略，需要员工具有更广泛的人文素养和专业服务技巧，这样才能在与客户互动的过程中为客户带去美好的体验。客户与员工的互动是服务交互管理的重要一环，也是客户总体体验形成的重要组成部分。本书着重于员工与客人的互动管理技能训练，同时涉及客户与客户之间的互动管理和客户与环境的互动管理。

// 案例 1-9

“体验经济”时代同样深刻影响着旅游行业的发展以马尔代夫 Club Med KANI（地中海俱乐部）为例，G.O. 是 Club Med 的员工，来自世界 100 多个国家。他们精通两门以上语言，并拥有一技之长，以热情和高素质的服务著称。G.O. 即法语“Gentil Organisateur”（“和善的组织者”或“亲切的东道主”）的缩写。G.O. 也是 Club Med 的注册商标。

马尔代夫地中海度假村顾客体验的深度活动多种多样。白天有海钓之旅、海豚巡游、深潜之旅（水肺潜水）、迷你竞技、腹肌背肌训练、水中有氧操、浮潜等；晚上有日落瑜伽、酒吧狂欢、创意表演秀等。这些活动全部由 G.O. 和当地居民带领游客共同参与，已经不单单是单纯的授课或者表演。G.O. 与顾客双方根据自身的技能对原有的授课或者表演进行文化或者技能上的改良，让客户高度融入这些活动中，形成深度体验。这些活动特别强调客户与环境的互动、客户和客户间的互动以及文化技能的交流。该俱乐部设计客户体验创新模式的指导思想如图 1-5 所示。

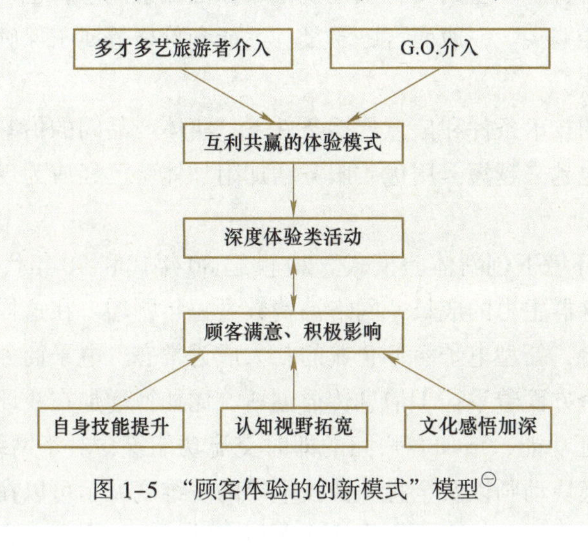

图 1-5 “顾客体验的创新模式”模型[㊀]

㊀ 马朋朋，刘尧. 顾客体验的创新模式实证研究——以马尔代夫地中海俱乐部为例. 首都师范大学学报（自然科学版），2016（4）：75。

有学者通过对该俱乐部的实证研究，得出三个基本结论：①顾客体验的创新模式的出现，重点在于多才多艺旅游者和G.O.团队的介入；②深度体验活动带给顾客三个方面的积极影响，分别是自身技能提高、认识视野拓宽和文化感悟加深，体现了深度体验活动的意义；③顾客满意的不再是纯粹的观光、休闲、教学、娱乐，而是能够影响客户日后行为意图的活动，带给客户身心上的体验和升华，多才多艺的旅游者已经倾向于选择深度体验类活动。

深度体验活动提高了顾客满意度，提升和传播了度假村的知名度和口碑，无形中增加了忠实客户，提高了度假村收益。

5. 体验营销策略创新

体验营销的实质可以归结为“创造需求＋顾客满意＋引导消费”，对此可以从以下几个方面实施体验营销策略创新：

（1）在产品中明确体验要求，改善不良体验。实体产品制造企业和服务产品制造企业都应该懂得，产品不仅要有功能质量，还要具备能满足使用者视觉、触觉、审美等方面需求的感知质量。比如：汽车制造商们正在不断琢磨如何在它们的汽车上附加特殊体验，如汽车能够“记住”开车者独特的个人偏好，只要按一下按钮，它们就会恢复到开车者偏爱的状态；买回来的电冰箱不光功能齐全，还能指导用户进行营养配餐，当存量不足时能发出警示或是直接自动订购等；银行业在积极地改善业务办理空间并充分利用信息技术为客户提供不同的业务办理渠道，让客户可以依据自身环境选择便利的服务渠道。

（2）用优质服务传递体验，增加附加体验。美国心理学家赫茨伯格曾于1959年创立了研究人行为的双因素理论，从其营销学意义来看，企业用于吸引消费者购买商品的营销诸因素可分为保健因素和激励因素两类，前者是消费者购买的必要条件，后者是促进条件。在如今这个产品高度同质化的时代，消费者的选择余地大大增加。如果对保健因素不满意，消费者肯定不会购买，但是仅仅对保健因素满意，也不一定购买，只有对激励因素也满意才会购买。一般而言，质量、性能和价格等属于保健因素，情感和设计等大多属于激励因素。

显然，在现今的技术条件和信息传播条件下，实体产品间的借鉴和跟进变得越来越容易，其调整周期也越来越短。用优质服务增加附加体验已经成为现代营销中明显的激励因素。

（3）电子商务环境下创新体验模式。20世纪80年代和90年代出生的人是网络消费的主力，伴随着这群主力的成长，网络消费数量每年剧增。在这样的市场环境下，传统企业拓展电商平台，新型电子商务企业的壮大成为常态。电子商务企业不断创新体验模式可以从以下几个方面着手：①信息传播创新。比如：增加在线评论的双向不可删除功能、账号实名认证功能，增加客户间的即时交流功能等；对于网络商品进行基于3D图像、音频模拟、模块动画以及全息图像技术等的多维度展示可以在消费者视觉体验之外提供听觉和动作交互体验；通过搭建趣味虚拟商城，建立商家、客户、店家管理者、环境之间的虚拟形象，增加客户黏性。②体验模式创新。线上虚拟店与线下实体店的结合是丰富客户体验的一种趋势。③多元化支付。在电商销售中，多元化的支付模式创新也是改善客户体验不可或缺的环节。

（4）开展整合营销传播，全方位传播体验诉求。整合营销传播理论是20世纪90年代初美国学者舒兹教授提出的一种现代营销方法，其内涵是：以消费者为中心，综合、优化一切有效的传播要素和手段，塑造企业的整体形象，最大可能地实现营销目的。

仅用传统营销中的4P组合来开展体验营销显然是不够的。体验营销的开展需要考虑六个要素的有机整合。第一个要素是体验营销提供物——体验，体验必须满足核心功能，即顾客的情感需求；第二个要素是人员，这里强调体验现场的工作人员既是“导演”又是“演员”，要使“戏剧”演得生动、自然，极好地显示主题，使顾客能全身心地投入；第三个要素是氛围，这里强调现场是“剧场”，由硬设施和软要素配合产生出来的氛围要逼真、浓郁，使顾客很快产生身临其境的强烈感受；第四个要素是定价，这里强调顾客价值定价是最基本的定价策略；第五个要素是渠道，这里强调直接销售渠道，中间环节越多越难将企业的体验很好地提供给顾客；第六个要素是促销，这里强调通过服务交互管理建立客户口碑进行促销。

// 案例 1-10

乡村旅游体验

当广大人民群众温饱问题得以解决后，旅游成为广大人民群众的精神追求之一。景点游和名胜游因为天赐自然资源和历史积淀而能够吸引源源不断的客人，除了景点游和名胜游，不少乡村也利用本地资源开展了农家乐——以美食为主的旅游活动。可是大多农家乐场所，让人除了品尝各具特色的当地美食和欣赏修建的景观之外，别无其他，很难给人留下长久的记忆。但某地的乡村游，让人难以忘记、心有所系。

该村地理位置相对偏僻，位于某一线城市周边的某县某镇某村，四个小时的车程而且有近一个小时的乡村公路，风景有山有溪，达不到惊为天人的自然风貌。但这里的乡村游在有识之士村主任的带领下却达成了体验营销的核心要素——体验。体验的创造来自客人的参与程度，客户参与得越多，体验就越好，若能在活动的设计中让客人掌握新的技艺，那么记忆将保留长久。该乡村游就做到了这一点。这里的核心工作人员既是“导演”又是“演员”。“导演”是指工作人员能够依据四季不同的乡村资源设计与准备设备与设施，组织客户开展活动。春、夏季开展诸如观察蝌蚪、赏荷花、拔花生、捉蝴蝶、捏泥人、溪中戏水、摘玉米、制作南瓜饼、种菜、夜捉萤火虫、挑灯笼夜游乡村、露天大电影等活动，秋、冬季开展诸如晨跑、乡村寻宝、挖红薯、窑红薯、采摘果实与蔬菜、拔萝卜、割菜心、制作稻草人、种小麦、收稻谷、种麦豆、乡村探险、砌石头墙、制作贺年食品糖环和油角、丢核桃、滚铁环、推独轮车比赛等活动。工作人员在活动现场又是“演员”，积极地引导所有客人全身心投入活动。这些活动主题鲜明，即让城市人体验农耕文化，达成“共享乡村美食，精彩人与自然”

的活动目标。为了营造良好的氛围，除了天赐自然资源外，在播种季节，村主任会按时安排人手种植相应的农作物，为了提升自然景观，村主任引进种植油菜花和其他的花树，美化小麦的种植，并修建了具有乡土气息的民宿。村主任依据乡村游的主题积极引进配套的项目，比如民宿乡土水墨画展，青少年户外夏令营、冬令营，摄影爱好者俱乐部活动，亲子乡村游，同学会等，不断提升旅游项目的广度和深度。定价方面，由于集美食、文化、住宿、体验于一体，提升了客户价值，价格自然比一般的农家乐略高。渠道方面，村主任负责销售，并与村副主任一起管理各项活动，其他工作人员负责住宿和伙食，从而保证客户体验的传递不会走样。

该地乡村游做到了服务交互的管理，除了通过客人的口口相传，村主任还利用微信平台传播每次活动和当前乡村的信息，又吸引着不同的客人前来游玩，口碑营销就这样成功了。

（5）设计体验业务，满足消费者潜在的体验需求。设计体验业务是一种全新的营销概念，它不同于依附在产品或服务之中的体验。虽然体验业务的生产离不开产品或服务，但此时体验才是企业真正要出售的东西，产品或服务只不过是辅助手段。影视、艺术、体育、旅游等行业提供的就是体验业务，但不仅仅限于此，其他行业的企业也可以充分发挥想象力，创造出全新的体验业务，以满足人们在不同历史条件下的多样性体验需要。

（6）营造企业经营生态圈，通过传递“体验”增加客户黏性。目前，不少知名企业很重视企业经营生态圈的打造，以确保持续的市场竞争力。建立网上论坛、网上社区、打造“粉丝”群体，都是企业建立经营“生态圈”的途径。

◆练一练

请收集相关信息，并分析小米、阿里巴巴、腾讯这些优秀企业通过哪些方式与客户互动？并说明这些企业经营生态圈的组成部分是什么。

三、“互联网+”环境下的体验经济

互联网所具备的开放性、个性化、即时性等特征完全符合“体验经济”所追求的感官体验和思维认同，获得市场竞争优势的企业都在充分利用互联网优势，探索符合自身实际的体验经济发展模式。这种努力使得传统服务业正在朝两个方向发展：①一部分服务正在逐渐摆脱以往的小规模生产方式而融入更多的工业化生产方式，为消费者提供更快捷、更方便、更人性化的服务。例如，买衣服上淘宝，买百货上京东，转账缴费服务找支付宝等。日常生活正逐渐告别传统的服务模式，转而与互联网模式相融合，产生了新型互联网服务模式。2015 年通过移动终端服务的共享单车、共享时租车业务的兴起说明了体验经济在互联网的环境下产生了更加广泛的应用。②另一部分服务则依据消费者需求投入更多的“情感因素”，多以“个性化”的产品表现。例如：在餐饮业，一方面快餐连锁店不断普及，另一方面各式各样的主题餐厅快速涌现；在娱乐业，一方面各种影视节目通过传统形式大量出售，另一方面时下火热的“真人秀”节目也纷纷通过个性化元素吸引大众眼球，赢得广泛关注。这两类服务正体现了服务经济与体验经济的不同之处，也是体验经济理念正融入生活的例证。

1. “互联网 +”环境下市场经济面临的新形势

（1）从规模目标市场转变为专属个人目标市场。由于社会经济结构发展的不均衡性，消费者需求呈现出多级金字塔结构。处于塔尖的消费群体，寻求特殊的个性化服务，并愿意为此承担很高的代价。企业若想在这种经济形势下抢占先机，需要更快地走上“体验经济”的运行之路，可以选择追求个性满足的消费者作为目标市场。由于互联网面向专属个人目标市场并追求满足消费者个性需求，因此企业必须针对不同的消费者需求，提供定制化的体验内容。“大规模量身定制”成为“互联网 +”形态下体验经济的本质特征。

（2）从及时生产转变为即时设计与服务。在传统经济模式中，企业在了解市场需求并且接到订单以后，才制订生产计划，并完成生产、运输、商业储存、渠道运转等过程，最终满足消费者需求，因此在时间上具有一定的滞后性。如今，以互联网为发展基础平台的体验经济则以分钟甚至秒为生产周期单位，实现即时设计与服务。体验经济时代生产过程的短周期性，使得互联网信息技术与企业运行相结合成了一项必然要求。消费者需求的采集与处理是体验经济发展的前提条件，构建能够对接消费者需求信息的体验平台成了发展体验经济的一项重要内容。

2. “互联网 +”环境下的体验经济模式

（1）搭建企业体验平台，提升企业市场营销效率，有效支撑即时的体验设计与服务。搭建消费者可以直接参与的体验平台，以“天猫商城”为例，其目前已经集成了消费者内部评价和聊天功能，通过实时通信软件，对于同一件商品具备相同购买行为的人可以对所购买的商品展开交流，并且将交流信息展示给之后的消费者。这种信息互动行为既可以对卖家形成监督，也为客户做出购买决策提供了有价值的即时信息，提升客户的消费体验。

（2）建立消费者参与机制，确保消费者需求能够反映到产品设计之中。许多优秀企业开展季度性的、年度性的客户满意度或者客户体验调查，就是为了及时了解客户需求，有些企业在产品设计之时就组建贵宾级客户试用新产品并反馈意见，以及时调整设计方案。客户普遍反映其他客户的评价意见极大地影响其购买决定。

（3）实施模块化定制策略，平衡客户需求与企业成本。体验经济环境下，大规模量身定制成为企业运行的必然要求。但是，量身定制意味着更多的不确定性，在这种情况下，实施模块化的定制策略不失为一个有效的选择。通过对大量消费者需求进行近似性群集区别处理，针对其中较为共性的需求，将相关产品与部分服务内容打包形成“体验通用模块”，而针对其中的特殊个性需求，则将产品与服务打包形成“体验专用模块”。

当面向单个消费者体验需求时，可以通过“体验通用模块+体验专用模块”组合的方式来提供体验服务。

任务实施

略。

收获与体验

任务二的学习已经完成，请总结自己的收获与体验。

1. 新名词（新思想）

....

....

....

2. 工作技巧

....

....

....

思考与练习

一、思考题

1. 请举例说明你对体验经济的理解。
2. 请说明体验经济与客户服务之间的关系。
3. 描述体验经济与工业经济、服务经济之间的区别。

二、案例分析题

成立于1995年的世界电子商务企业鼻祖Amazon于2015年11月开设了第一家实体书店，Amazon的首营内容就是网络书店，自其成立始，产品类型逐渐覆盖各类大众消费品。近10年来，包括Amazon在内的国内外风起云涌的电商企业将实体零售业几乎逼到了墙角。这样一家网络书店起家的电商巨头开始开设实体门店，引起了专业人士的广泛关注。这样一家网络书店开始开设实体书店，引起了专业人士的广泛关注。

Amazon创始人Jennifer Cast说：“希望在未来，这不是唯一的一家。”西雅图的这家Amazon Books只是一家试验店，但显然，亚马逊并不希望就此终结，它们更希望找到一种可以复制的模式将它推广出去，而这展现出了亚马逊一种新的思路。一家几乎快把实体书店逼死的互联网巨头，自己似乎站到了自己的对立面。

问题：请依据本任务内容，分析该企业开设实体书店的原因有哪些？

Project 2

项目二
受理客户咨询

综合实训任务书

【实训任务描述】

1. 选择熟悉的企业为背景。
2. 以某个产品或服务的销售或解决客户问题（不包括投诉处理）为载体。
3. 完整展现回应客户售前咨询或帮助客户解决问题的过程。
4. 通过现场、电话和网络三种方式为客户提供咨询。

【实训目标】

素养养成目标：

1. 养成开放的沟通习惯。
2. 形成真诚、冷静、人性化的服务风格。
3. 应用令人愉悦的肢体语言。
4. 训练令人愉悦的声音。

专业能力目标：

1. 善于走进客户的世界。

2. 善于营造和谐的沟通氛围。

3. 掌握回应客户咨询的技巧。

4. 能够赢得客户的信任。

5. 为实现销售打下基础。

【实训成果形式】

1. 课堂分角色模拟展示现场、电话咨询服务的过程。

2. 利用演示文稿并角色配音，展示网络咨询服务的过程。

【实训方式】

全班学生分成若干小组，每组6～7人，每2～3人完成一种渠道的客户咨询服务。

【评价标准】

咨询渠道	评价要素	分值
现场	1. 仪表符合岗位需要，仪态自然大方，笑容可掬，整体形象赏心悦目	20
	2. 自然使用礼貌用语，体现出得体的教养	20
	3. 沟通过程能体现双向交流的风格	25
	4. 沟通内容灵活运用“四要素”，做到简洁明了，赢得客户信任	25
	5. 沟通过程具有令人愉悦的个性特色	10
电话	1. 电话礼仪规范、专业	20
	2. 语音悦耳，引人入胜	20
	3. 通过“站在客户的角度考虑问题”赢得客户信任	25
	4. 营造了和谐的沟通氛围	25
	5. 沟通过程具有令人愉悦的个性特色	10
网络	1. 网络礼仪规范、专业	20
	2. 网络用语清新、自然	20
	3. 使用网络技术，使得沟通内容重点突出、简便快捷	30
	4. 赢得客户信任或解决客户问题	15
	5. 回应速度快	15

任务一　当面受理客户咨询

知识目标

- 说明沟通的流程。
- 理解沟通四要素和关键成功因素。
- 牢记服务语言使用中的“九准”与“九不准”。
- 描述客户服务的十种好习惯。

能力目标

- 运用沟通四要素，有效处理客户咨询。
- 高效接待现场客户。

素养目标

- 养成和谐、友善、诚信的服务气质。

任务引入

【情境描述】

李小姐在银行办完新房购置的按揭手续。随后几天，有多家地产中介和装饰公司给李小姐打电话，询问新房是否需要装修和出租。电话骚扰使李小姐非常生气，问其电话号码来源，对方说银行里有熟人，是从银行里买来的。

李小姐在办理按揭手续时留有电话，就认定是银行泄露了客户资料，于11月9日来找银行，要求给个说法。

李小姐："我在你们银行办理按揭留下了联系电话，你们怎么给了别人？"

客户经理："这绝对不可能！"

李小姐："有人说是你们有偿提供的。"

客户经理："那人是谁？请不要妄下定论！"

由于双方各持己见，李小姐与客户经理发生了争执。

情景剧1

【工作要求】

请将自己置身于客户经理的角色，你会怎么接待这位李小姐？

任务分析

客户对企业产生了误会，而亲自到企业"兴师问罪"。客户经理不仅没有消除误会，取得客户的理解，反而使误会变成了争吵。由此，我们可以看出沟通能力对实现与客户的有效交流是至关重要的。大家在阅读本书之前，就已经拥有了基本的沟通能力，但你的沟通能力是否能够胜任专业服务工作，还需要在具体的工作中检验。本项目将通过典型的客服工作情境训练提升大家的沟通能力。在这个单元学习结束时，期待大家能够圆满地处理李小姐的询问。

相关知识

客户咨询一般包括售前的专业信息咨询，售中、售后的进度查询与疑问处理。咨询环节是客户接触企业的前端，将直接影响事件的走向，因而要求客户服务人员具备较高的沟通能力。尽管我们从记事开始就与人交流，但很少会有人深入思考如何有效沟通的问题。沟通能力对能否促成客户购买、客户疑问与异议能否化解有直接影响。因此，我们首先要了解沟通过程究竟涉及哪些内容。

一、沟通的流程

如果你会心灵感应术，一切就变得简单了。A 发出的信息，接收人 B 由于能够感应对方，而不用解码。沟通的流程就会如图 2-1 所示那样简单。

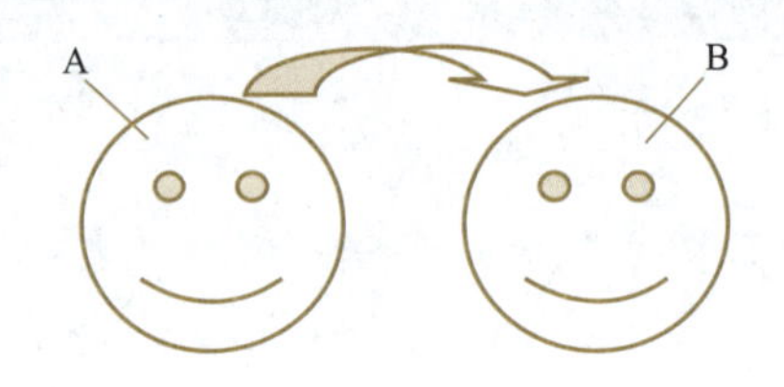

图2-1　沟通的流程（一）

但我们并不会心灵感应术，因此问题复杂多了。沟通流程就会如图 2-2 所示。

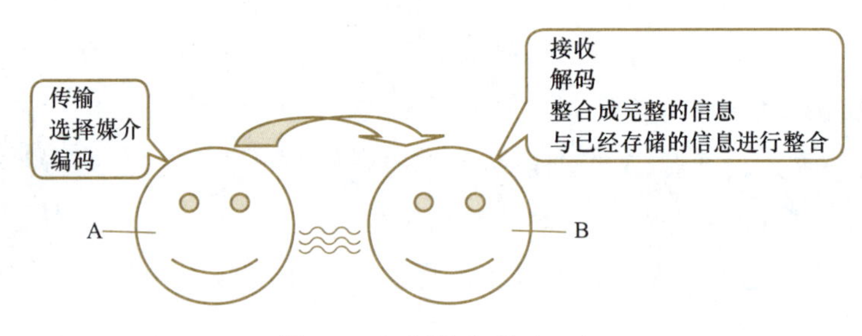

图2-2　沟通的流程（二）

（1）A 要将信息转化成编码（语音、手势、面部表情等）。

（2）A 要选择适当的传输媒介将编码传输出去，可以是书信、备忘录、电子邮件、正式报告、非正式会议、正式会议或者电话。

（3）A 要选择适当的传输时机进行编码传输。

（4）如果运气好，B 能够如 A 所愿，接收到他传输的信息。

（5）B 要对信息进行解码。即使信息没有受到无关的干扰，如“嗯”“啊”等语气词、旁敲侧击、说话不留情面、行话、微笑等因素，对信息的解码也不是很容易的。

（6）B 还要进行两种整合过程。其一是将零散的信息整合成完整的信息，其二是将完整的信息与已经存储在大脑中的信息联系起来，这样 B 才能领会、分析、评判客户信息并表示同意与否。

（7）B 还要存储这些信息，以便在未来需要的时候调用。

从图 2-2 我们可以看出，A 将信息传递给 B，这中间存在着时间或者空间间隔，这个间隔形成的过程会存在各种各样的影响因素，如环境太吵、信息传递者选择的传递方式或者语言不当、信息接收人接收方式不当，这些影响因素通常称之为“噪声”，会大大降低沟通的效率。

若要提高与客户的沟通效率，减少与客户误会的发生，大家需要学习并养成以下沟通习惯来减少沟通过程中的“噪声”。

二、减少沟通过程中的“噪声”

1. 选择积极倾听的行为方式

明白了沟通流程，再来探讨倾听的问题。在这里，我们假设客户是信息传递者。一般而言，我们不太可能把控客户传递信息的方式，因而是否能够积极地倾听，将决定你接收的信息和客户发出的信息是否一致，从而避免沟通失败。如果是消极地倾听，也就是不与说话人对话，那么你无法质疑信息，无法验证自己的理解是否正确。接收信息的片段不算什么难题（只要没有噪声干扰或视觉干扰），但如果说话人使用你不熟悉的编码，那么解码就会成为问题。例如，“686 芯片”计算机或“66 兆赫”对于懂计算机的人来说无疑包含了很多含义，但不懂计算机的人却是一片茫然，无法解码。如果说话人的思想未经过组织或者他们的参照系和你的不一样，那么整合也会比较困难。如果你不够了解这些信息，那么存储和回忆也会成为问题。

如果你会积极地倾听，能够采取一些有助于你完全理解对方措辞的行为，与客户间的对话就能进行下去。对照表 2–1，检查自己遇事时与他人对话的行为方式，如果你的行为属于“消极倾听”的行为，那就有必要改变。如果你有“消极倾听”的行为习惯，则需要训练自己，养成“积极倾听”的行为习惯，以减少与客户沟通时产生误会的概率，顺利解码并整合接收到的信息。

表 2–1 “消极倾听”行为与“积极倾听”行为的对比

消 极 倾 听	积 极 倾 听
● 不时打断对方 ● 注意力分散 ● 信笔涂鸦 ● 冗长的笔录 ● 闭上眼睛 ● 打哈欠 ● 不停看表或做出“请快一点”的手势 ● 突然改变话题	● 乐于提供帮助的眼神 ● 认真接收信息的姿态 ● 发出鼓励的声音和手势 ● 探问 ● 做出适当的评论 ● 总结 ● 检查自己的理解情况

积极倾听有如下好处：

（1）客户能从你的倾听中获得满足感。因为人都享受被倾听，喜欢对方表现出兴趣以及努力理解他们的样子，而不是妄下断言。

（2）能提高“解码”的准确率。“积极倾听”实际上是一种建立双向沟通机制的行为模式，只有积极倾听，对方才能充分表达，你才可以接收到更广泛的信息，以及减少误会对方意图的概率，这样你对客户意图的理解才会是客户想要表达的意思，你也才能更容易地整合和存储他人的信息。

（3）是建立并维护客户关系的基础。没有良好的互动沟通，长期的客户关系从何而来？

2. 应用正确的肢体语言是面对面交流成功的关键因素

这些正确的肢体语言包括：

（1）面部表情保持微笑，并保持感兴趣的、愉快的目光接触。

（2）控制自己的面部表情以及语调，因为这些都是容易“泄露”情感的地方。

（3）在自己的面部表情以及语调中自然地表现出与客户相同的感觉。

（4）使用开放的而不是闭合的手势。

（5）在与客户交谈时，站直或坐直。

（6）与客户保持大约 80 厘米的人际交往安全距离。

3. 当你是信息传递者时，须传递有效的内容

怎样做到让自己要沟通的内容产生好的沟通效果呢？以下沟通“四要素”需要多加练习，直至掌握。

（1）表达自己的观点时要做到有条理。

（2）表达观点要突出重点和关键点。

（3）陈述内容应该准确具体。

（4）和顾客谈论其感兴趣的话题。

为了帮助大家更好地理解这四点，请阅读案例 2-1，此案例中的主人公在与客户交流时非常突出地做到了以上四点。

// 案例 2-1

吉拉德的客户沟通管理

有一种产品是厨房用的节能成套厨具，395 美元 1 套。有一天，吉拉德来到一个村庄，把全村的人召集到一起，用他的厨具做饭，一边做一边介绍厨具的特点，做完之后，把饭菜给周围的人品尝，很多人认为这套厨具很好，于是便买了些。可是有位大叔很顽固，他一边吃着吉拉德的饭菜，一边说：“你的炊具再好我也不会买。”

第二天，吉拉德专门去拜访了这位大叔，见了他之后，不到半个小时，这位大叔就掏出钱买了厨具。

当吉拉德见到这位大叔时，从身上掏出一张 1 美元的钞票撕了，撕完扔掉之后问：“大叔，我撕钱你心疼吗？”大叔说：“你把 1 美元白白地撕掉，我怎么不心疼呢？”接着吉拉德又掏出 20 美元的钞票撕了，撕完之后没舍得扔掉，装进了自己的口袋，然后问：“你还心疼吗？”大叔说：“我心痛又没有用，那是你的钱，如果你愿意你

就撕吧！”吉拉德说：“我撕的不是我的钱，我撕的是你的钱。”大叔感觉到很奇怪，问道：“你撕的怎么是我的钱呢？”这时吉拉德从身上掏出一个本子，在上面边写边说道：“你昨天告诉我你家里一共5口人，用我的厨具每天可以节省1美元，是不是？”大叔说：“是的！”吉拉德说：“我们不说一天节约1美元，就按每天节约0.5美元来计算，一年有365天，我们按360天计算，你告诉我你已经结婚23年了，就按20年计算吧，这就是说在过去的20年，你没有用我的厨具，这样你就白白浪费了3 600美元，难道你还想在未来的20年再撕掉3 600美元吗？”

哪一个正常的人不愿意花395美元来节约这么一大笔钱呢？于是，这位老人便买下了这套厨具。

案例2-1思考

分析吉拉德与客户的沟通内容是如何体现上文中所讲的“四要素”的。

（1）表达观点有条理，吉拉德与客户的沟通过程分几个层次：

____

____

（2）重点突出，吉拉德谈话的重点是：

____

____

（3）陈述内容准确具体，吉拉德用了哪些具体的方式实现了表达具体：

____

____

（4）和顾客谈论其感兴趣的话题，顾客感兴趣的是：

____

____

任务实施

一、解决问题的思路

当客户带着怨气向你质询或抱怨，而你也深感委屈时，客服人员应该做到：①首先应站在客户的立场看问题，感同身受，以便让客户的情绪平静下来；②让客户把事情原委说清楚，而不是出于自我保护的本能，与客户争辩对错；③帮客户查找原因；④协助客户解决问题。

一般而言，客户不会无缘无故地惹是生非，如果他有怨气，一定是发生了什么事让他不满，也许此事并非由你引起，也不需要由你来负责，但作为客服人员，你代表的是自己服务的企业，你有义务倾听客户的牢骚和忍受客户的发泄，并运用你熟悉企业工作流程的优势帮助客户解决问题，这才是完美服务的体现。

那么对于客户李小姐，你是否能够体会到李小姐的心情？如果可以，你将会如何接待李小姐呢？

二、实施参考方案

李小姐11月9日来找银行，要求给个说法。

李小姐："我在你们银行做按揭留下电话号码，你们怎么给了别人？"

客户经理："你好，我是客户经理王凯，请问怎么称呼您？"

李小姐："我姓李，自从在你们这里做了按揭购房贷款之后，就总有装修的、地产经纪给我打电话，有人说是你们有偿提供的。"

客户经理："李小姐，我能够理解你现在的心情，我有时也会接到这样的电话，一点安全感也没有。作为银行来说，有严格的保密原则，为客户保守秘密。但您今天给我们提供的信息很重要，我们会马上着手调查此事，看是否出现了漏洞。给我两天时间一定回复您，好吗？"

第三天上午，王经理及时联系了李小姐告知：开发商通过物业代理销售楼房，物业代理曾接手过李小姐的相关资料。客户经理代表银行立即联系开发商，要求其与客户签订资料保密协议。

客户经理："现在信息泄露的途径很多，防不胜防。我对给您造成的困扰再次表示歉意。"

李小姐表示理解，没有再追究此事。

工作训练1

【情境描述】

拜托，别再火上浇油了

有位客户到咨询台来投诉说："小姐，我已投诉多次了，一直都没有人帮我处理，我现在要补打1月份和2月份的发票。"

咨询人员对这位先生说："等一会儿，我查一下是什么情况。"

客户将所有资料交给了咨询人员。查询后发现原来客户是在网上入网的，而且入网时已交了一笔钱，但由于系统至今没对该客户的话费做销账处理，所以没办法打印出其1～2月的话费发票。

然后咨询人员对客户说："是这样的，由于您的话费至今没有销账，所以我们没办法打印出您的发票。"

客户生气地说："为什么没销账？我要拿发票回公司报销的。我不管你们公司是怎么样的，反正我现在就要发票，要是不给，你找经理出来见我。"

咨询人员说："见谁也没用啊，你这个发票打不了，公司制度就是这样规定的。"

【工作要求】

请运用所学知识，作为本情境中的服务人员处理客户的问题，让客户满意地离开。

相关知识

1. 客户服务语言使用的"九准"

（1）我会找出正确答案的。

（2）我所能做的是……

（3）这是能帮助您的某某人……

（4）我理解您的感受。

（5）让我看看我能为这件事做些什么。

（6）让我来帮助您。

（7）我会尽全力。

（8）对不起。

（9）我 ×× 分钟后就回来。

2. 客户服务语言使用的"九不准"

（1）我不知道。

（2）不行！

（3）那不是我的工作。

（4）您是对的——真讨厌。

（5）那不是我的错。

（6）您需要和经理通话。

（7）您马上就要吗？

（8）您冷静一点。

（9）我现在很忙。

【服务经验】

（1）客服人员应该首先倾听客户的需求，以便稳定客户情绪，并在适当的时机向客户致以歉意。

（2）客户要发票，如果确实是公司的责任，同时对公司又不会有特别大的影响，就应当尽量想办法为客户解决。即使是解决不了的问题，客服人员也应该让客户看到你的行动，让客户感受到你在尽力而为，以避免客户的责难。

试操作

请运用上述相关知识和服务经验以对话的形式描绘接待客户的过程。

____

____

____

工作训练2

【情境描述】

不能办也要有不能办的说法

营业员："您好，请问您需要办理什么业务？"

客户："我想要把这个手机号过户成我自己的手机号。"

营业员："先生，您请坐，请问您的手机号码是多少，我帮您查一下，请您稍等。"

客户："13××××××××××。"

营业员："请问原机主姓×吗？"

客户："是的，他是我的一个朋友。"

营业员："先生，我们现在办理过户手续需要双方本人持身份证原件来办理，如果您要办理过户需要这位原机主也在场。很抱歉，无法为您办理这项业务。"

客户："我现在有双方证件啊，现在我那个朋友在外地呢，你就给我办了吧。"

营业员："真对不起，我不能为您办理这项业务，这是为了保护机主的合法权益，请您谅解，您可以等您朋友回来再来办理。"

客户："那算了，我不办理了，没想到过户这样麻烦。"

营业员："很抱歉，请您谅解，请您慢走。欢迎您再次光临我们营业厅。"

【工作要求】

请运用所学知识，作为本情境中的服务人员处理客户的问题，让客户满意地离开。

【服务经验】

首先，排除客户对公司的误解。

其次，说"不"时，要给客户理由。在本情境中可以对客户提出，办理本业务需要客户的"共同协助"的请求，巧妙地将客户带入角色，适时赞美客户，让客户愿意与你合作。

最后，询问客户是否需要别的帮助。

试操作

请运用相关知识和上述经验以对话的形式描绘接待客户的过程。

____

____

____

工作训练3

【情境描述】

服务工作，个性勿扬

某日，某药店。营业员张丽接班（张丽今年刚毕业，上班还不到一个月）。她将头发染成了金色，还涂了金色的眼影，不时兴奋地问其他店员自己是否漂亮。她一走近，身上一股浓浓的香水味让人不由得捂住鼻子。这时一位捂着鼻子打喷嚏的顾客走过来……

张丽（热情地）：“老奶奶，有什么不舒服吗？是不是感冒了？”

顾客（一边转身打喷嚏）：“姑娘，你身上的味道太重了，这让我的鼻子更不舒服。”

说完就朝门口走去了。

【工作要求】

如果你是店长，你将如何引导这样的新员工认识到自己的问题？

【服务经验】

专业的形象是专业服务的一个组成部分，顾客在心理上希望看见或接触到健康的形象，而过于前卫的发型、太浓的香水，甚至个人过浓的体味等，都会给顾客留下不愉快的印象。因此，在专业服务中不适宜张扬自己的个性，而要在仪表和技术上尽量体现出专业水准。

店长此时应该忽略店员的不得体行为，首先用得体的语言和行为留住顾客，服务顾客之后，再用委婉的语言引导员工认识到问题。

试操作

请运用相关知识和上述经验以对话的形式描绘接待客户的过程。

____

____

____

知识拓展

一、客户服务过程中的“四项准则”

在为客户提供服务的过程中，我们应主动向客户表示出：

（1）关心：定期定时与现有的客户保持联系，向他们提供客户关怀，了解产品及服务的不足，听取客户意见，更高效率地完善自己。

（2）同情：对于客户提出的问题，我们具有责任感和使命感，同情客户的感受。

（3）理解：遇到客户抱怨或投诉，我们应该认同其感受或设身处地从其角度考虑问题，理解客户，帮助客户。

（4）行动：收到客户反馈后，我们应及时帮助客户解决问题或改进自己的不足。

二、客户服务的十种好习惯

（1）准时。

（2）主动兑现自己许下的承诺，保证客户的满意度。

（3）对客户不许过高的诺言，提前完成并送达超额服务，给客户一个惊喜。

（4）主动提供帮助信息，提供额外的服务。

（5）提供服务时，请尽量向客户提供选择的余地。

（6）主动向客户表示同情，理解客户的要求和意见。

（7）把关心客户作为工作中最重要的部分。

（8）把内部同事、工作伙伴也作为自己的客户，善待所有客户。

（9）请将自己的姓名和服务号码主动告诉客户，以备长期联系。

（10）提供微笑服务，缩短与客户之间的距离。

// 案例 2-2

微笑到底值多少钱？

微笑服务已经被“百度百科”收录为专有名词，是指服务人员以真诚的笑容向客人提供服务；同时也反映出一个服务人员的美好心灵和高尚情操。微笑会让顾客感觉亲切，很多人会不好意思直接拒绝微笑的服务，不过微笑需要把握度和适应场景，否则会让顾客觉得非常假，从而适得其反。

我们常说，“相逢一笑泯恩仇”。西方谚语也有类似的表达，“只用微笑说话的人，才能担当重任”。有人说“微笑能让人战胜一切困难”，还说“笑容它分文不取，却价值连城；它使人富有，亦于己无妨；它发生于瞬息之间，却令人永难忘怀”。从这些名言名句中，我们可以感知到微笑的价值！

有个小男孩不小心碰到架设好的电线而触电，电线碰到小男孩的半边脸，灼伤了一大块，这一块因此失去知觉。在向相关部门索要赔款时却遭到拒绝。在法庭上，这名男孩的律师让小男孩出庭作证，并侧身站在台上，用他完好的半边脸对着陪审团微笑，然后再把脸转过去，用被灼伤而麻痹扭曲的半边脸面对他们。结果陪审团只花了20分钟，就做出了判决，给予这位男孩10万美元的赔偿。如果一个人失去微笑的能力价值10万美元，那么在未失去之前价值几何？

2022年都江堰大地震，15岁女孩高莹被埋废墟20小时，失去双腿，在这样的灾难面前，女孩清秀的脸上流露出的不是痛苦，而是浮现着甜美的微笑，和不畏苦难的从容与淡定。女孩的微笑在很短的时间内被成千上万的人所关注。人们说，她的微笑是“地震中最美的微笑”。这个微笑感动了无数人，也鼓舞了无数的人，它是甜美的，也向人们传递着勇敢的力量。特大洪水中，赵永清校长浑身湿漉漉地出现在同学们面前，他看着同学们焦急而渴望的面孔，哽咽着面带微笑说了一句：“同学们，我来了。”一百多名学生一下子围过来，抱成一团，激动地哭了。那个微笑让他们感到洪魔已离他们远去，那个微笑给他们注入了生命的活力，带来了生的希望。这就是微笑不用言表的价值！

服务行业的工作人员经常会遇到气氛僵硬、相识无语而不知所措的尴尬局面，这时简单又有效的处理方法就是微笑。俗话说，“伸手不打笑脸人”。当你面对情绪激动的顾客，有时一句问候或者一个温暖的微笑，就足以在对方的心灵中洒下一缕阳光，平复顾客的情绪，在任何时候都不要低估一个微笑的作用。

排名世界500强首位的企业沃尔玛，对员工的第一条要求就是“对顾客要始终保持微笑”，并量化到“微笑服务时要露八颗牙”。世界知名连锁酒店品牌希尔顿，在二战后萧条的国际环境中，依靠“服务员脸上永恒的微笑”，度过了困难时期而跨入了黄金发展时代。中海集运公司某个揽货员坚持不懈地以微笑接触客户，助他获得了人生的第一单业务。航空公司招聘空姐明示，拒绝“冷美人”。微笑并不只是一种表情，它是一门艺术、一种心情、一份气息、一阵清风，同样可以用语言作为载体传递给每一个需要它的顾客。

三、微笑训练法

步骤一：放松嘴唇周围的肌肉是微笑训练法的第一阶段，又名“哆来咪练习”。嘴唇肌肉放松运动是从低音哆开始，到高音哆，大声、清楚地每个音说三次。不是连着说，而是一个音节一个音节地发音，发音的同时应注意嘴型。

步骤二：分如下三个动作连贯训练。

张大嘴：使嘴周围的肌肉最大限度地伸张。张大嘴能感觉到颚骨受刺激的程度，并保持这种状态10秒。

嘴角紧闭：闭上张开的嘴，拉紧嘴角两侧点的肌肉，使嘴唇在水平方向上绷紧，并保持10秒。

聚拢嘴唇使嘴角张紧：慢慢地聚拢嘴唇，当出现圆圆的、弯起的嘴唇聚拢在一起的感觉时，保持10秒。

步骤三：练习微笑。用门牙（上下四颗牙齿）轻轻地咬住木筷子。把嘴角对准木筷子，两边都要翘起，并观察连接嘴唇两端的线（从左嘴角到右嘴角形成的隐形连线）是否与木筷子在同一水平线上。保持这个状态10秒。轻轻地拔出木筷子之后，练习维持这种微笑状态。

步骤四：维持微笑。一旦练习出满意的微笑，就要进行维持至少30秒的训练。尤其是照相时不能敞开笑的人，如果重点进行这一表情训练，就可以获得很好的效果。

◆练一练

请参照微笑训练法，首先须模仿每一个训练步骤，然后每天坚持对着镜子练习3分钟，直至拥有亲切的笑容。

收获与体验

任务一的学习已经完成，请总结自己的收获与体验。

1. 新名词（新思想）

……………………………………………………

……………………………………………………

……………………………………………………

2. 工作技巧

……………………………………………………

……………………………………………………

……………………………………………………

知识链接

电话沟通能力的自我评估

请阅读下面的试题（见表2–2），根据自己的实际情况，从备选的三个选项中选择其中的一个选项。然后参照沟通能力自测评价标准（见书后参考答案），判断自己的沟通水平现状。

表 2-2　沟通能力的自我测试试题

1. 面对面交流				
序　号	问　题	经　常	有　时	很　少
1	别人曾经误解过我的意思			
2	当与别人谈话时，我会离开谈话的本意而跳到别的话题上			
3	有人曾经让我进一步确认我的意思			
4	我嘲笑过他人			
5	我会避免与他人面对面地交流			
6	我会尽量表达我的意思，并且以我认为合适的方式与他人交谈			
7	交谈时，我会注视着对方的眼睛			
8	谈话结束时，我会询问对方是否明白了我的意思			
9	我会找一个合适的时间和地点与他人交谈			
10	我会把事情的前因后果都澄清给别人			
11	如果我要表达的意思很复杂，令人难以明白，我会事先考虑			
12	我征求过别人的观点			
2. 团队里的“面对面”交流				
序　号	问　题	经　常	有　时	很　少
1	面对一些人说话时，我会很紧张			
2	如果必须主持一个集体会议，我会让与会成员事先了解会议内容			
3	我会事先准备好会上的发言			
4	一些成员不出席会议			
5	在会上，只有我一个人说话，没有成员参与			
6	我分派工作之后，他们从不提问			
7	会上，我允许大家畅所欲言			
8	我允许大家讨论以澄清问题			
9	我总是会问：“大家还有什么问题吗？”			
10	我总是用同样的方式与不同的人交流			
3. 提出建议，表明态度				
序　号	问　题	经　常	有　时	很　少
1	仅仅具体评论相关工作			
2	只是发表描述的主观评论，而不利用具体数字进行客观评估			
3	宁愿暂时不发表意见，而等到年终总评时才进行详细讨论			
4	最后确认大家是否很好地理解了我的意见			
5	提出建议的同时，也给出批评，以便他们更快地提高			
6	意见着眼于过去的成绩，而没有放眼于未来的发展			
7	即使存在问题，也只是给出表扬意见			
8	询问别人的观点，以便我更好地提出意见			
9	积极告诉相关人员希望他们将来怎么做，而不经过协商讨论			
10	先询问他们如何看待自己的业绩，然后再给他们提出意见			
11	很难在适当的时候给出批评性意见			
12	只要做得好，从不吝啬赞扬下属			

（续）

4. 书面交流				
序　号	问　题	经　常	有　时	很　少
1	即使有条件，也尽量避免做记录			
2	经常有人不明白记录的内容，要求解释			
3	没仔细考虑，然后开始动笔记录			
4	对所做的记录，不做修改就递交上去			
5	记录中含有难以理解的术语			
6	记录内容简明扼要			
7	向同事核实一些重要记录			
8	如果能够进行语言交流，就避免进行书面交流			
9	他人能理解我记录的内容			
10	很容易完成一份书面记录			
5. 听的技巧				
序　号	问　题	经　常	有　时	很　少
1	听别人说话时，我会注视着他的眼睛			
2	通过对方的外表和讲话内容及方式来判断是否有必要继续听下			
3	说服自己接受讲话人的观点或看法			
4	着重听取具体事例而不注意全面陈述			
5	不但注意听取事实陈述，而且还参考事实背后别人的观点			
6	为了澄清一些问题，经常向别人提问			
7	直到别人结束一段话，才对他的发言发表看法			
8	有意识地去分析别人所讲内容的逻辑性和前后一致性			
9	别人说话的时候，预测他人的下一句话，一有机会就插话			
10	等别人说完之后才发言			
6. 协商一致				
序　号	问　题	经　常	有　时	很　少
1	立即就座，加入讨论			
2	尽量做出一个对大多数人都有利的决定			
3	参加讨论时，中途离开			
4	即使很浪费时间，也乐意帮助他人解决问题			
5	尽力去理解别人的观点			
6	常常有人带着问题来征求意见			
7	告诉别人存在什么样的问题			
8	以事实为根据，从不冒犯别人			
9	不强迫别人改变主意			
10	为了避免尴尬，回避任何可能引起争论的问题			
11	先让别人讲述自己的观点			
12	即便别人说的话带有偏见，也不提出异议			

思考与练习

1．请结合下面的情境，运用本任务的沟通“四要素”撰写一段谈话。

【情境描述】

想象你是某管理咨询公司的一名顾问，主要帮助企业改善其在市场销售管理方面的工作。你接受客户委托，进入某企业开展工作，但企业销售部的经理显然有些抵触情绪，工作配合不理想。你感觉有必要和这位经理进行一次谈话，以便他能够了解你的职责和意图，加深理解，获得支持。相互配合，顺利地完成你的任务，你才能尽快离开该企业。

2．以你微笑的经历和经验发表一段谈话。

3．假设你是某音乐厅的客服主管，请你运用本任务所学服务礼仪处理下面工作情境中的问题。

【情境描述】

某音乐厅，经常遇到带孩子的观众要进场。但按照国际惯例，1.2 米以下的小孩是不能进音乐厅的。在一次钢琴演奏会开始前，有 20 多位家长拿着票带着孩子要进场，遭到检票人员的拒绝后，家长们开始发怒并爆料至媒体，有媒体人员也前来探个究竟。一时间，场面十分混乱……

任务二 电话受理客户咨询

知识目标

- 掌握电话服务礼仪。
- 理解客服人员的核心素质——真诚。
- 理解“站在客户的角度”考虑问题。

能力目标

- 高效接待客户电话咨询。

素养目标

- 养成真诚、专业、高效的服务风格。

任务引入

【情境描述】

受理包裹延迟多天的客户咨询

员工（很愉快、很高兴地接听来电者打来的电话）：“这里是纸制品仓库。我是 ××。我能帮您做些什么吗？”

客户：“您好。我是城市广场印务公司的李明，我为一个印刷项目订了 27 卷纸，这些纸应该在两天内送到，但我们还没收到。”

员工（不确定该做什么）："是吗？"

客户："我必须立即启动这个项目，否则就不可能及时完成，而且我无法出去买零售纸，因为这种纸是特殊商品，只有你们公司才有。"

员工（采取自卫型的态度）："哦，好，我不知道什么地方出了问题。我的意思是，那份订单并不是由我负责的。您确定在您需要这些纸时确实通知过我们吗？"

客户（听起来很生气）："算了吧。我到别处买去。"（挂断电话）

【工作要求】

请大家置身于上面的工作情境中，作为员工，你将怎样处理客户来电？

任务分析

上述情境对于大家来说并不陌生，我们在生活中经常遇到此类情况，甚至在工作中也可能这样接待过客户。很显然情境中员工的表述与我们对优质客服的要求相距甚远。那么，如何与这个客户进行电话沟通才能让他满意地放下电话呢？

相关知识

与客户建立相互信任的关系是提供良好客户服务的关键。客服人员在与客户进行电话交流时，存在两个世界，即客服人员的世界和客户的世界，客服人员和客户有着不同的信息储备，对问题也会有不同的看法，为了与客户建立相互信任的关系，客服人员必须走进客户的世界。一旦你和客户建立了相互的信任关系，就可以继续引导电话交流的结果向好的方向发展。因此，掌握电话交流各环节的基本礼仪以及沟通技巧十分重要。

1. 电话应答的礼仪

从客服人员接听电话的第一声问候起，就要融入客户的世界。开始的几秒钟是至关重要的，客服人员的问候是对客户的欢迎，同时也给电话沟通定了基调。

（1）第三声铃响，接听电话，使用礼貌用语并报上你的名字："早上 / 中午 / 晚上好，×× 公司，我是 ×××，请问有什么可以帮您？"

（2）主动询问客户称呼："先生 / 小姐，请问您贵姓？"

（3）礼貌称呼客户并正确应答客户的相关问题："×× 小姐 / 先生，您好，关于……"

（4）如未正确领会客户意图需要主动与其确认："×× 小姐 / 先生，您好，您是说……（您的意思是……）"

2. 电话交流中的礼仪

只有与客户建立和谐的气氛才能与客户继续交谈下去，创造和谐的氛围是与客户电话交流的首要任务，也是优秀客服人员的基本功。怎样与客户交流才能创造和谐的沟通气氛呢？下面请大家分析两个电话交流的案例。

// 案例 2-3

顾客:“您好!是 ×× 电信公司吗?”

客服人员:“什么事?”

顾客:“我想查一下我的电话话费单,您在听吗?”

客服人员:“是的。”

顾客:“账单上的余额跟我算的不一样,我算的余额比账单上的多,你们是不是算错了?”

客服人员:“您的账号?”

顾客:“12345。”

客服人员:“我的系统上显示您账户余额是 46 元。”

顾客:“那是您系统上的数字,我算的是 68 元。怎么办?您再查一下吧!”

客服人员:“不,我不能再查,我只能把系统上的数字读给您,可能是您算错了,您应该好好地保存所有的账单。”

顾客:“我是好好保存的,我不得不这样,因为你们总是把我的账目搞乱。现在,我要跟其他人讲话,马上!”……

通过以上案例,我们感觉到顾客与客服人员之间有一堵“墙”。客服人员和顾客各自站在自己的角度,如果不能有效地打破这堵“墙”的阻隔,则无法建立和谐的沟通。

下面再看一段电话对话。

// 案例 2-4

客服人员:“×× 网络公司客户服务部,我是 ×××,我能帮您做点什么?”

顾客:“您好,我是 ×××,我希望您能帮忙。”

客服人员:“当然,我非常愿意帮助您,我能做些什么?”

顾客:“请帮我查一下我的上网卡,它突然无法上网了!”

客服人员:“当然可以,我们马上替您办。”

顾客:“那太好了,我的上网卡是包月卡,还没有到期,不应该出现这种情况啊。”

客服人员:“是呀,遇到这种情况我也会很烦的。”

顾客:“啊!看来不只是我这样想,太好了。”

客服人员:“当然。现在告诉我您的卡号好吗?”

顾客:“好的,7890。”

客服人员:“为了确认一下,能告诉我您首次登录的时间吗?”

顾客:“2 月 14 日。”

客服人员:“谢谢。不能上网的原因是网络服务器故障,现在已经解决了。由于我们的问题给您带来不便,十分抱歉。”

顾客:“没关系。”

// 案例 2-4 对比分析

在案例 2-4 的对话中，我们可以看到客服人员与顾客建立了和谐的沟通氛围，这使客服人员获得了顾客的尊重并且使顾客很快提供了客服人员想要的信息。请对比案例 2-3 中的对话，分析案例 2-4 对话中的客服人员通过哪些方法走进了顾客的世界，与顾客建立了和谐的关系。

方法 1：________________

方法 2：________________

方法 3：________________

现在，请阅读下面的电话服务的案例，仔细体会客户代表怎样与客户进行了一次愉快的谈话。

// 案例 2-5

玛吉是 Xeno 公司的员工，她打电话给 Over-the-Wire 电话公司询问为什么 Xeno 的电话账单比平时高出许多。埃利奥特是电话公司的客户代表，埃利奥特说他会审查账号，并在第二天上午 9:00 给玛吉回电话。以下是电话记录：

埃利奥特："早上好，玛吉。我是Over-the-Wire电话公司的埃利奥特。关于贵公司的电话账户，我有一些信息要告诉你，你看现在谈合适吗？"

玛吉："早上好，埃利奥特。你真准时，我一直在等你的电话。你查到了什么？"

埃利奥特："我这里有贵公司账单的复印件。你手边有账单吗？"

玛吉："有，就在这里。你查到为什么这个月的账单这么高了吗？"

埃利奥特："是的，查到了。请翻到第四页，看最后一行。我们犯了一个错误，多算了一些我们不应该计算的接入费用。我真诚地为我们的错误道歉。为了弥补这个错误，我们会给你们减免 468 美元，这样你们这个月只需付 823 美元。这样就解决问题了，你看可以吗？"

玛吉："可以。谢谢你帮我们查账，埃利奥特。"

埃利奥特："不用谢。减免额将在你们下个月的账单上列出来。如果你还有别的问题，请给我来电话。我的直线电话号码是 55586633。"

案例 2-5 分析

阅读完客户代表埃利奥特和客户玛吉之间的这段对话，你是否感觉到了那种被称为"和谐"的气氛？要创造这种气氛，你一定要像埃利奥特一样做到：

（1）告诉对方你是谁，你所服务的公司以及你打电话的原因。

举例（从案例中节选）：________________

（2）按你约定的时间打电话。

举例（从案例中节选）：________________

（3）询问客户目前是不是有空。

举例（从案例中节选）：____

（4）打电话之前将所有需要的信息放在手边。

举例（用案例说明）：____

（5）主动告诉客户你接下来将会为此做些什么。

举例（从案例中节选）：____

（6）友好地询问是否需要其他的帮助。

举例（从案例中节选）：____

3. 电话等待的礼仪

（1）遇如下情形时，客户需要等待：

1）订单的查询。

2）账单的查询。

3）送货情况查询。

4）附加产品信息问询。

5）相关政策问询。

6）查询搜索。

7）问题升级。

（2）让客户等待时，客服人员需要：

1）告诉客户“为什么”。

2）使用“询问”语句征得客户同意。

3）给客户一个等待时限。

例如，“×× 先生 / 小姐，就您所提的这个问题我要查询相关具体的资料，请您稍等 1 分钟，好吗？”

（3）客户等待过程中，客服人员一定：

1）谨记“他们在听”。

2）时刻记住对方在等待。

3）与客户适当地谈论相关的话题。

4. 电话转接的礼仪

（1）遇如下情形时，客户电话需要转接：

1）客户寻找指定人员。

2）问题升级。

（2）电话转接时，客服人员需要：

1）向客户解释为什么需要转接。

2）询问客户是否介意电话被转接，“×× 先生 / 小姐，就您所提的这个问题我会转至对此方面比较了解的同事那里，由他给您做专业解释，您看可以吗？”

3）询问来电者姓名。

4）询问来电目的。

5）转接电话挂断之前需确定被转接电话处有人接听。

6）被转接电话接听后需告知被转接电话人的姓名。

7）被转接人接听电话后应感谢客户的等待：“×× 先生 / 小姐，很抱歉让您久等了，就您所提到的……”

5. 客户信息确认时的礼仪

（1）结束电话前应主动留下客户详细信息（姓名 / 电话 / 地址）：

1）“×× 先生 / 小姐，方便留下您的联系方式以便以后更好地给您提供服务吗？”

2）“×× 先生 / 小姐，请问您的全名是……”

3）“×× 先生 / 小姐，请问您的联系电话是……”

4）“×× 先生 / 小姐，请问您有电子邮件吗？”

（2）就留下的信息向客户确认。

（3）检查所留信息是否正确。

6. 记录信息的礼仪

（1）正确拼写客户姓名，准确记录电话号码，包括分机号码，记下号码之后一定要向客户重复一遍以确认信息准确无误。

（2）记录客户打电话的原因。

（3）记录客户要联系的那个人的姓名。

（4）记录客户打来电话的时间及日期。

7. 结束电话的礼仪

（1）可以一次性电话解决的客户问题。

1）依据客户需求，完整准确地表达出产品信息。

2）对客户提出的相应请求给予正确的回复。

3）主动询问客户是否还有其他问题需要帮助：“× 先生 / 小姐，请问您还有其他的问题吗？”

4）感谢客户来电并欢迎客户随时致电：“×× 先生 / 小姐，谢谢您的来电，欢迎您随时来电……”

（2）需要再次跟踪联系给予答复的客户问题。

1）向客户致歉，并告知客户回复时间：“×× 先生 / 小姐，请您耐心等待一下，三个工作日后我们会给您答复的……”

2）感谢客户来电：“×× 先生 / 小姐，谢谢您的来电。”

3）结束电话时让客户先挂断电话。

4）在系统中详细准确地记录谈话内容、客户的特殊需求和进一步要求。

任务实施

一、解决问题的思路

通过学习以上知识，大家如果能够接受“始终站在客户的角度考虑问题”的观念，这将有助于你与客户的交流在和谐的气氛中结束。如果能再运用上述语言技巧，那么你与客户的谈话将会十分圆满。

“站在客户的角度考虑问题”可以通过以下几个步骤体现出来：

（1）对客户出现的问题表示理解与同情。

（2）询问客户信息并以最快的速度查明问题产生的原因。

（3）告知客户原因并提供解决方法。

（4）若不能解决客户的问题，需要及时提供替代解决方案供客户选择。

二、实施方案

情景剧4

员工（很愉快、很高兴地接听来电者打来的电话）：“这里是纸制品仓库。我是 ××。我能帮您做些什么吗？”

客户：“您好。我是城市广场印务公司的李明，我为一个印刷项目订了 27 卷纸，这些纸应该在两天内送到，但我们还没收到。”

员工（表示遗憾）：“这样啊！真的很抱歉，李先生，为了尽快查找到您需要的信息，麻烦您告诉我您的订单号码，可以吗？”

客户：“嗯，订单号是 167850。我必须立即启动这个项目，否则就不可能及时完成，而且我无法出去买零售纸，因为这种纸是特殊商品，只有你们公司才有。”

员工（语言真诚）：“我明白，李先生。我现在马上为您找出原因，可能需要 1 分钟时间，请稍等片刻，好吗？”

客户：“那你快点。”

员工（语言舒缓）：“李先生，从查询结果来看，因为今天有些路线封闭了，造成了此次送货延误，确实是我们不好，请您原谅。”

客户（语气暴躁）：“不管什么原因，我们着急用呀！”

员工：“您看这样处理行吗？离您公司较近的分部有些您需要的纸，但数量不足，我们两小时内就给您送到，明天九点之前我们会把剩余的货品全部送到，这样行吗？”

客户（语气放松）：“看来也只能这样了，你们也尽力了。但是这次千万不能再耽误了。”

员工（语气甜美）：“谢谢李先生的理解，我们一定准时送到。再次感谢您使用我公司产品，请问您还有其他的需要吗？”

客户（语气轻快）：“没有了。”

员工（语气轻松）："谢谢您的来电，再见。"

客户挂断电话。

员工挂断电话。

工作训练

【情境描述】

客服："您好！万事通自考网！"

客户："你好！我刚才登录万事通网站报考，网站出现了很奇怪的故障。我想咨询一下。我……"

客服（打断）："哦？不可能吧！什么故障啊？"

客户："我和同学一起报考本次自考，我们用同一部计算机同时打开我们两个人的账户窗口。事实上，我同学是报考成功的，而我因为银行卡余额不足，没有报考成功。可是，我同学的账户窗口里显示了我的信息，而对方的信息却跑到我的账户里来了。这样，我无法报考啊……"

客服："不可能……小姐！我们的网站技术是很成熟、到位的。从没有接到过任何投诉。应该是你操作不当吧？"

客户："可是现在确实发生了这样奇怪的故障啊，这是事实。你说应该怎么解决呢？"

客服："哎呀！那这样吧。你跟着我的步骤，重新操作，来，首先……"（已通话10分钟）

客户："不行啊。"

客服："怎么会不行呢？小姐，你肯定又错了。来，再按着我的步骤一步步来……"（已通话20分钟）

客户："还是不行啊。我觉得是你们终端系统出了故障，麻烦你帮我转接到技术部门吧！"

客服："不会的，你相信我。小姐，肯定是你的问题。我们再试试……"

客户："我有问题？那好。我现在豁出去了，我把我的账号和密码都告诉你。麻烦你登录试试……"

客服："唉……行……我就不信会有这样的怪事……"（已通话25分钟）

"怎么会这样呢？不可能……稍等。我再试试……"（已通话30分钟）

客户（无奈）："怎么样？你试成功了吗？请问，你们有技术部门吗？"

客服："有……当然有。好吧……我现在帮你转接……"

【工作要求】

请作为客服人员，高效率地处理客户的问题并让客户满意地挂断电话。

工作分析

请指出该工作情景中客服人员在以下环节中的不足之处。

（1）应答环节：

____

（2）交流环节：

____

（3）电话等待环节：

____

（4）电话转接环节：

____

【服务经验】

（1）在任何时候都不要轻易打断正在说话的客户，而要引导其说出问题。

（2）听到客户反映的问题，客服人员首先应表示理解和同情，而不是用质疑的口吻与客户交谈，这种语气往往会激怒客户。

（3）在电话中让客户等待时，需说明原因和大概时间。

（4）客服人员应首先根据自己的经验判断客户遇到的问题属于哪一类，告诉客户通常的解决方法，若不属于常规问题，应及时将客户电话转至技术部门，并告知技术人员客户的问题。

试操作

请运用相关知识和服务经验以对话的形式描绘接待客户的过程。

____

____

____

知识拓展

一、客服人员的核心素质——冷静与真诚

即使大家掌握了所有的服务礼仪，也只能成为一名合格的客服人员，减少工作中与客户发生摩擦的机会。但是要想成为一名优秀的客服人员，冷静与真诚是必不可少的素质，它们具有胜过所有技巧的力量。

【角色扮演】

请阅读下面的案例，并通过角色扮演的形式去体会这位接线员的冷静与真诚。

// 案例 2-6

沉着冷静且充满爱心的接线员

某年，亚利桑那大学中国留学生杨建庆、陈玉云夫妇在当地家中遇害。中国警方与美国警方开展了执法合作，成功破案。在美国亚利桑那州皮马县检察长移交给中方的一大批涉案证据材料中，有一份“911”接警的电话录音记录令人记忆犹新。那位美国女接警员的工作表现，令人感动并久久难忘。

那天深夜，杨建庆、陈玉云夫妇6岁的小女儿醒来，走出二楼的卧室，突然看到父亲倒在底楼至二楼的楼梯上，身下一大片鲜血。孩子急忙拼命呼唤母亲，可是也没有回应，她根本想不到，母亲已经在底楼的厨房里遇害了。极度恐惧中小女孩拨通了“911”电话报警。

下面是根据电话录音整理的通话过程：

接警员：“这里是‘911’紧急中心。”

孩子：“对不起……”（哭声）

接警员：“你在哪儿？”

孩子：“……”（哭声）

接警员（迅速根据来电显示系统找到登记的地址）：“你是在北郊俱乐部2575号吗？”

孩子：“……”（哭声）

接警员：“好，平静些，我能给你一些帮助吗？”

孩子：“我想他已经被打死了。”

接警员：“发生了什么事？”

孩子：“我看见他倒在楼梯上。”

接警员：“现在你在哪儿？告诉我你的地址好吗？”

孩子：“我在家里。”

接警员：“你是在北郊俱乐部2575号吗？是，还是不是？”

孩子：“我不知道。”

接警员：“你不知道？你几岁了？”

孩子：“6岁。”

接警员：“好。你的爸妈在吗？”

孩子：“爸爸……（哭声）死了。”

接警员：“他死了？”

孩子：“是的。我需要帮助。”（哭声）

接警员：“你镇静一些。你看爸爸还在呼吸吗？”

孩子：“我不知道。”

接警员：“我马上派人来，你不要挂电话，好吗？”

孩子："……"

警员："你叫什么名字？"

孩子："艾丽。"

接警员："你知道你的公寓号码吗？"

孩子："不知道。"

接警员："你看看周围有信件吗？上面有地址。"

孩子："G4。"

接警员："是 G4？"

孩子："G4。"

接警员："你知道你的街名吗？"

孩子："……"

接警员："是北郊俱乐部吗？"

孩子："是的。"

接警员："你知道你的公寓门牌号吗？"

孩子："不知道。"

接警员："你爸爸几岁了？"

孩子："不知道。"

接警员："他发生什么事？"

孩子："他全身都是血。"

接警员："他在什么地方？"

孩子："在楼梯中间。"

接警员："楼梯在屋里还是在屋外？"

孩子："在屋里。"

接警员："有没有其他人和你在一起？"

孩子："我不知道妈妈在不在楼下，我想喊一下。"

接警员："好。"

孩子："妈妈！妈妈！"

接警员："有回答吗？"

孩子："没有。"

接警员："你有祖父和祖母吗？"

孩子："我的祖父和祖母在中国。只有爸爸妈妈和我在一起。"

接警员："好。你能做两次深呼吸吗？……好……做得很好。你能为了父亲勇敢些吗？你看看他醒着吗？"

孩子："没有。"

接警员："你知道发生什么事了吗？"

孩子：“我不知道。我在睡觉。”

接警员：“好。他没有醒着，他不能和你讲话吗？”

孩子：“不能。”

接警员：“你知道妈妈在哪里吗？”

孩子：“不知道。”

接警员：“她会到外面去工作吗？”

孩子：“不知道。”

接警员：“好。艾丽，你不要挂断电话。你能看看你家门锁住了吗？你能为我打开门锁吗？”

孩子：“我害怕去楼下。”

接警员：“好，那你等在楼上。你能听到警报声吗？”

孩子：“我没有听到。”

接警员：“你继续和我讲话好吗？不要挂断好吗？”

孩子：“好的。”

接警员：“你做得很好。救援人员马上就要到了，他们是来帮助你父亲的。不要害怕，好吗？”

孩子：“好的。”

接警员：“你听到有人敲门吗？”

孩子：“我听到了。”

接警员：“如果你听到很响的撞门声，不要害怕，好吗？”

孩子：“好的。”

接警员：“他们来帮助你爸爸了，他们是救援人员。”

孩子：“我听到他们在底下开门。”

接警员：“他们想打开门进来，如果你听到很响的‘嘭’的声音，不要害怕，是他们在撞门。”

孩子：“好的。……他们进来了！”

接警员：“不要害怕，他们是来帮助你的。”

孩子：“我知道了。”

陌生人：“有人吗？”

孩子：“有的。”

陌生人：“你在哪儿？”

孩子：“我在上面。”

陌生人：“只有你一个人吗？”

孩子：“是的。”

陌生人：“我们是消防队员。”

孩子："好的。"

接警员："艾丽，你做得好棒，你怎么学会打'911'的？"

孩子："我妈妈教的。"

接警员："你妈妈教你的？"

孩子："爸爸妈妈都教过我。"

接警员："艾丽，你做得真好，我真为你骄傲。你是个聪明的女孩儿。"

消防队员："你受伤了吗？"

接警员："你受过伤害吗？"

孩子："没有。"

接警员："现在有人和你在一起了。"

孩子："是的。"

接警员："他们是消防队员吗？"

孩子："是的。"

接警员："你做得真好。任何时候你看见有人受伤害或者遇到危险，你就给我们打'911'电话，好吗？"

孩子："好的。"

接警员："你读几年级了。"

孩子："一年级。"

接警员："我儿子也是一年级。哦！不，我想今年是二年级了。"

孩子："我快过生日了。12月22日是我的生日。"

接警员："那就在圣诞节前。你会收到两份礼物。一份是生日礼物，一份是圣诞礼物。"

孩子："我不知道。"

接警员："会的，你会收到的。你感觉好些了吗？"

孩子："是的。"

接警员："好。你做得真好。"

消防队员："喂！我是消防队员。"

接警员："你与孩子在一起吗？……这就好了。"

消防队员："警察到了！让警察和你讲话吧。"

警察："我是警官哈利根。"

接警员："这里是'911'紧急中心。"

警察："我已到现场。"

接警员："好了，谢谢。"

警察："再见。"

（改编自中国客服论坛 http://www.chinacsbbs.org，2006年1月6日）

二、电话礼仪中的“宜”与“忌”

1. 电话礼仪中的“宜”

（1）愉快而迅速地接听电话。

（2）礼貌地对待打错的电话。

（3）打电话给他人时不要先问对方姓名。

（4）适时询问客户的称呼。

（5）正确称呼客户。

（6）多使用礼貌用语“请”“谢谢”……

（7）向客户表示友好和关心。

（8）通话时表现出兴趣和真诚。

（9）谈话围绕客户需求。

（10）抓住谈话重点。

（11）简洁自信地回答客户的问题要点。

（12）主动向客户提供帮助信息。

（13）掌握电话的主动性。

（14）有原因中断电话时，说明原因并得到客户允许后才可以离开电话。

（15）根据客户特点结束电话，并轻轻放下听筒。

2. 电话礼仪中的“忌”

（1）问候客户时仅仅说“你好”。

（2）在很吵的环境中说话声音太小，或在很静的环境中说话声音太大。

（3）在倾听客户说话时完全保持沉默，很长一段时间没有回音，客户以为电话已经挂断。

（4）在客户发脾气时你也发脾气。

（5）什么都未说就挂断电话。

（6）在客户未挂断电话前就挂断电话。

（7）忘记做记录，使你又给客户回电话。

（8）依靠你的记忆记录客户的问题及信息。

（9）未和客户确认所记录信息就让客户挂断电话。

3. 客服人员声音形象的塑造

声音在电话交流中之所以重要，是由客服人员与客户的交流方式决定的。这种电话交流行为是在双方不见面的状态下进行的，这样副语言系统在这一行为中就缺失了。例如，丰富的面部表情、灵活的手势、生动的身体语言等在电话交谈时是不可见的。因此，声音成为唯一的交流手段，这时的有声语言已有别于日常生活中的有声语言。客服人员，尤其是呼叫中心的客服人员必须通过专业训练才能达到工作状态的有声语言，这种有声语言是具有声音形象的。

（1）准确传递信息。电话交流对客服人员的语音、发声、语言表达提出了更高的要求：规范的发音、得体的表达、优美的声音，才能准确而有效地传达信息。

客服人员准确清晰的发音是保证客户正确接收信息的基础。如果客服人员口齿不清，发不准音，念不清字，信息就会南辕北辙。尤其是现代汉语中许多词所包含的音节数量少，可负载的信息量大，每一个字的发声部位、方法稍不到位，就容易产生歧义；再加上通过电话传输设备带来的杂音、噪声也会影响字音的清晰度。所以，客服人员需要克服一般人口语中出现的毛病，如语速快、说话含糊、唇舌力度不够等。客服人员应通过掌握以普通话为主的语音学知识，以及持之以恒的专业训练，做到吐字清楚、发音准确，并且能够恰当地运用声音轻重、停顿长短、语调抑扬等表达技巧，做到准确高效地传递信息。

（2）积极交流情感。客服人员在服务中担负着满足客户对客观信息和情感服务双重需求的责任。如果在信息的传递中缺乏情感因素，就不能算是一次完整的信息传递，这种交流也不会成功。客服人员每一次服务活动都应该是真诚的，对客户充满尊重、友善之情。电话客服人员虽然不能与客户见面，但是你的心情、面部表情、下意识的小动作都会在不经意中渗透到你的声音中，通过话筒暴露无遗。因此，客服人员从拿起听筒说第一句问候的时候就应该意识到，自己面对的是一个客户，一个活生生的、有血有肉的人，不能机械地、千篇一律地对待不同心境、不同需求的各种客户，你的情感应该随着交谈内容的展开进入运动状态，时时与客户情感相通，切忌心不在焉、虚与委蛇。

事实上，在很多时候，成功的交流与其说是依靠客服人员的专业技能，倒不如说是客户被客服人员的真情实感所打动。因此，客服人员要把语音表达和语言表达与自己的情感结合起来，才能树立良好的声音形象。也就是说，只有当声音这朵小花深深植根于情感这片丰腴的土壤中，它才能开出美丽的花朵。

（3）恰当控制情绪。客服人员在工作中常常会接到投诉电话，客户劈头盖脸直冲客服人员而来，作为一个常人面对攻击，一般都会产生强烈的情绪反应和语言冲突。但是，作为客服人员，职业素养要求你不能这样做。客服人员应该想到，你只是工作状态中的一个角色，客户发火不是针对你本人来的，而是针对客服这个角色以及你作为客服人员所代表的公司、企业或产品发火。因此，客服人员一旦坐到工作台前，应该想到，你只是一个社会角色——客户服务人员，你要努力完成这一社会角色所赋予你的职责，服务社会，沟通信息。这需要你适时调整自己的心态，控制情绪，用积极的心理来调动自己的声音，通过良好的声音来感染客户，从而使客户的愤怒冰释。

（4）提供微笑服务，并在电话中运用语音语调的变化为客户创造一个舒适的氛围。有时人们不仅关注那些技术性的资讯，他们更多关注的是人与人之间的交流。你的客户选择向你公司咨询，而不是别的公司，作为员工，你有义务尽力帮助客户证明他的选择是对的。在这里他能得到别的企业没有的东西，那就是你所提供的诚恳热情的服务。所以，微笑绝不仅仅是一个简单的表情，它需要你具备一颗随时准备提供优质服务的心，这样的心让你可以克服身体不适、情绪不佳等客观因素，当客户来到你面前的时候，当电话铃声响起的时候，调整心态，从一个微笑开始。

收获与体验

任务二的学习已经完成，请总结自己的收获与体验。

1. 新名词（新思想）

……………………………………………………………………

……………………………………………………………………

……………………………………………………………………

2. 工作技巧

……………………………………………………………………

……………………………………………………………………

……………………………………………………………………

知识链接

电话沟通在客服工作中的应用非常频繁，为了正确评价和认识自己的电话沟通能力，同学们需要完成下面的测试（见表 2-3）。这个测试可以引导你发现从哪些方面可以改进自己的电话沟通能力。

请仔细阅读测试题并根据自己的实际情况从备选的三个选项中选择其中的一个选项。参照评分标准（见表 2-4），计算自己的得分，最后参看自评标准（见书后参考答案），判断自己的电话沟通能力现状。

表 2-3　电话沟通能力自我评估测试题

序号	问题	选择
1	你对工作中打进电话的人经常是什么样的态度？ A. 公平合理　B. 没有注意过　C. 经常不满意	
2	你是否很愿意告诉别人自己对工作的感受？ A. 经常　B. 从不表露　C. 不经常	
3	你的个人问题总会影响到你对工作的态度吗？ A. 经常　B. 偶尔　C. 从不	
4	如果有人批评你的单位或公司，你通常会有什么反应？ A. 辩解　B. 持反对意见　C. 虚心倾听	
5	你的电话留言是否能及时地传达给合适的人？ A. 经常　B. 有时　C. 很少	
6	打电话给你的人或旁观者觉得你的耐心怎样？ A. 很有耐心　B. 不错，应该再好一些 C. 一点耐心都没有	
7	当有人打电话打扰了你，你一般会是什么反应？ A. 感到很恼火，但尽量去帮助他们 B. 很乐意为他们效劳 C. 告诉他们你很忙，建议他们先去找别人帮忙	
8	你的同事、朋友或家人认为你接电话水平怎样？ A. 很好　B. 有时很好　C. 很糟	
9	在通过电话交谈时，你经常面带微笑对话吗？ A. 经常　B. 有时 C. 为什么要微笑，就算笑了对方也看不见	
10	你接电话时说的第一句话是什么？ A. 电话号码　B. 你的单位名称　C. 你好 / 早上好	
11	电话结束时你会向对方道谢吗？ A. 总是这样的　B. 有时会 C. 只有当对方态度很好的时候	
12	你觉得应该怎么形容你在电话交谈中的语调？ A. 平平淡淡　B. 和气友好　C. 当对方不存在	
13	在铃声响过多少次之后你会接电话？ A. 尽可能多的次数　B. 3 次或更少一些　C. 不超过 5 次	
14	打电话时，如果对方的回答达到了你打电话的目的，你会为此而致谢吗？ A. 经常　B. 有时　C. 极少	
15	如果有人打电话询问一些事情而你不太肯定答案的时候，你会怎么做？ A. 告诉他们你认为正确的答案 B. 告诉他们你不知道，请他们等一下你去找找看 C. 告诉他们你不知道，把问题的细节写下来，设法找到准确答案，然后安排时间让他再打过来	

表 2-4　电话沟通能力的评分标准

问题序号	A	B	C
1	3	2	1
2	3	2	1
3	1	2	3
4	2	1	3
5	3	2	1
6	3	2	1
7	2	3	1
8	3	2	1
9	3	2	1
10	1	2	3
11	3	2	1
12	2	3	1
13	1	3	2
14	3	2	1
15	1	2	3

思考与练习

一、思考题

1．结合自身生活或工作经历，说明如何与他人进行一次良好的电话交流。

2．收集语音、语调和发音的训练方法，并进行日常训练。

二、技能训练题

1．阅读并想象下面的工作情境，指出王燕在电话礼仪中出现的错误。如果你是王燕，你会怎样进行本次电话交流？

【情境描述】

王燕是市中区电话公司的客户服务代表。同事在她的办公桌上留了一张便条，上面写着："客户张杨 11:30 给你打过电话，他觉得你在 10:00 就应该给他回电话，解释他第一笔账单上的费用。"王燕拿起话筒，她与客户间进行了如下对话：

王燕："嗨，我是王燕。有什么问题吗？"

张杨："王燕？"（听起来很迷茫）

王燕："是啊，电话公司的王燕。我是不是应该早一点给你打电话？"

张杨："是的，你应该查一下，然后跟我解释我的账单费用。在我与你们签约时，你们曾经有承诺，现在账单上的费用与你们的承诺不符。"

王燕（大声叹气）："好的，我实在太忙了，现在给你查。真对不起，你的账号是多少？"

张杨："王燕，我正在开会。你可以下午再给我来个电话吗？"

王燕："当然。我一会儿再给你打电话。"

王燕挂断了电话，张杨怀疑地盯着听筒。

2. 请阅读下面的情境，分析该客服人员与客户电话沟通过程中可以改善哪些地方，并分析企业工作流程中可以改善的地方。

【情境描述】

（1）事件发生的背景。

春节七天长假前的一天，客户吴先生在某宝网上的××数码店购买了一部手机，由于公司正在放假一直未给客户发货，客户在线上询问客服为什么一直没有发货，销售客服也没有回复，导致客户产生了不满。待正常上班后，仓库发货人员根据发货的单据将货物发走，但客服人员未及时在后台更新单号信息，客户再次咨询的时候，客服人员查询不到货物的具体情况，不能给客户满意的答复，导致客户的不满升级并要求退货处理。

客户向某宝投诉成功，销售人员将客户的购物款退回客户之后，通知物流客服人员将货物追回，但货物走的是邮政快递渠道，很难在途中追回。所以客服人员只能致电吴先生说明情况，预期取得客户的理解把手机退给公司。

（2）客服致电客户的经过。

物流客服："吴先生您好，因为发货时未及时更新单号信息，导致未显示发货信息，对您造成的不便感到抱歉。"

吴先生："你们的销售客服怎么可以这样，我发信息也不回我，发了货又查询不到单号信息。你们怎么搞的？"

物流客服："吴先生，这是我们的失误，真的感到抱歉。但是货物已经发出去了，因为我们的货物是发邮政的，很难在路途中退回，可能会直接发到您那边，如果您到时候收到货物请不要签收，退回好吗？因为您已经在某宝上申请退款了。"

吴先生："我已经在别的网店购买了同样的手机，如果你们的货物先到我就签收你们的，把我前天订的退了。"

物流客服："吴先生您确定是要此货吗？若您签收后，请您再次把款给我们支付过来好吗？"

吴先生："嗯，好的。"

物流客服："很感谢吴先生的理解，过几天我再联系您！"

吴先生："嗯，好！"

物流客服："再见！"

过了几天客服人员按照单号查询货物已经被客户签收，所以联系吴先生。

物流客服："您好，吴先生，不好意思打扰了，我是某宝××数码店的客服，之前有联系过您的！还记得吗？"

吴先生："哦，怎么啦！

物流客服："吴先生我们查询单号信息显示您已经将手机签收了，按照上次我们沟通的，需要您支付金额 2 100 元。"

吴先生："都不是我签收的，是我老婆签收的，我都不知道。我看了手机好像没那么好！"

物流客服："吴先生若您觉得手机有问题，麻烦您给我们退回来，邮费我们这边到付好吗？"

吴先生："可是快递员都走啦，要怎么退？"

物流客服："吴先生，那麻烦您叫一下快递上门取货退回，可以吗？"

吴先生："那你叫快递上门取啊！"

物流客服："吴先生，因为您那边只有邮政快递才能退货，我们无法联系到您当地的邮局去取货的。希望您可以谅解！"

吴先生:"那这样吧,我之前在别的网店买的手机,因为退回去了,他们还没给我退款,等他们给我退款了我再给你们打过去吧！"

物流客服："吴先生那您是确定要此货了吗？"

吴先生："是的！"

物流客服："那对方需要多少天才能把款打回给您呢？"

吴先生："过几天吧！"

物流客服（无奈）："那行吧，我过几天再联系您！"

一个星期过去了。

物流客服："吴先生您好，我是某宝 ×× 数码店的客服！请问您可以将手机款支付给我们了吗？"

吴先生："这样吧，你跟你们老板说一下，因为这是你们的失误造成的，让我等了那么久，问下你们老板，支付 1 500 元就可以了吧！"

物流客服："吴先生，我知道因为我们没有及时更新单号信息，导致您不能及时获得发货信息，对您造成的不便我们深感抱歉，而且我们也有提前通知您，若您不想要货物，可以拒收的，现在说减少支付价格，那是不可取的，请您谅解！"

吴先生："我肯支付你们 1 500 元已经算好了，我跟我朋友说这事他们都说我傻，我可以直接不支付你们的。"

物流客服："吴先生您这样是很不讲信用的，我们也有先跟您沟通好的，当初您也是和我说好的。怎么能说变就变呢？"

吴先生："那是你们自己的事情！本来就是你们的失误造成的！"

物流客服："吴先生我们有您的签名，证实已经收到此货物！您这样做是不对的！"

吴先生："你们自己选择吧，就给你们支付 1 500 元，不然自己上门取货！"（说完客户把电话挂了）

（3）最终结果。

因为物流客服人员解决不了，所以只能上报上级主管来处理此事，后来客户全额支付了手机款。

任务三　线上受理客户咨询

知识目标

- 熟记线上受理客户咨询的规范话术。
- 熟记线上客服规则与注意事项。

能力目标

- 会运用线上工具高效完成客户咨询。

素养目标

- 培养“为客户解决问题”的服务思维。

任务引入

【情境描述】

张宁是一名大学生，准备在××平台安信优选店铺上为自己的手机购买一款适合的手机壳，如图 2-3 所示。他已将手机壳加入购物车，但因产品功能、材质、价格、物流周期等相关问题并不明确而一直未付款，正在咨询售前客服 Alice。

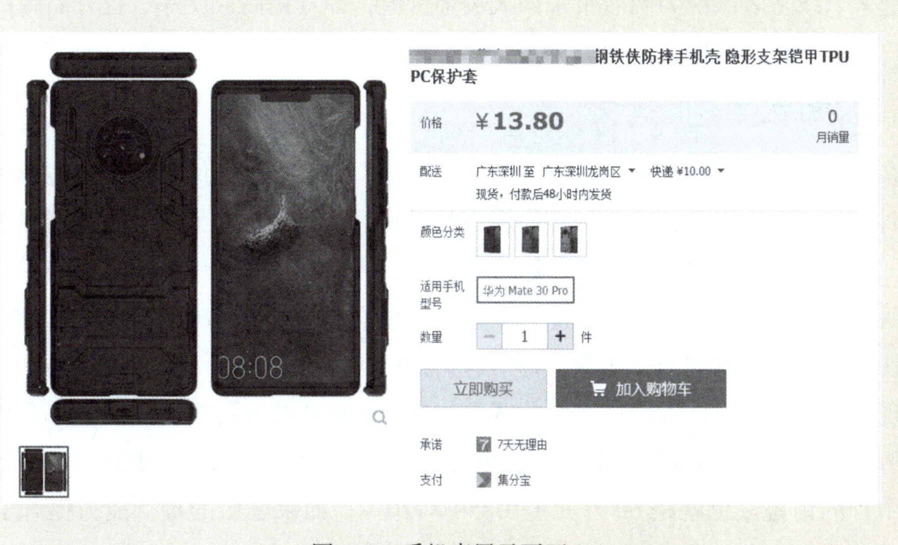

图 2-3　手机壳展示页面

【工作要求】

请你作为客服 Alice，为正在犹豫的准客户张宁排除疑虑，成功销售商品。

任务分析

线上客服相较于线下客服，其服务内涵与理念是一致的。只是线上客服与线下客服使用的服务渠道不同，使得线上客服具有其本身的特点。

我们需要了解线上客服的作用与价值，并熟悉线上客服的流程和沟通语言特点，以便更高效地为客户提供咨询服务。

相关知识

一、线上客服的岗位价值

本书所说的线上客服是指新零售企业（建立线上与线下融合销售渠道的零售企业）的客户服务，其商业本质仍是“零售业”的分支，服务对象是终端消费者，产品种类以零售消费品为主。

线上客服根据实体店或网店订单销售时间节点分为售前客服、售中客服和售后客服。售前客服负责客户下单付款前的咨询服务，需要有效地引导客户做出购买决定；售中客服需全程保持良好的心态，向客户提供优质、专业的咨询与订单跟踪服务；售后客服则负责售后问题的处理，包括抱怨、投诉、纠纷、评价等。

在新零售企业中客服仍然是必不可少的角色。以典型的电商客服为例，在电商各岗位中，客服是客户唯一能够直接沟通的岗位，客服的工作质量直接影响客户的购物体验。归纳起来，线上客服能为网店带来四大黄金价值，即：提高成交率、提升品牌口碑、提升客户复购率和优化店铺指标。

1. 提高成交率

客户成交一般有两种方式：一种是静默下单，即客户通过阅读产品描述详情页面信息，对产品有了认知后，在没有咨询客服的情况下选择下单；另一种是咨询客服后再下单，即通过售前客服的咨询，客户打消疑虑，选择下单。

网店经营有一条法则：销售额 = 流量 × 转化率 × 客单价。访问店铺的客户称为流量，其中购买客户的比例称为转化率，每个购买客户的消费金额称为客单价。据相关数据调查发现，一般情况下，咨询过客服的客户，其客单价往往比静默下单的客户要高。假设一家店铺一个月的流量有 10 万人次，转化率为 5%，平均客单价为 120 元，那么这家店铺一个月的销售额也就是 60 万元（10×5%×120）；如果客服的接待能力提升了，将客单价提高到 150 元，那么一个月的销售额就变成 75 万元（10×5%×150），增加了 15 万元。可见，客服可通过提升转化率及客单价为店铺销售额带来有效涨幅。

2. 提升品牌口碑

很多人买东西都喜欢分享，尤其是购买到心仪的产品或者体验到超值服务时，更乐于向周围的人分享，比如笔者在某线上商城购物时的体验超出了预期，因而经常在各种场合为该企业做口碑宣传，讲述自己被优质服务的案例。

3. 提升客户复购率

现在网络平台商品繁杂，顾客的搜索浏览成本越来越高。当顾客选择一家店铺以后，只要产品满意、服务贴心，不会轻易更换到其他店铺购买，因为更换到其他店铺会增加新的购物风险和时间成本。所以，良好的客户服务能有效提高客户对店铺的忠诚度，即提升客户复购率。

4. 优化店铺指标

我们熟知的电商平台对在平台上经营的商户都有运营基础指标考核和星级评分考核，以保证平台的口碑信誉，如表 2-5 所示。某知名电商平台规定商户基础服务考核指标<3 分，则无法报名官方活动。如果在考核周期内多次不达标，该商户就会被禁止经营。同时该平台规定商户星级评分 <4 分，则无法报名参加平台组织的大型营销活动，这会极大降低店铺的流量与成交。

表 2-5　某电商平台商户考核指标体系

考核维度	考核指标
商品	首次品退率
	商品 DSR 差评率
物流	24 小时揽收及时率
	物流到货时长
	物流 DSR 差评率
咨询	聊天工具人工响应时长
	客户满意度
	服务 DSR 差评率
售后	仅退款自主完结时长
	退货退款自主完结时长
	退款处理时长
	平台售后任务处理时长
	平台求助率
	平台判责率

网店线上客服除接待客户处理销售或售后问题的工作以外，在店铺整体运营当中还起到了“侦查员”的作用。在与顾客沟通时，他们将顾客反馈的意见或者客户情绪进行

归纳分类，并反馈给相应的部门进行改进。比如一个卖大码女装的店，有一个阶段很多顾客都反馈新品拍摄模特发型不好看、表情僵硬等，客服将这件事反馈给运营部门，运营部门在下期拍摄时马上更换了模特，衣服销量随之有了明显提升。如果没有客服将这件事反馈到运营部门，那么也不会有后面的改变和提升。

顾客经常会在跟客服聊天时透露很多不满或者对店铺的评价，比如店铺首页分类不方便、活动力度不大、赠品不好、某产品存在质量问题、某物流速度慢且服务态度不好等信息，客服应该将每一类信息汇总，当某一个问题集中被顾客反馈时，就该提高警惕，因为它已经影响店铺的形象，继而影响销售。这时客服应该将信息反馈到相应的部门，运用“木桶原理”让该部门改进此问题，这样店铺整体运营才能够得到提升。

二、线上客服的工作职能

B2C 电商企业线上客服的主要工作职能包括解答顾客对产品、物流和服务等的咨询。现在各电商企业经营的产品种类庞杂，从早期的 3C 消费电子产品、母婴用品、玩具、服装到现在的家电、配饰、家居、运动、粮油和户外等，涉及的行业不断丰富，覆盖了国内外常见的日用消费品。线上客服以销售商品和提供满意服务为核心，而要高质量完成该工作职能，线上客服必须完全熟悉产品知识和品牌故事，并运用符合平台商家的规范话术，及时响应和处理客户问题。

1. 解答关于产品的咨询

某些产品特别是 3C 消费电子产品，各品牌在功能、特性、安全性等方面存在巨大的差异。以超声波电动牙刷为例，令很多消费者犹豫购买的是入口刷毛的安全性、牙刷各功能的清洁性、内部电机耐用性及安全性、充电方式的便捷性等，许多买家需逐一比较指标，最终才能决定是否购买。以上这些问题的回复均考验客服人员对产品的熟知程度及解答咨询问题的沟通技巧，以打消客户疑虑，从而促成客户下单购买。专业的客服人员需要在客户提出任何关于产品的问题时，都能为客户做出完整、正确的解答，提出可行的解决方案。

笔者曾经在一家鞋类店铺中看到这家店铺产品的标题都带有“固特异”三个字，但是又不是品牌名称，所以就向客服咨询，客服回答说固特异是加大码的意思。笔者后来又在网上查了一下，发现固特异并不是加大码的意思，而是鞋类制作的一种工艺。作为该店铺的客服，并不了解自己店铺的产品及特点，难免会让顾客觉得不专业，从而不选择购买产品。其实作为客服不单单要了解店铺产品的表面，也要知道一些更全面的知识，如品牌历史、品牌定位人群、产品周边搭配等，只有了解得越全面，才能在顾客咨询回复中表现得越专业，越能打动顾客。

2. 解答关于物流的咨询

商品发货后，售中客服需要主动、及时地跟进商品的物流信息，积极协助客户查询商品运送状态，并安抚好客户，让其耐心等待，避免产生退货和拒收订单的情况。同时，售后客服需与快递公司有效沟通，合理、有效地处理好纠纷问题，包括遗失、破损、缺货、少货、延误、虚假签收等一系列问题。

3. 解答关于服务的咨询

关于客户的服务问题可谓复杂，涉及选择产品包装、质保、退换货、商品评价管理等，如涉及货物、产品安全性等问题，都需要客服人员熟悉并能够掌握公司产品服务的基本情况、法律法规和企业服务政策，给予客户合理解答和问题解决方案。

三、线上客服工作流程

从线上客服售前、售中和售后工作流程图中，我们可以看出客服人员在促成客户下单、解决客户问题和创造客户购物体验中所起的关键作用。

（一）线上客服售前工作流程（图 2-4）

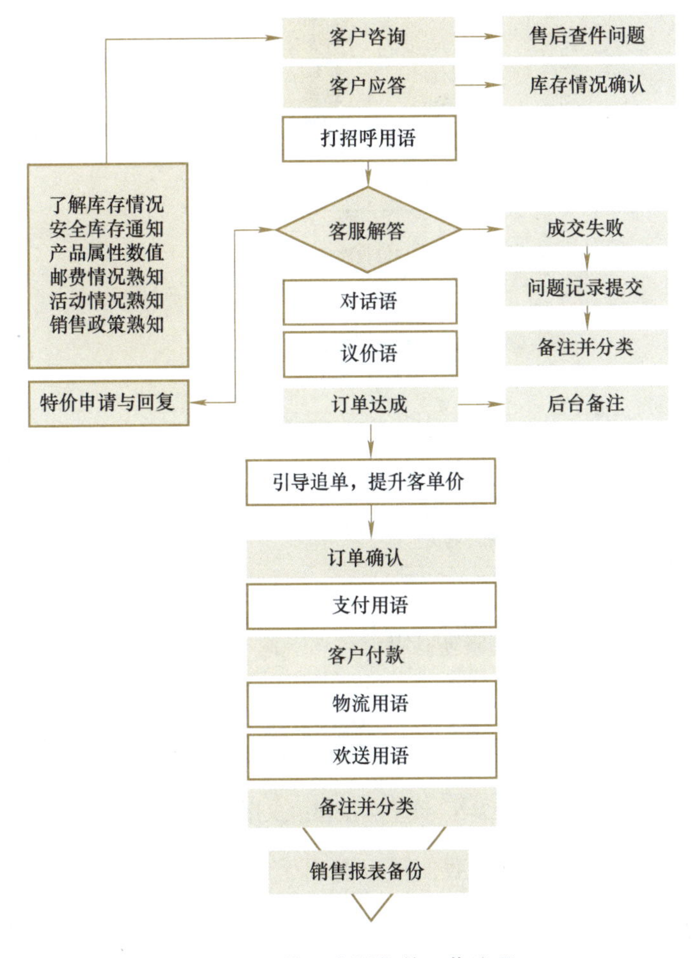

图 2-4　线上客服售前工作流程

在线上客服售前工作流程中，我们可以看出，客服人员需要熟知产品、库存、促销政策和物流相关的信息，才能在回复咨询、促成下单，以及核实客户订单等交易关键环节起到正面作用。

1. 订单达成

当收到客户付款订单后，客服需要核实客户的付款情况、联系方式、订单备注、发票开具要求等内容，确认后再打印订单信息，交由第三方物流进行发货处理。

2. 订单确认

客户订单信息确认后，根据客户购买的商品、收货地、送达时效要求选择合适的快递或物流公司并安排发货。

（二）线上客服售中工作流程（图 2–5）

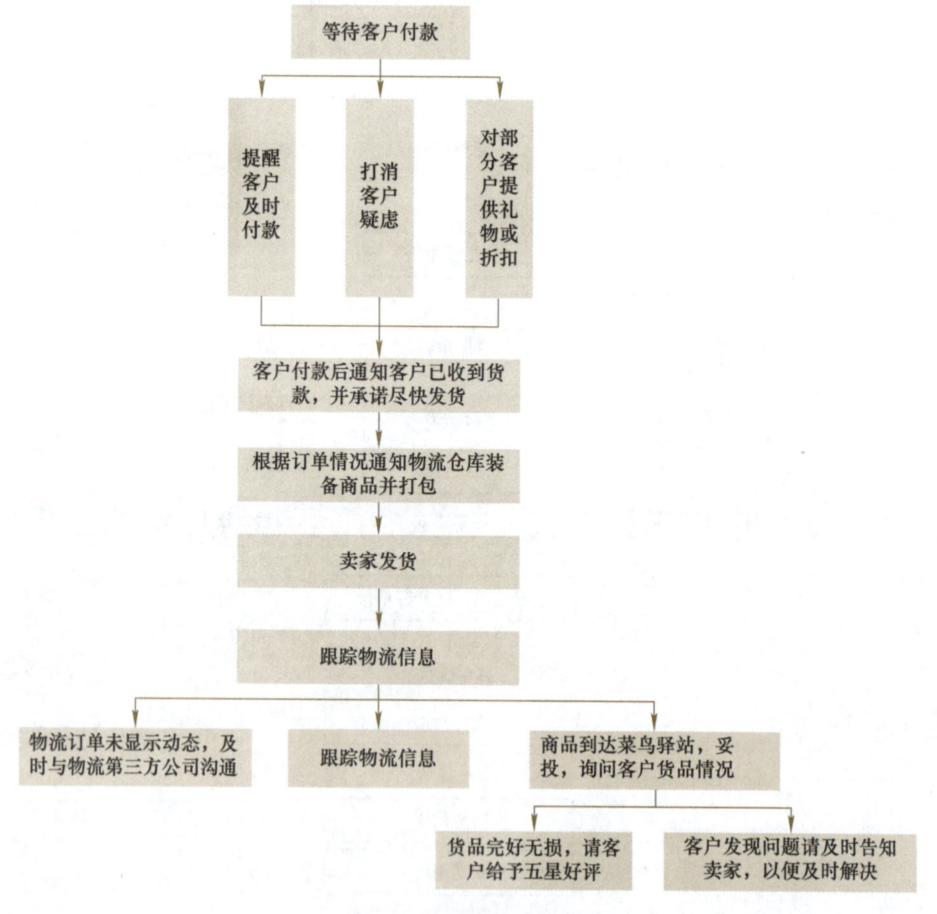

图 2–5　线上客服售中工作流程

在线上客服售中工作流程中，我们可以看出，线上客服在创造客户良好购物体验过程中起到穿针引线、安抚客户、顺利实施订单的关键作用。线上客服需要具有高度服务意识、良好的沟通技巧和解决问题的能力才能高效完成售中客服工作。

（三）线上客服售后工作流程

线上客服售后的工作内容一般包括三个方面：售后常规问题处理、中差评处理和纠纷处理。在这些工作流程中，我们可以看出客服人员在塑造企业形象、保持客户良好购物体验和企业持续质量改进等关键环节所起到的重要作用。

1. 线上售后常规问题处理

（1）客户要求修改地址。如果商品的价格不是很高，卖家可考虑重发一个到客户的新收货地址。如果商品的价格过高，卖家可以给客户旺旺留言，再与第三方物流公司沟通修改收货地址。

（2）客户订单未发货，客户要求取消订单。卖家往往会咨询客户取消订单的原因，根据客户的要求取消订单即可。若能在此过程中通过沟通打消客户的顾虑，使其不取消订单则更好。

（3）客户订单已发货，客户要求取消订单。这种情况处理起来相对较为复杂，可以参考以下步骤进行处理：

1）先联系客户，询问其取消订单的原因。

2）告知客户订单已发货，无法追回货物。

3）友好地和客户沟通，询问客户是否愿意接受此商品。

4）若客户坚持退回此商品，货到之后建议客户拒签，卖家给客户进行退款。若客户签收了此商品，对于物流仓库发货的订单，可退回原仓库。若货值不高，可以直接弃货退款。

各电商平台对于客户退款诉求都会有一个规定处理时间，商户必须在规定时间内予以妥善处理，因而这就要求客服要高效地处理客户的订单退货和退款要求。

（4）客户咨询物流问题。多数情况客户可以在系统中看到物流动态信息，但这并不会阻止有些客户咨询人工客服询问物流信息。客服需要问询客户快递单号并查询跟踪信息，再将准确的物流信息及时反馈给客户，并适当安抚其焦急等待的情绪。

2. 线上售后中差评处理

线上售后中差评处理工作流程如图 2-6 所示。

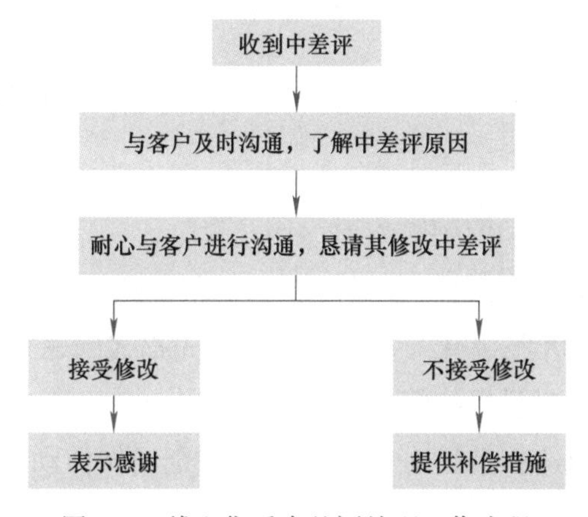

图 2-6 线上售后中差评处理工作流程

在线上售后中差评处理流程中，客服人员从为企业创造最大价值的角度，需要与客户进行友好沟通，但如果沟通失败，需要尊重客户的意见，同时应将客户的真实意见反馈给企业运营部门以便改进。

3. 线上售后纠纷处理

线上售后纠纷处理工作流程如图 2–7 所示。

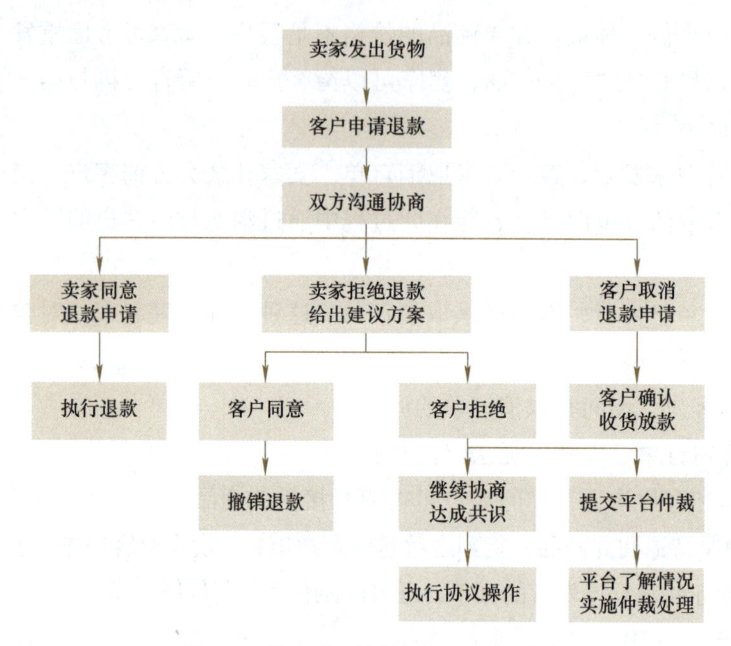

图 2–7　线上售后纠纷处理工作流程

一般来说，国内外知名电商平台的经营理念都是会站在客户角度考虑问题，从而在各种商家与客户的纠纷中维护客户的利益。作为客服人员需要在这个工作流程中，运用沟通技巧维护客户良好体验，高效处理问题，同时将纠纷对企业的不良影响降至最小。

重大纠纷与投诉的处理技能，线上与线下渠道的处理理念与原则是一致的，本书将在项目四处理客户投诉中进行系统训练。

四、线上客服参考话术

下面我们用线上客服的参考话术，说明线上客服语言使用的独特性。

1. 欢迎语

- 您好！请问有什么可以为您效劳？
- 您好！请问您有什么问题需要咨询？我们很乐意为您解答。
- 您好！由于目前客服接待人数较多，请您先描述问题并耐心等待片刻，我马上就来解答您的问题！（忙时设置的问候）
- 您好！您看中的这款宝贝有现货呢，现在全场做活动，满 ×× 减 ××，您看一下。（发送产品活动链接）

2．常用发货与物流相关话术

- 发货时间：18:00之前的订单当日均可以发出，18:00之后的订单次日发出。
- 现在正在帮您查询，请您稍等一下，感谢您的理解！
- 我非常理解您的心情，请放心，我们一定会查证清楚，给您一个满意的答复。
- 请您不要着急，非常理解您现在的心情，我们一定会竭尽全力为您解决好。

3．与商品相关话术

您好！本店××具有××等功能，同市场同类产品相比，它的最大的优势是××，同时，6.18/双11/年货节期间，您可参与××促销活动，买到手价值为××元，质保期为××。您可放心选购。（当客户问到产品相关问题时，就可以迅速回答，缩短了客户等待的时间，也提高了工作效率，同时保证不同客服回复客户的都是同样的答案，可以有效避免客户产生歧义）

4．催拍话术

- 您好！我们是商城正品，质量都是有保证的，您这边请放心拍下哦～
- 您好！因为您是第一次购买（或优质VIP客户），我为您申请了赠品，这个赠品只赠送给VIP客户，我们18:00前就要发货了，您今天下单就可以享受到这个赠品。

5．催付话术

对于已下单但未付款的客户，需要及时与客户进行联系和催付，订单的催付工作要尽可能在6小时内完成。例如，××平台后台中未付款订单正常的保留时效是24小时，超过时效后就无法查看到客户的信息了，一般话术为：

- 您好！非常感谢您光顾本店。您在本店里拍下的××商品还没有付款，因为您是第一次购买（或优质VIP客户），我为您申请了赠品，这个赠品只赠送给VIP客户，我们18:00前就要发货了，晚了只能明天发货了。您看还有什么问题或有哪些需要帮助，请您告诉我，乐于效劳。
- 客户，您好！您真的很有眼光。您已拍下的本店××商品目前非常畅销，也是本店爆款，如果喜欢就可以先付款，我们将于今日18:00前发货。本产品支持7天无理由退换，如果货到不喜欢，退换无忧，本商品支持物流保险。不知您是否还有其他问题我可以帮助到您?
- 您好！欢迎光顾！看到您已拍下的××商品还没有付款，不知道您是否遇到了付款问题?如果有问题请不用客气及时联系我，支付成功后我们将立即为您发出商品（发货）。

在跟单催付时需要注意：

（1）服务要贴心，在话术上一定要贴心、细心、耐心。

（2）给客户造成一种紧迫感，当客户犹豫不决时，可以发一些信息，如“现在买就可以马上发货，快递正在等着”等。

（3）通过发送活动优惠、赠品信息等促成客户付款。

（4）掌握短信催付技巧。发给客户的催付短信的前7个字需要出现客户的名字，用词用字一定要简明扼要，要体现店铺的名字或购买商品及享受的优惠信息；短信催付适合发送给上班族（在午休时、下班前）、时间比较零散的青年人群。短信催付的发送频率不要太高，一般控制在两次（条）以内，以免骚扰到客户，引起客户的反感。

6. 议价话术

- 您好！本店薄利经营，利润微薄，概不议价，还望您理解！
- 您好！本店 ×× 商品价格已低于平台平均价格，实在是利润微薄，同时 ×× 平台商品不议价，此款商品性价比非常高。希望您理解哟！

7. 结束语话术

- 感谢您的惠顾，愿我们的服务能带给您一次愉快的购物之旅，您的满意就是我们最终的目标，祝您购物愉快，欢迎下次光临！（真实线上交流时，可适当加入合适的表情动图，营造和谐愉快的氛围，同时尽可能确保最后一句话是由客服发出的）
- 感谢您对本店的信任，如果收到商品认为质量和服务还不错，请支持我们，给予5星好评，您的认可就是对我们最大的鼓励！同时我们将为您发送价值20元的无门槛优惠券。

各电商平台一般都有针对客服话术的快捷回复设置，该功能妥善使用可以提升工作效率。

任务实施

实施参考方案

买家：在吗?

卖家：客户，您好！我一直都在哦～

买家：请问，这款手机壳是否适用于华为 Mate×× 手机?

卖家：适用的。请您放心。

买家：是否影响曲屏音量调节等操作？担心有遮挡到。

卖家：您好！理解您的担心。我们这款手机壳 Pro 版考虑到了手机的特点，恰到好处地保护了手机背屏和周围，并完全对曲屏无遮挡，您可随心操作隐形音量键功能，完全不影响。请您放心。

买家：哦，好的，了解。你这款写明是 TPU 材质，这是什么材质？我不太明白。有什么优点吗?

卖家：TPU 是一种广受市场欢迎的软性塑料。与我们熟悉的硅胶材质相比，对人的健康程度相似，但硅胶相对较软，弹性差，手感不如 TPU。TPU 学名为热塑性聚氨酯，具有黏度低、耐屈挠性好、耐磨性好、光泽度高的特点，且可添加多种色彩，因此美观、防摔、耐磨，多用于制作手机壳。^–^

买家：哦，这样，了解了。链接中三款颜色是否都有货？

卖家：您好！只要您能正常加入购物车的产品，即是有库存的。这几款颜色都非常时尚，您可下单体验下呢，性价比也非常高。另外，后面的隐形支架也非常实用。

买家：价格还能优惠些吗？

卖家：亲爱的客户，非常理解您的需求。但本小店经营不久，本着薄利多销的原则，希望赚些信用和好评。因此，几乎没有什么利润。但如果您拍下产品，认为还不错的话，好评后本店会有优惠奖励哟～

买家：好的。我拍下。货品从哪里发货？今天能发货吗？

卖家：从广东深圳发货。今天 17:00 前下单，当日可发货。喜欢就可拍下～

买家：好的。

卖家：非常感谢您对本店的信任～

工作训练

请阅读情境描述 1 和 2，并完成相应的工作要求。

【情境描述 1】

（关于物流的售中咨询）

客户张宁付款后，商品订单已生成，Alice进行发货操作，并提醒客户张宁：商品已发货，物流运单号为 876598720175，链接地址为：http://www.taobao.com/store/product/×××276.html，预计到达时间为 3 ～ 5 个工作日。

但因疫情原因，物流公司需要对配送商品进行严格检查并消毒，结果发现物流运输配送时间已超过 5 个工作日，线上订单仍未查到物流信息更新进度。客户张宁很着急，非常不满，准备订单完成后给该店铺差评。

【工作要求】

客服 Alice 需要如何化解此问题才能避免订单达成后客户给出差评？请结合实际情况，扮演客服 Alice，进行售中客户问题的咨询回复与处理，避免客户产生退货或在收货后给予差评。

【情境描述 2】

（关于降价投诉问题）

客户张宁因疫情原因，延迟收到商品手机壳后，对于商品质量和款式以及客户服务等都非常满意，准备确认收货后给出好评，但发现商品价格出现降价，即张宁购买时价格为 13.8 元，目前价格为 11.8 元，他非常生气，有种被欺骗的感觉，于时决定发起投诉。

【工作要求】

请处理客户的抱怨并转化客户消极的情绪，使其放弃差评的想法。

知识拓展

一、线上客服的职业素质

（1）熟悉商品属性，合理引导客户做出客观的选择。

（2）客服不是在卖商品，而是陪每位客户逛自己的店铺，要从客户的角度考虑问题，提升客户体验。

（3）客服在销售的过程中一定要依据商品说明书，真实说明商品的属性效果，包括功能、特性、材质、应用场景、保质期、资质认证等，不要夸大，也不要过分强调商品的好坏，要理性、客观地介绍自己的商品，让客户正确认识自己所购买的商品。

（4）如有使用或安装复杂的特殊商品，客服可提前录制专业解说安装或使用视频供客户浏览，以提高沟通效率，节约时间成本，体现专业度，让客户满意。

（5）作为电商行业的网络购物，顾客是商家的衣食父母，作为店铺客服，应该保持一颗服务的心，热情、礼貌、不卑不亢，有自我调节的意志和能力，能控制好情绪，及时将自己的负能量发泄或者转移掉，回归到热情饱满的服务态度，并能注意自我学习和成长。

二、线上客服规则

1. 客服高压线

（1）使用自身平台用语，如：×× 平台要求不得使用“淘系”用语（即聊天过程中称用户为“亲”）。

（2）不得在聊天信息中向客户承诺不可达成的商品和服务内容。

（3）不得在聊天中出现不文明语言，包括但不限于诽谤、骚扰、跟踪、诋毁、谩骂客户，以及使用任何引起客户不满的字句或以其他方式侵犯客户合法权益的行为。

（4）禁止引流，不得在即时聊天工具中发布第三方电商平台信息。

（5）在与客户聊天时，不得发布包括但不限于非本平台购物链接或未经本平台审核允许的第三方平台银行账号、第三方支付账号、二维码或 400 电话、即时通信账号、E-mail 及未经本平台备案许可的联系方式、广告商品信息等。

（6）原则上一般禁止将用户加入黑名单，可以明确确认聊天对象发布广告等平台视为违规信息的除外。

2. 客服响应时效

在与客户聊天时，需要遵守“七分问、三分听”的原则，及时准确地了解客户的需求，掌握聊天的主动权，能有效地引导客户做出购买决定。

3. 客服被判违规可以申诉

以 ×× 平台为例，当因客服问题出现一般违规扣分时，可以在 7 个工作日内提出申诉。申诉时商家需要按照 ×× 平台的要求提供完整、真实、有效的证明材料，包括但不限于聊天记录、截图、链接、照片、录音、快递单凭证等以及事情的处理说明，交由××平台判定是否违规，申诉成功会撤销相关违规处罚，申诉失败将不能再次申诉。

收获与体验

任务三的学习已经完成，请总结自己的收获与体验。

1. 新名词（新思想）

……………………………………………………………………………………

……………………………………………………………………………………

……………………………………………………………………………………

2. 工作技巧

……………………………………………………………………………………

……………………………………………………………………………………

……………………………………………………………………………………

思考与练习

一、思考题

1. 结合自身生活或工作经历，总结出线上客服常用话术。
2. 请分析不同平台的线上客服各有哪些特点。

二、技能训练题

在学习小组中分享各自经历过的与线上客服发生矛盾或投诉的真实案例，并讨论：如果你身为案例中的客服会如何处理？

任务四　理解客户满意

知识目标

- 熟记满意的概念。
- 明晰客户满意的内涵。
- 理解客户满意的内容与影响因素。

能力目标

- 分析优质服务案例，建立高质量服务的理念。
- 运用影响客户满意的因素，改进服务质量。

素养目标

➢ 培养与人为善、客户导向的服务精神。

➢ 发展创新服务和战略思考的系统观念。

任务引入

【情境描述】

一对美洲夫妇来到享誉世界的维也纳皇家大饭店参观。当他们正要坐下时，一名侍者静静地推来一张很矮小的桌子说："请放下您的手袋，太太。"而当太太需要借助眼镜才能看清菜谱，有些懊丧没戴眼镜时，侍者又神奇地取出一个装饰精美的皮盒子。一打开，里面竟有 30 多副眼镜，全部都静静地躺在天鹅绒衬布上。

这家饭店竟将服务做到了这样优雅的程度。

【相关问题】

你认为客户满意是否区分层次？此案例中客户满意属于哪个层次？

任务分析

在现代企业管理中，越来越多的企业将创造客户满意作为企业的重要战略目标。客户满意成为每个人都用的术语，然而每个企业对于客户满意的理解处在不同的阶段。我们只有全面地理解客户满意的内涵，才能更准确地确立企业的客户服务水平，才能明确客户服务工作改进的方向。

相关知识

一、满意的概念

1. 满意的定义

所谓满意，就是一个人通过对一种产品的可感知的效果或结果与其期望值相比较后所形成的一种失望或愉悦的感觉状态㊀。依据这个定义，满意水平是可感知效果和期望值之间的差异函数。如果可感知效果低于期望值，客户就会不满意；如果可感知效果与期望值相匹配，客户就会满意；如果可感知效果超过期望值，客户就会高度满意或欣喜。

2. 满意的公式表达

满意的概念用数学公式可以表示为

$$\text{满意} = \frac{\text{可感知效果}}{\text{期望值}}$$

㊀范云峰．客户管理营销 [M]．北京：中国经济出版社，2003.

当满意的数值小于 1 时，表示你对一种产品或事情可以感知到的效果低于自己的期望值，即没有达到自己的期望目标，这时你就会不满意。该值越小，表示你越不满意。

当满意的数值等于 1 或接近于 1 时，表示你对一种产品或事情可以感知到的效果与自己事先的期望值是相匹配的，这时你就会表现出满意。

当满意的数值大于 1 时，表示你对一种产品或事情可以感知到的效果超过了自己事先的期望值，这时你会感到惊讶和高兴，感觉的状态就是高度满意或非常满意。

成功的企业不断追求客户的高度满意，因为那些一般满意的客户一旦发现有更好的产品，就会很容易地更换供应商；那些十分满意的客户一般不打算更换供应商，因为高度满意创造了一种对品牌情感上的共鸣与认同，而不仅仅是一种理性的偏好，正是这种共鸣创造了客户的高度忠实。

二、管理客户的期望值

满意的定义告诉我们，客户满意不是由客户实际感知单一评价而来，而是与其期望值相比较之后得出的结论，因而，在客户满意工作中，客户期望值的管理同样是不容忽视的。

客户的期望值往往源于客户的生活背景、过往经历、曾经的购买经验以及社会舆论。如果忽视对客户期望值的管理，就会影响客户最终的满意程度。

管理客户期望值并不意味着降低客户期望值，那往往无法吸引消费者。管理期望值意味着采取某些有效的方法将客户的期望在某个特定的时间段限定在特定的范围内。例如，世界各地的迪士尼乐园最让人烦恼的是娱乐项目的排队时间，而在排队时间无法再缩短的情况下，管理方在每个娱乐项目排队区域的前方用电子显示屏告知“本项目目前的排队时间是 45 分钟”，这是有效管理客户期望值的办法。又如，有些餐厅的餐桌上，放置着一个沙漏，在客户点餐完毕后，服务员就会将沙漏倒置安放，它传达的信息是“当沙漏完的时候，菜就上全了”。再如，某快餐企业承诺前台点餐等候时间不超过三分钟。这些企业都采用了一些独特的方法有效地管理了客户的期望值，让客户明晰该服务目前的服务状况，客户做到了然于心，对最终客户满意程度的形成起到有利影响。

现如今，凡是成功的企业都是一方面通过服务承诺，坚持追求全面客户满意，另一方面采用有效方法管理客户的期望值，以期对客户最终满意度的形成起到积极的影响作用。

三、客户满意的含义

为了更好地理解客户满意的内涵，在实践中采用恰当的措施创造客户满意，大家需要深入理解与坚持以下几个客户满意原则：

（1）客户消费了企业提供的产品和服务之后所感到的满足状态，是个体的一种心理体验。

（2）客户满意是以客户总体为出发点，当个体满意与总体满意发生冲突时，个体满意服从于总体满意。

（3）客户满意是建立在道德、法律和社会责任基础之上的，有悖于道德、法律和社会责任的满意行为不是客户满意的本质。

（4）客户满意有鲜明的个体差异，甲十分满意的产品和服务，乙可能十分不满意，因此不能追求统一的满意模式，而应因人而异，提供有差异的满意服务。

（5）客户满意是相对的，没有绝对的满意。对于企业，应不懈追求，向绝对满意趋近。

四、客户满意的内容

客户满意所包含的内容可以从横向和纵向两个层面来分析。

1. 横向层面

横向层面，客户满意包括企业理念满意、企业行为满意和企业视觉满意，下面分别加以阐述。

（1）企业理念满意。企业理念满意是指企业的精神、使命、经营宗旨、经营哲理、经营方针和价值观念等带给企业内部顾客和外部顾客的心理满足感。理念满意是客户满意的灵魂，是客户满意的最主要决策层。

理念满意的核心在于正确的企业顾客观，以顾客满意度为指针，树立起“顾客满意、顾客至上”的经营理念，站在顾客的立场上考虑和解决问题，把顾客的需求和满意放在一切考虑因素之首，并逐步升华成为具有独特风格，能够规范全体员工的市场行为和社会行为的指导思想体系。

（2）企业行为满意。企业行为满意是指顾客对企业“行动”的满意，是理念满意诉诸计划的方式，是客户满意战略的具体执行和运作。

企业行为满意就是建立一套系统完善的行为运行系统，这套系统被全体员工认同和掌握，并且在系统中每个员工都是公平和公正的。系统运行的结果将是带给顾客最大程度的满意，并且能保证企业的最佳经济效益和社会效益。

本书项目一任务一中介绍过美国知名鞋类零售网站 Zappos 的行为运行系统，其创始人不仅建立了“一切以客户为中心”的理念，而且在实践运营中确实构建了强势的服务文化来保障其理念的实现，因而才会有向客户推荐竞争对手的产品、与客户单次通话 4 小时这样的事例存在，这样的行为在 Zappos 是不会被批评的。该企业不以每天接听电话的数量来考核员工，只以客户的满意程度来考核员工。因而有评论家指出，Zappos 对客户的“过度”关注并不是每家企业都有实力和资本去效仿的。首先，虽然它们回头客的比例高达 75%，但是 Zappos 在创立后的第八年才首次盈利。当然，其价值已通过亚马逊的天价收购得到证明。其次，它的行为系统中强调通过对员工个人价值和发展的高度关注来提升客户满意度。相较之，国内许多企业，虽然标榜了令客户满意的理念，可在实际管理中，动辄四五千人的呼叫中心，传统的运营流程被切割成流水线，操作人员成为流水线上的工人，座席员只需要按照整齐划一的话术去解答客户的问题，再按照标准的流程、在规定的时间内进行预订、完成通话；后台操作人员也需要按照标准的流程，不折不扣地完成每一道工序，稍有差池，就会被扣奖金、罚款。长此以往，在这样的岗位上工作的员工很难获得工作满意度，员工不快乐，又怎么可能传递快乐给客户呢？类似这样的企业只是停留在理念满意层面，没有做到行为满意。

所以，专家常说，产品容易模仿，而卓越的行为运行系统是难以效仿的，它需要长期的人为经营！

（3）企业视觉满意。企业视觉满意是指令客户满意的直观可见的外在形象，是顾客认识企业的快速化、简单化的途径，也是企业强化公众印象的集中化、模式化的手段。其包括：企业名称，品牌标志，字体，色彩，企业口号，承诺，广告语，企业内部的软、硬环境，企业形象，员工制服，礼貌用语等。

在进行视觉满意设计时要做到：构思深刻，构图简洁；形象生动，易于识别；新鲜别致，别具一格；符合美观效果。

2. 纵向层面

纵向层面，客户满意可以分为三个层次（如图 2-8 所示）。

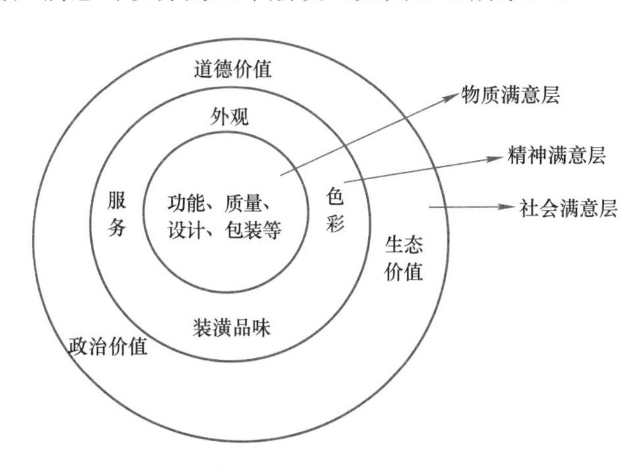

图2-8　客户满意的纵向分层图

（1）物质满意层。物质满意层是客户在对企业提供的产品核心层的消费过程中所产生的满意。物质满意指产品的使用价值，如功能、质量、设计、包装等，它是客户满意中最基础的层次。

（2）精神满意层。精神满意层是客户在对企业提供的产品形式和外延层的消费过程中产生的满意。精神满意指服务提供的方式，也就是说服务人员用怎样的方式向客户提供服务内容，也包含产品的外观、色彩、装潢品味给客户带来的精神愉悦，与产品和服务的使用功能无关。

（3）社会满意层。社会满意层是客户在对企业提供的产品的消费过程中所体验到的社会利益维护程度。社会满意层的支持因素包括产品的道德价值、政治价值和生态价值。产品的道德价值是指在产品的消费过程中，不会产生与社会道德相抵触的现象；产品的政治价值是指在产品的消费过程中不会导致政治动荡、社会不安；产品的生态价值是指在产品的消费过程中不会破坏生态平衡。

从社会发展过程中的满足趋势来看，人们首先寻求的是产品的物质满意层，只有这一层次基本满意后，才会推及精神满意层，继而才会考虑社会满意层。这与美国著名心理学家马斯洛关于人类需求的进阶分析所包含的观点相契合。改革开放以来我国社会财富积累显著，客户群体从物质满意层逐渐倾向追求精神满意层，甚至是社会满意层。消费者开始对那些能够维持社会稳定、推动道德进步、促进生态平衡的企业报以好感，相反当企业提供的产品或服务与道德、政治和生态相互背离时，消费者往往会抛弃这样的企业。

任务实施

客户满意显然是分层次的。任务情境中的维也纳皇家大饭店为顾客带来了非常满意的感受，是因为当顾客怀揣着对其品牌的期待到来时，该饭店呈现给顾客的是美轮美奂的环境、体贴入微的服务、物有所值的产品，顾客的实际感受已然超过了他们心中的期望，这种超越让顾客获得了愉快的满足感。

这种客户满意从横向层面上来说，包括了理念满意、行为满意和视觉满意；从纵向层面上来说，它超越了物质满意层，达到了精神满意层。

工作训练

请阅读下面的案例，此案例描述了一个客户在购买了某品牌空调后所遭遇的曲折经历。

【情境描述】

某年5月，李明新买的房子装修完毕，正遇上某空调厂家在促销，于是一口气买了三台该品牌的空调。当时厂家推出了服务金卡，将原来的整机保修3年延长为5年。然而在领金卡的过程中，促销员解释由于金卡数量有限只能给1张，并承诺1张和3张的效果一样。但李明看到金卡上写着“限绑定一台机器”，为此，李明曾至少三次到商场索取金卡，每次答复都是没卡，万般无奈之下，李明要求促销员在购机单据上注明“欠金卡两张”，这件事才算告一段落。

当年12月，客厅的柜机控制器坏了，按厂家规定必须出示金卡，才能享受免费服务，厂家维修人员提醒李明1张金卡只能绑定一台机器，这次，李明得到了厂家的免费维修。

第4年6月，主卧空调开始不制冷，于是李明再次拨打该企业的服务电话，报上了自己的姓名、电话、地址、购机日期、型号、故障等。李明心里十分纳闷儿，数据库里早该有这些信息啊！可座席代表却反复要其提供。很快，维修人员回电话，要求李明再次描述故障情况。第二天，维修工上门检测，认为是室温传感器坏了，需要更换传感器。但由于过了3年保修期，不能享受免费服务。李明于是拿出金卡，维修工表示金卡无效，因为此张金卡已经与客厅的柜机绑定。李明接着拿出标着"欠金卡两张"的购机凭证，维修员表示无权决定是否免费。于是李明拨通客服主管电话，得到的回复是相同的。最终，此事以李明交付了200多元的维修费而告终。

第4年12月，卧室空调再次"罢工"，故障依旧。李明依旧经历了重复个人信息、故障现象，确认维修工上门时间的过程。可第二天，空调奇迹般地好用了，李明只能取消上门服务。没过几天，空调再次"罢工"。李明不得不再次拿起报修电话，把故障详细说了一遍，客服人员的态度不错，能够耐心听其述说，维修工也很快就来了，进门简单看了看，直截了当地告知是控制器坏了，要换控制器。双方商量好了价钱，并且同意把前一个月换传感器的钱扣除掉，可让人烦恼的是维修工并没有立刻换部件，因为他得回去申请部件，申请下来部件以后才能联系李明。

两个月过去了，李明终于接到了该厂家的客服电话，本以为是通知他配件申请下来了，可却是客户回访，问李明上次维修怎么样，后来有没有什么问题。李明简直要崩溃了，把过程重述了一遍，并表示要投诉。客服人员赶忙说好话，并表示可以再派人来看一下是什么故障。李明想想客服这么苦口婆心地向他解释他们的难处，于是放弃了投诉的念头。

此时李明剩下的只有一脸迷茫，不知该如何处理这三台空调。不修？那只能明年重新买一批，重新安装，再在墙壁上增加一堆的膨胀栓；报修？继续派人来看一看，由于工作正常，又说可能是××部件的问题，然后苦等，换了这个部件还不行，再换其他部件，重复报修的循环。同样，厂家的客服人员也很委屈、无奈，每次他们的服务态度都很好，认真记下李明的问题，尽快发给相关的维修部门，在李明发脾气的时候也认真地听其诉说，并在其权限范围内尽量减少收费。李明对他们的服务没有太多不满。但是对于如何解决李明的问题，他们也无能为力，明明知道李明以后不会再选择他们公司的产品，但也毫无办法。

问题究竟出在哪里呢？

（资料来源：中国客户服务网）

【工作要求】

请分析：该案例中影响客户满意度的因素有哪些？你会给该厂家提哪些建议以提高客户满意度？

知识拓展

一、影响客户满意度的因素

客户满意度，即客户接受服务后满意与否的程度。客户满意度是由客户对其购买产品或服务的预期与客户购买和使用后对产品的判断的吻合程度来决定的。客户满意是客户预期和使用现实比较后产生的思想状态，一切影响期望与服务的因素都可能影响客户满意度。

从企业运作的角度分析，影响客户满意度的因素可以归结为以下几个方面：

1. 企业因素

企业是产品与服务的提供者，其质量、规模、效益以及长期以来形成的客户舆论，都会勾勒出企业的某种形象，经过多年的积淀形成品牌效应，进而影响消费者的判断。显然这是综合影响因素。

2. 产品因素

产品因素包含四个层次的内容：

（1）产品的优势。企业产品与竞争者同类产品在功能、质量、价格方面比较，若有明显优势或个性化较强，则容易获得客户满意。

（2）产品的消费属性。客户对高价值、耐用的消费品要求比较苛刻，因此这类产品较难取得客户的满意；客户对价格低廉、一次性使用的产品要求相对较低。

（3）产品包含服务的多少。如果产品包含的服务较多，销售人员做得不够，就难以取得客户的满意；而不含服务的产品只要其主要指标基本合适，客户就很容易满意。

（4）产品的外观因素。如包装、运输、品味、配件等，如果产品设计得细致，有利于客户使用并且体现其地位，就会带来客户满意。

3. 服务和系统支持因素

企业营销与服务体系是否与企业理念保持一致，服务体系是否能为客户带来便利，售前咨询是否专业、便捷，售中是否有效率，售后服务是否及时与专业，服务人员是否有帮助，投诉响应是否及时等，都会影响客户的满意度。

客户期望企业遵守承诺，如果这种愿望未能得到满足，客户就会产生不满和失落。不少企业在这个环节上都是失败的，它们可能重视员工服务技能的培训，却没有能力或者不愿意去审视企业整体的服务体系是否“以客户为中心”，导致即使是友善的员工面对客户的问题也常常无能为力。作为企业的管理者，应该首先意识到服务人员只是影响客户满意度的一部分，而起到关键作用的是企业建立的完善的服务体系，其中包括强有力的后台支持资源。

// 案例 2-7

每个头部企业都拥有强大的服务支持体系

站在消费者的角度，他们对于企业的行为只是能感知或评价，“服务真好！”。但“服务真好”背后的逻辑和行动是由企业管理者遵循和把握的。任何一家品牌企业不止有理念，更为人称道的是为实现经营理念而建立的服务支持系统。服务和系统支持因素包括但不止于企业的人才激励政策、服务质量监控和考核体系和客户服务体系。

世界电商企业的鼻祖——亚马逊公司，一直坚定地实施“以客户为中心”的服务理念。为了确保平台上卖家的行为符合公司的服务理念，很长一段时间以来，采取了诸多措施对卖家进行督导，例如让顾客对他们与卖家进行交易的经历进行评价；商家必须使用亚马逊网站的聊天工具与客户进行交流，以便平台能对对话进行监督；公司还制定了投诉率和缺货率等指标对商户进行考核。如果某个商户的订单中有 1% 出现问题，它就会被逐出亚马逊交易平台。为了帮助小商户的服务质量也能达到平台的标准，亚马逊发起了一项名为“由亚马逊来完成”（Fulfillment by Amazon）的活动。商家只需要将其成箱的货品发到亚马逊公司的库房，剩下的事则由亚马逊来完成。亚马逊会负责处理在线订单、包装货物、回答问题以及办理退货等事宜。创始人贝索斯认为，“这项服务很重要，因为它能大大改善顾客的购物体验。从长远来看，这对我们很重要”。帮助那些小商户变得更有竞争力似乎不是个明智之举，特别是有些商家可能还会在背地里挖你的墙脚。但是对亚马逊来说，其终极目标是想对顾客的购物体验拥有更大的控制力，从而使其能始终如一并更加可靠。

国内知名电商品牌京东商城，在建立之初，为了追求更好的用户体验，顶住巨大的建设压力，坚持自建仓库和物流队伍，为如今配送货物的极速达打下了坚实的基础。在企业发展过程中，京东坚持秉承创新服务的精神，建立了完善的会员服务体系。会员分为不同等级，通过登录、购物、评价、晒单等实现等级进阶。会员可以享受到的物质价值服务包括领取礼包、累积可抵现金的虚拟货币“京豆”、极速退款服务；会员还可以享受到情感价值服务，包括会员称号的归属感、会员级别升级的喜悦感、生日特权和特权权益优越感。京东相继运用大数据分析技术实现了精准营销和差异化营销，加上超出预期的配送效率和售后保障服务，实现了用户深度营销。

世界水果生鲜经营领先品牌——百果园，全称深圳百果园实业（集团）股份有限公司，2001 年 12 月成立于深圳，2002 年开出中国第一家水果专卖店。截至 2021 年，百果园全国门店数突破 5 000 家，遍布全国 90 多个城市，全球建立 200 多个水果特约供货基地。2017 年 7 月，百果园线上销售额破亿，标志着百果园成功实现了线上线下一体化，成为水果新零售标杆型企业。百果园为了实现“成为世界第一果业公司”的愿景，建立了“顾客价值第一”的价值观，为了实现该价值观，该企业在业内率先推出“不好吃三无退货”的服务承诺，即不好吃可无小票、无实物、无理由的信任退货服务，开创了行业服务标准新高度。与此同时，该企业克服千难万险，建立了自己的“四度一味一安全”的果品种植与采购标准和果品分级标准。

从企业经营的角度来看，文字版的愿景与理念是容易书写的，但现实版服务与系统支撑行为才能真正反映一个企业的运营能力。

4. 互动沟通

与客户的沟通和互动效果会第一时间影响客户对企业的实际感知，进而影响客户的购买决策。企业通常会采用电话、网络、定期拜访、调查研究、客户关系管理系统等方式与客户进行沟通交流。进入21世纪以来，互联网技术逐步得到广泛使用，我们所处的社会已经进入个人媒体时代，每个人都和科技发生联结，以科技与社区联结，如网络、手机、APP、QQ、微信、微博都创造了无尽的社区。有专家认为，我们正处于一个“C世代”，这是一个联结（Connected）的世代，也是社区（Community）的世代。那么，除了传统的方式之外，我们可以运用网络互联的技术，怎样与客户进行互动沟通呢？

◆练一练

请举例说明在万物互联的时代背景下，出现了哪些与客户互动沟通的新模式？

____

____

____

在这里讨论与客户的互动沟通，大家需要回到体验经济的时代背景下，认识在这个背景下出现的一些新营销模式，其中参与式营销集中体现了“互动与体验”的特征。

// 案例 2-8

网络互联时代的参与式营销

参与式营销是企业依据客户购买生命周期的不同阶段，建立有效互动沟通机制，使客户参与到企业产品创新设计、营销战略制定和活动实施中，进而参与企业的成长过程。以前是企业努力满足顾客需要，而现在是企业努力让客户“自己满足自己的需要”。小米是参与式营销的典范，其联合创始人黎万强在其作品《参与感：小米口碑内部手册》中强调“互联网思维的核心是口碑为王，口碑的本质是用户思维，就是让用户有参与感”。黎先生把参与式营销定义得更为直接，就是把做产品做服务做品牌做销售的过程开放，让用户参与进来，建立一个可触碰、可拥有、和用户共同成长的品牌。

如何实施参与感呢？黎先生总结了“参与感三三法则”。三个战略：做爆品，做粉丝，做自媒体。三个战术：开放参与节点，设计互动方式，扩散口碑事件。

小米与客户互动沟通的方式主要有两种：创造话题和活动。其中比较有代表性的话题：一是“150克青春”。话题在小米论坛发布后，所有人都在讨论：“传说人的灵魂是21克，那为什么青春是150克呢？”在青春版手机发布时，答案正式揭晓，150克是青春版的小米手机重量。在小米手机青春版发布会当天，该条微博（150克青春）转发创下了2012年微博最高的转发数。该次活动共有200多万转发，100多万的评论。黎万强说：“这是不花一分钱的结果。”另一个活动则是“我是手机控”。2011年8月，小米手机在微博上发布了这一活动，雷军在微博里率先展示自己的“藏品”，用户的怀旧情绪和分享心理被激发，在很短的时间，就有100万用户参与了此话题，同样没有花一分钱。小米社区还举行过“智勇大冲关”活动，比拼谁更了解小米手机的一些参数，优胜者可以获得小米社区的勋章、积分等奖励，参与的人次是1 800万。红米手机发布时，小米携手QQ空间联合发布活动，让大家猜测发布产品是什么，有650万人参与此活动，首批10万台红米手机90秒内卖完。黎先生认为创造这些奇迹的社会心理基础并非只是利用人们的炫耀心理。人的自我认知、自我表达是人类基本需求之一，对于年轻人来说，这个需求越发突显出来。

在小米论坛上，用户可以决定产品的创新方向或是功能的增减，小米公司为此设立了“爆米花奖”：下一周的周二，小米会根据用户对新功能的投票产生上周做得最好的项目，然后给员工奖励，颁发“爆米花奖”。众多米粉参与讨论产品功能，以在下一个版本中做改进。通过这种将员工奖惩直接与用户体验与反馈挂钩的完整体系，确保员工的所有驱动不是基于大项目组或者老板的个人爱好，而是从用户的反馈驱动。

小米公司、米粉、小米供应商、小米电商、小米售后全程参与所有环节，最终围绕“小米手机”的各个环节的各个参与者企业与忠实客户高频度互动，大批忠实客户高度参与正是小米的秘诀。

5. 情感因素

从客户调查中获得的很多证据说明，相当一部分的客户满意度并不是来自核心产品本身，而是与产品提供商及其员工与客户之间的互动过程密切相关。有人曾经谈到自己在某医院看病的感受。他提到医院颇具特色的优美环境、轻音乐萦绕在耳边，每天还有器乐现场演奏，为病人提供亲切指点的义工无处不在，医生耐心而温柔的解释，这些都给他留下了难以忘怀的印象。他最终感慨：“这家医院在专业上效率高、态度好、服务人性化，而且从某种意义上来说，这家医院不像医院而像艺术空间——环境布置充满美感，甚至像家一样，在充满爱的环境里，义工陪伴着你，音乐环绕着你，感恩之心自然充斥着你。”

// 案例 2-9

日本有一家名为木村事务所的企业想扩建厂房，看中了一块近郊土地意欲购买。而同时其他几家商社也想购买这块土地。可那块地的主人是一位老太太，说什么也不卖。一个下雪天，老太太进城购物，顺便来到木村事务所。她本想告诉木村死了这份心，但是，老太太推门刚要进去，突然犹豫起来，原来屋内整洁干净，而自己脚下的木屐沾满雪水，泥泞不堪。正当老人欲进又退之时，一位年轻的小姐出现在老人面前，并且热情地说："欢迎光临。"小姐看到老太太的窘态，马上回屋想为她找一双拖鞋。不巧拖鞋没有了，小姐便毫不犹豫地把自己的拖鞋脱下来，整齐地放在老人脚下，让老人换上。等老人换好鞋，小姐才问道："请问我能为你做些什么？""哦，我要找木村先生。"小姐就像女儿搀扶母亲那样，小心翼翼地把老太太扶上楼。于是，就在将要踏进木村办公室的一瞬间，老人改变了主意，决定把地卖给木村事务所。那位老人后来告诉木村先生说："在我漫长的一生里，遇到的大多数人是冷酷的。我也去过其他几家想买我地的公司，他们的接待人员没有一个像你这里的小姐对我这么好，你的女职员那么年轻，对人那么善良、体贴，真令我感动。真的，我不缺钱花，我不是为了钱才卖地的。"

一家大公司倾其全力交涉了半年之久也徒劳的事情，竟因一位女职员小小的爱心行为而无意中促成了。可见，客户如果在与企业员工互动的过程中感到满意，就有可能促成交易。因此，企业更应该聘请能够为客户提供周到、满意服务的员工。

◆练一练

2016 年春季某天早上，国内某一线城市的某市属三甲儿童医院在挂号窗口贴出一则告示，"不管你是发烧、拉肚子、咳嗽或者手足口病，都要等 6 ～ 8 个小时！如果你能等待，就挂号，不能等请去其他医院！"这则看似不起眼的告示迅速引起了前来就医者的关注，随即被拍照和传上网，这则消息在网络自媒体时代迅速发酵并引起本地各大媒体的持续报道，最终以医院相关负责人的公开道歉和相关人员的被辞退而告终。

而实际上，该市只有一家市属儿童医院，这家医院已经超负荷运转多年，而这年的春季由于流感爆发，就医状况恶化。这则告示实际上告知了实际状况。那么，你认为，是什么原因造成了该家医院的被动？如果你是该医院工作人员，你可以更好地撰写这则告示，以引导就医者的分流吗？

6. 环境因素

环境因素对客户满意度有着直接影响，干净、整洁的办公环境和卖场环境只是最低标准，大多优秀企业会将环境布置纳入企业文化塑造角度中去设计，使得企业环境体现出企业的审美和风格。除此之外，在客服的角度，还需要从以下两个方面来考虑环境设计对客户满意度的影响。

（1）环境设计应满足客户需要。令一个客户满意的事情可能不会让另一个客户满意，在这种环境下令客户满意的事情在另一种环境下可能不会让客户满意。客户的期望值和容忍范围会随着环境的变化而变化。因而即使在同一个场所中，客服人员应依据客户的需求不同来变化环境。

例如，一位 CEO 带领他的团队来到某度假村，此时他对度假村的期望和要求是专业的服务，并且期望服务能够注意细节，因为高层的管理团队准备在这里花三天时间制订出明年的战略营销计划。而当他准备带着家人来到同一个休闲地点度假一周时，他需要的就是一个更加轻松的氛围，游泳、散步、打高尔夫……对员工来说，认识到环境中存在的这些区别，对于提供高质量的服务和创造客户满意度是十分重要的。

（2）环境设计应满足服务标准的需要。以餐厅的服务为例。有些国家的餐厅要求点餐的时候，服务人员需要蹲在地上为顾客服务，在与顾客对话的时候，眼睛的高度也必须低于顾客，为的就是让客户获得无比的尊贵感。因此很多餐厅的桌椅的设计高度达到服务人员的腰间位置，服务人员只能蹲着才方便对话。同时，服务人员除了帮助客人点餐，还会为客人介绍餐厅的特色人气菜单。如果客人是孕妇，服务人员也会提醒客人如何健康用餐。

再如 JEJU 酒店的办理入住过程。顾客到达酒店后，会有专人引领顾客至 Check-in 的贵宾区，在贵宾区，顾客可以一边听现场演奏的钢琴曲，一边享受免费的咖啡。服务提供者会将 Check-in 表单中的关键信息标注为蓝色，以方便顾客填写，也方便酒店对顾客的核心信息进行高效的整理。在这个 Check-in 的过程中，咖啡、表单、签名笔、沙发、钢琴等要素有效地为客户构建了一个愉悦的环境，让顾客还没有进入房间就已经感受到了酒店的服务品质。

二、影响客户满意度因素的类别

从客户满意度的直接影响因素来看，可以将影响满意的因素分为不满意因素、满意因素和非常满意因素三类性质：

1. 不满意因素

不满意因素是指低于客户购买该产品的最低要求的相关事项，集中在产品或服务的主要方面，如产品质量、应该提供的基本服务等。如果产品或服务存在不满意因素，则客户的满意度为负数，客户不会对企业满意；反之，如果产品或服务不存在不满意因素，那么客户对产品或服务的期望值与他实际感受到的效果是相同的，客户对企业就会产生基本满意感。

// 案例 2-10

曾经有位市民卖了自己的房子，带着30万元现金走到一家银行存钱，客户很多，于是他也排在队伍里。像通常一样，队伍向前移动得很慢。他站着，一寸寸地向前挪，最后来到窗口处，说："我想存这些钱。"然后就把钱放在出纳柜台上。

"办存款业务你站错队了，你应该到那边去，而且填存款单的笔也用错了……"柜台里的那位营业员指着远处一个窗口说道。这位市民几乎不敢相信自己的耳朵，他深深地吸了一口气，慢慢地说："好好好，算你说对了！"然后他走到马路"那边"，带着30万元现金进了另一家银行。

该营业员机械地执行着银行本身的运营秩序，却忽略了储户的感受，未能给储户提供基本的、令人满意的服务，因而失去了这样一个"大"客户。

2. 满意因素

满意因素是指与客户满意期望相当的相关事项。例如，价格折扣、款式、选择多样性等。企业提供的满意因素越多，客户的需求就越会得到更大程度的满足，客户满意度就越高。但是满意因素并不能弥补不满意因素，例如，客户在专卖店大幅度打折后购买了产品，但后来发现产品质量差，客户就会从一开始的喜悦落入懊悔不已的情绪中，从而不再信任这家企业。满意因素很快被不满意因素抵消了。

3. 非常满意因素

非常满意因素是指超出客户事先预料，对其产品有积极影响的性能、服务等相关事项。例如，如果老客户在办理住宿手续时，发现酒店记得他的姓名，安排了他喜爱的楼层和房间朝向，并且在房间里发现有免费点心、水果，这些都是非常满意因素。企业若有能力提供给客户非常满意因素，客户在消费过程中所感受到的实际效果显然会超出其事前的期望值，就会感到非常满意。

针对影响客户满意度因素的分类，企业应当努力消除不满意因素，这样才能使客户基本满意。如果企业有能力提供非常满意的服务，就会创造客户惊喜，从而使客户对企业高度满意。如果企业过分依赖满意因素，虽然会带来短暂的客户满意，但由于企业要付出一定的成本以及客户满意感的不可持续，显然是不可以长期而为之的。因而，企业客户服务的改进目标应该集中在不满意因素的消除和非常满意因素的创造上，而不是依赖满意因素。

【服务经验】

（1）企业要首先消除不满意因素，才能建立基本的客户满意。

（2）与客户的互动沟通所带来的情感体验往往对客户满意度的影响力超过产品本身。

试操作

影响客户满意度的因素有：

____

____

____

建议：

（1）____

（2）____

（3）____

延伸阅读

// 案例 2-11

爱彼迎成立于 2008 年，为大众提供短期出租房屋或房间服务，旅行者可以通过其网站或手机 App 发掘和预订世界各地的各种独特房源，为近年来共享经济发展的代表之一。自 2012 年开始，该公司的营收实现快速增长。当前，爱彼迎在超过 191 个国家和地区拥有超过 600 万个房源。近年来，爱彼迎通过提供住宿、当地活动，以及安排不同背景的人相遇等，努力为每位旅行者提供完美的旅行体验。同时，该公司为世界各地数以百万计的人们创造机会，让他们能运用自己的房源、激情和才能，成为创业者。

笔者前往波多黎各和科德角旅行时，曾两次通过该网站成功预订民宿。两家房主各有不同，但都为我留下了良好的住宿体验。

波多黎各是加勒比海的旅游胜地。当我到达预订的房间时，心中略有失望。那是一个三室两厅的套房，房主住其中一间，另两间用来出租。我住的房间面积比照片上的小，床和床上用品也感觉一般，房间的卫生状况也只能用过得去来形容。第二天，我认为枕套有异味，请房主更换，他给我拿过来另一个，我仍然认为有气味，我脸上浮现出不悦的表情。他说这是他最好的了，我只好说：“那你拿走吧，我不需要了。”我以为此事就这样结束了，结果晚上回来的时候，房主敲门，拿着枕头套走向我说：“我给你买了一个新的枕套。”在那个时刻，我可以感受到他眼中的真诚和尽力，当你感受到这种态度时，也就可以原谅别人的不足了。我接受了新枕套（其实新枕套更有异味），放弃了继续更换枕套的想法。

我们在那里住了 5 天，时常需要开门、借用驱蚊药、增加电风扇等，但房主都很自然地为我们解决了所有问题。随着住宿时间的增加，我感到房主虽然住在房子里，却不会给你造成任何压力。房间比较安静，所以每晚休息得很好。这个房间的硬件虽然一般，但房主的服务弥补了其硬件上的不足，最终我为其打了4.8分的评分并在网站上留下了很高的评价。

当我们走进科德角的预订民宿时，一行人都不由自主地在房间里到处查看并大加赞赏。房间家具、陈列赏心悦目，富有英格兰地区的特色，设施及各类用品一应俱全，干净整洁的程度让人不敢相信，床品也很舒适。我们入住时房主虽未出现（因为爱彼迎平台上的出租房基本采用自助入住的方式），但全程采用了短信的方式与我沟通，沟通方式令人舒适，相关内容如下：

第一条信息，收自我们即将到达的时候，主要是告诉我们：①因为我们深夜到达，错过了正常的入住时间，但只要我们有事，可以随时联系他；②告知开门的方式；③告知其他入住过的客人对房子都非常满意，希望我们也是如此并能留下5星好评。

第二条信息，收自我们进门以后，主要是告知因为今天天气好，做卫生的人把窗户打开了，我们可以随意关闭。

第三条信息，主要是告知附近的超市、旅游景点以及注意事项。

第四条信息，收自离开之前，希望我们住得愉快，并希望我们能够留下满意的5星好评，因为这对他们的生意很重要。同时提醒我们随手把垃圾带走、不要忘记个人物品等。

第五条信息，收自离开房间的30分钟后，内容如下：十分感谢我们把房间维护得这么好，并会在爱彼迎上给我们留下一个很好的评论，同时也希望我们会为他们做同样的事情，因为5星好评对他们的业务很重要。欢迎我们下次入住。同时如果在今天起30天内预订下次入住，他们将会给予10%的折扣。

在这期间，当我们需要做饭的时候，发现没有油和盐，本来只是想电话询问房主是否提供，如若没有，我们自己去买，但电话结束后，没有几分钟，房主就送了过来，并用精致的小盒装着所需要的物品。

这次的居住体验让我找不出任何问题，我没有任何犹豫地打了5星并留下了非常好的评价。

// 案例 2-12

“让每一个顾客满意地离开商家”不仅仅是一句口号，更是一个实实在在的经营成功秘诀。

王甲是一家大型超市的收银员。有一天，当一位中年女士走到收银台进行结账时，碰巧有人找王甲，王甲回头说了两句话，此时那位女士也恰巧低头去捡东西。当王甲将全部商品扫码入账后，让女士付钱，女士疑惑地说：“我已经给你50元钱了。”

王甲说："没有啊，我没有收你的钱。"女士肯定地说："不可能，我真的付钱了。"王甲也坚定地说："你给钱了？如果我收到钱，还能赖账不成？"两人开始在那里争论不止。王甲突然想起什么，生气地说："我们超市有监控录像，你跟着我去查看录像吧，谁是谁非很快就会清楚的。"结果，录像显示当女士把钱放到柜台的那一刹那，就忙着去捡东西了，钱被旁边的顾客顺手牵羊拿走了，而谁也没有注意到。王甲获胜似地对女士说："我没有收到你的钱吧，按照规定钱付到收银员手中才算付钱，你付钱吧！"女士瞬间觉得很委屈，生气地说："东西我不要了，我再也不会来这里买东西了。"然后女士就气冲冲地走了。

当天，经理知道了这件事的来龙去脉，把王甲叫到办公室，告知他，公司做出了辞退他的决定。王甲问："为什么，我并没有错。"经理说："是的，你没有错，可是你让超市从此失去了一位顾客。而且这位女士一定会将自己的委屈传递给身边的人，如果他们放弃我们，你知道我们一年的损失是多少吗？假如这位女士一周消费 50 元，一年就是 2 400 元，影响 10 个人放弃我们，一年就是 24 000 元的损失。"王甲似乎明白了一点，但还是委屈地说道："我懂了，但为什么还是要辞退我？如果是你，你可以处理得更好吗？"经理说："为了让所有的员工都明白一个道理，我们管理层必须用重典。商业场合不是法庭，工作人员更不是法官，可以依据法律条款去判断孰是孰非，商业场合是一个让顾客满意而来和满意离开的场所。公司会给予你一定的补偿，让你更好地走过这个过渡期，也希望你能明白这个道理。如果是我，我会在争端开始的那一刻，就告知那个女士，没有关系，可能有误会发生了，我们有监控录像，可以帮助我们弄清楚到底发生了什么。真相大白以后，我会安抚那位女士，表达歉意，并在职权范围内，给予她一定的折扣，以弥补她的金钱损失。"此时的王甲彻底明白了，他真诚地对经理说："谢谢您，让我真正明白了这个道理，我想将来我会做得更好！"

王甲无限感慨地离开后，决定自己创业，筹集了一些资金，开了一间中等规模的旅馆。10 年时间过去了，王甲拥有了上亿元的个人资产。

在一次行业集会上，王甲和经理不期而遇。他紧握着经理的双手说："感谢您传授给我那个宝贵的经营诀窍，它使我取得了今天的成绩。"经理茫然地问："哪个？我的秘诀很多。"王甲说："让每一个顾客满意地离开商家。"经理听后，两人相视开怀大笑。

// 案例 2-13

"人类已经无法阻止海底捞了。"看到网上这句流行语时，我还无法理解，直到国庆期间在杭州体验了次海底捞才明白，原来服务可以这般极致。

等位的时候有免费美甲、擦鞋；戴眼镜的食客会被送上擦拭眼镜布；洗手有人递洗手液；店内向任何一个收拾碗筷的服务员问路一定是放下手里的活带到目的地；如果小童也来了，这里有儿童游乐区，还配备了专人陪你的小朋友玩耍，如果孩子太小你没空照顾，她们甚至还会帮你的小家伙喂饭。

还有更吃惊的，你会发现这里看不见部长和经理，每个服务员都有权限第一时间处理事情；店内永远有够多的人手，当你有需要时，他们总是第一时间微笑着出现在你身边；买单时，贴心的服务员送上来的果盘里有只大苹果，她们告诉我，听说我们是来旅游的特意准备了这个，祝我们平平安安；出门时服务员为我们当场装好了一大袋爆米花，那位亲切的女孩子说，看我们等位时就喜欢吃爆米花，就给我们多拿点，旅行的路上慢慢吃。

从四川简阳的麻辣烫摊起家到如今已在全球开了上千家分店，一家味道并非独特的火锅餐厅，就凭高品质的服务创下了国内餐馆业的奇迹。海底捞掌门人张勇由衷地说，在产品同质化的今天，服务的不同原来可以创造奇迹！

// 案例 2-14

有一家公立医院曾经表彰过一位停车场的收费员，表彰缘由是该收费员的微笑让许多前来就医的人感到温暖。停车场的收费员本是非常不起眼和枯燥的岗位，而这位收费员却时常能够体察出有些就诊者低落的情绪，在那一时刻，他会展露出发自心底的暖人微笑，有时还会递上糖果，对他们说："放心吧，您的家人会很快好起来的！"这位收费员让枯燥的岗位变成了传递人间温情的加油站，而他自己也从中得到了力量！

在我国的大部分企业中，销售人员的报酬都会依据其销售量，按照一定的比例提成来定。这样的管理制度难免让销售人员急功近利，在销售过程中引发不妥言行，造成顾客的反感。但真正销售业绩高的销售人员都是通过完美服务来获得顾客的。有一名国际品牌手表店的销售人员，有一天接待了一位进店的男性顾客，经过微笑、问候、宣传该店当天促销活动这些常规流程之后，销售人员给了顾客一段自由浏览的时间，然后在征得顾客同意后，开始为他进行"一对一"的服务，询问到顾客的需求后，从柜台中拿出几款适合的表供其选择，并为他详细介绍了各款表的功能与差异。在沟通过程中，销售人员了解到顾客的姓名和大概的职业，沟通完毕后，顾客中意于一款 15 000 元左右的机械腕表，但最终顾客还是下不了决心购买，表示下次再说。销售人员心中难免有些失落，但她仍然坚持为其提供标准服务，没有让自己的消极情绪外露，并成功留下了顾客的微信，以保持联系。

两天以后，该销售人员给这位潜在顾客发送微信信息，说明店内有新款到货，欢迎顾客前来品鉴。顾客回复，今天正好有空，半个小时后会到店内。销售人员看到这个消息，就立刻泡了一壶好茶，并拿出相应的几款表摆好，做好准备，等候顾客的到来。随后，顾客带着自己的朋友一同前来选表，最终顾客选了两款20 000元左右的机械腕表，可是顾客希望的折扣并没有得到满足。销售人员为其进行了进一步协调，请示自己的店长，为顾客准备了两份精美的礼品，最终顾客接受了价格，开心地购买了腕表离开了商店。

// 案例2–15

Intuit公司市场营销高级经理塔拉·亨特曾经在知名期刊《商业周刊》上发表过自己使用UPS快递公司服务的难忘经历。他说："我通常都让包裹寄到办公室，但是我在Target订了一个110磅重的大储藏柜，我要求把它送到家里。我打电话给UPS，看看他们能否安排送货，客户代表说圣诞节期间包裹有可能要到第二天晚上9点以后才能送到。我感到非常着急，我在Twitter上发了一篇帖子，讲述我要等UPS送货可能会错过与客户的约会，我还提到我没法带我的小狗雷德利遛弯了。晚上9点以后，我收到了Zappos（美国第一家网上鞋店）公司首席执行官谢家华的信息，我曾经与他有过商务会面，那之后他就一直留意我的Tweets（在Twitter上的评论）。他恰好与UPS西部地区的总裁吃饭，于是发来一条信息说这个总裁会给我打电话。5分钟后我接到了电话。这位UPS的高管介绍我与一位运营经理联系，安排第二天一早送货的事宜，这样我就能如约参加安排好的客户会面。

第二天早上9点，门铃准时响起。他们不仅送来了家具，一位UPS的工作人员还送来了鲜花和巧克力，另一位工作人员为小狗雷德利带来了食物和玩具。他们甚至还帮我把柜子组装好，并且听我讲述改善服务的建议。现在我尽量使用UPS，而且还登录Zappos的网站买了鞋。"

收获与体验

任务四的学习已经完成，请总结自己的收获与体验。

1. 新名词（新思想）

……………………………………………………………………………………

……………………………………………………………………………………

……………………………………………………………………………………

2. 工作技巧

……………………………………………………………………………………

……………………………………………………………………………………

……………………………………………………………………………………

思考与练习

案例分析题

请阅读“延伸阅读”中五个优质服务的案例，并进行归纳、总结与提升，以完成表2-6中的内容。

表2-6　案例分析表

案例号	事件内容	处理经过	处理结果	对主人公或对企业的影响	对你的启示（侧重案例中哪些因素影响了客户的满意度）
案例2-11					
案例2-12					
案例2-13					
案例2-14					
案例2-15					

Project 3

项目三

促成客户交易

综合实训任务书

【实训任务描述】

请参考企业背景，完成工作任务，各组根据需要的情境自行准备模拟展示所需道具。

企业背景 1：情人节一天天近了，一位顾客走进某高档百货公司贺卡专区，想买一张别致的情人卡送给新婚妻子……

任务：请运用引导语言技巧，完成发掘客户内心需求的过程，使顾客本来只想花 10 元买张卡片，但最终花 100 元买了一堆连丘比特都为之感动的礼物。

企业背景 2：一对夫妇（男士高大、女士娇小）携带一名 5 岁模样的孩子来到一家高档家居商场挑选客厅家具，此行目的就是为新家的客厅添置真皮沙发与茶几。

他们首先来到了皮沙发区域，面对展示出来的众多不同尺寸、颜色、风格的皮沙发，夫妻俩挑花了眼，露出一副犹豫与烦恼的神情，见状后销售服务人员主动走向他们……

任务：请运用引导语言技巧，完成发掘客户内心需求的过程，使顾客本来想花万元以内买套客厅沙发，但最终还额外购买了其他一些适用的家具。

【实训目标】

素养养成目标：

1．养成专业、高效、谦逊的服务品格。

2．建立创造价值的双赢服务理念。

专业能力目标：

1．运用信息互联网技术提升服务品质。

2．发现并满足客户需求，提供精准服务。

3．综合专业资源提供客户解决方案。

4．能为客户创造愉悦满足难忘的购物体验。

【实训成果形式】

1．提交一份服务过程电子版书面稿。

2．每组分角色，进行 8 ～ 10 分钟的现场模拟，展示服务过程。

【实训方式】

全班学生分成若干小组，每组 6 ～ 7 人，每组集思广益、合理分工，展示一份实训成果。

【评价标准】

评价项目	细目	分值
礼貌用语自然亲切（10 分）	礼貌用语自然亲切	10
常用沟通技巧使用得体（60 分）	表达内容准确具体	10
	不否定客户最初的想法	10
	对客户表示理解与同情	10
	适机适当地赞美	5
	开放式引导问题运用充分	15
	习惯使用征询语气	5
	为客户带去了惊喜	5
观察客户行为并做出适当反应（10 分）	观察客户行为并做出适当反应	10
服务解决方案令人心服口服（10 分）	服务解决方案令人心服口服	10
微笑、自然、亲切的服务仪态给人留下良好印象（10 分）	微笑、自然、亲切的服务仪态给人留下良好印象	10

任务一　理解并回应客户

知识目标

➢ 熟记表达理解的标准用语。

- 熟记表达歉意的标准用语。
- 熟记高效回应客户的方法。

能力目标

- 恰当使用理解与歉意回应客户。
- 会用客户喜欢的方式回应客户。

素养目标

- 践行诚信、温暖、高效的服务理念。

任务引入

【情境描述】

1. 一位客户打来电话说："你们的服务太差，我来办业务排了很长的队，半天都轮不到我，而且你们的服务人员说话的声音又小，听不清楚。"

2. 经理要求两位助理——张三和李四负责布置一个展台。张三说："让李四自己负责，我不想跟他一起布置任何展台。他不愿意跟人合作。"

【工作要求】

请针对上面的工作情境做出回应。

任务分析

在与客户的交往过程中，总会遇到客户不满意、抱怨、挑剔，甚至发怒的情况。能够根据情形适时地向客户表达同情、理解，进而道歉（确实是自己犯了错误的时候）是客服人员的基本素质，也是阻止事件进一步恶化的有效方法，是超越客户满意的第一个服务技巧。大家需要通过不断的训练，将这一方法烂熟于心，运用自如。在上面两种不同的工作情境中，有的需要向客户表示理解，有的需要向客户表示歉意，客服人员应该区别对待。

相关知识

首先，请对比下面两段对话：

// 案例 3-1

顾客："这台冰箱看起来不错，就是太贵了。"

销售员："这你还觉得贵？你有没有搞错！"

顾客："我就是觉得贵嘛！"

销售员："那就没什么好说的了，价格又不是我定的。"

顾客："我想知道冰箱的质量怎样。"

销售员："质量当然好，我还能蒙你？我们的产品可是经过国家有关部门检验合格的。看看，那里还有证书。"

顾客："我家里那台一样有认证，可是用了没多久，就整天轰隆隆的，吵死人了。"

销售员："谁让你买那些便宜货呢！"

案例 3-1 分析

如果你是案例 3-1 情境中的顾客，你遇到此类销售服务人员，你会有怎样的感受？

你认为该销售员的回应方式存在哪些问题？

面对同样的问题，不同的回应方式，就会导致不同的结果。同样是上述情境，如果换一种方式会有什么效果呢？

// 案例 3-2

顾客："这台冰箱看起来不错，就是太贵了。"

销售员："您的眼光真不错！这台冰箱的价格是稍微贵了一些，但它是一款最新推出的节能环保冰箱，省电。"

顾客："哦！不知质量有没有保证。"

销售员："您放心好了！我们的产品率先通过了国家相关质量认证，喏，您看（指着冰箱上的认证标志）产品刚面世，我们的销售量就非常大，用户也给了我们很高的评价（拿出销售记录）。"

顾客："我想知道你们的售后服务怎样，我家那台旧冰箱整天轰隆隆的，吵死人了。那家公司派人来修理过，经常不准时，害得我每次都等很久。"

销售员："我能理解您的感受。我们品牌一向有质量保证，而且售后服务体系已经建设得非常完善，像您所在的这个城市每个区都有售后服务点。就算哪天冰箱出了什么问题，您只要打个电话，我们的客服人员会在当天安排技术人员上门为您免费服务。"

顾客："真的吗？那太好了！我就要这台！"

案例 3-2 分析

如果你是案例 3-2 情境中的顾客，你此时的感受如何呢？

你认为该销售员的回应方式具有什么特点？

在与客户进行交流的过程中，应该随时对客户做出回应，这样客户会感到自己受到重视，他们提出的问题正在得到解决，客户的满意度会因此而提高。下面学习几种基本的回应技巧。

一、说出自己的理解

顾客对产品或服务不满意时，就有可能说出不礼貌的话语，这时，如果服务人员用同样的语句去回应，就可能引起一场争吵；但如果一味地迎合顾客，又会无形中损害公司的形象，且让对方有更多理由责备。

正确的做法是不对顾客的话语进行任何评价，而是理解和体谅对方的情绪。

我们可以用以下的语句向客户表达同情与理解：

（1）我能理解您的感受。

（2）我知道您是多么烦恼。

（3）如果我是您，我也会像您一样不满意的。

（4）我知道您现在很不愉快。

（5）我懂您的想法。

（6）您的意思是说……

（7）您当时一定觉得很……

（8）您现在的感觉是……

◆练一练

请运用“理解”语句回应下面情境中的客户。

顾客：这台榨汁机的质量太差了，才买回家一天就不能用了，你们公司是不是专卖不合格产品啊？

二、表达自己的歉意

客服人员遇到顾客抱怨、理论、“找碴儿”是常有的事。可是，现实中许多客服人员往往非常敏感，遇到这样的局面都会立刻警觉起来，开口就推卸责任，说出“不会吧？”“没可能吧”之类的话语来应对客户。殊不知这样的态度往往会导致客户追究到底，使事情恶化。

实际上绝大多数客户是不会故意找麻烦的，只要他们的不满在第一时间得到平息，客户对事情的处理结果往往是可以沟通的。

在第一时间平息客户不满的基本方法就是向客户表示理解，当确实是自己公司犯错时应该向客户正式表达歉意，并表达服务意愿。请体会下面的场景：

客服人员 1："对于你的问题，我十分抱歉，我尽可能向有关部门询问吧。"

客户："你这是在应付我嘛，'尽可能'就是可能不会啦！真烦人！"

再看同样的场景，不同的对话：

客服人员 2："您的问题我明白了，我会给生产部门打电话询问，我将在 12 点以前给您回电话，好吗？"

客户："那就 OK 啦！谢谢！"

对比分析

客服人员 2 让客户满意地离开，而客服人员 1 却让客户更加愤怒，请分析两位客服人员的语言特点。

客服人员 1 的语言特点：

客服人员 2 的语言特点：

请记住这些表示道歉的基本语句：

（1）对于我们的错误，我向您郑重道歉。

（2）实在对不起。

（3）很抱歉，我们弄错了。

（4）是我们的错。

（5）我现在还不知道是否存在误会，但对这件事给您带来的不快，我真诚地向您表示歉意。

任务实施

一、解决问题的思路

客服人员一定要及时地回应客户的需求和感受，否则就会失去客户。企业想要把失去的客户争取回来，实在是一件很困难的事情。所以，及时地回应客户的需求与感受，实际上是在为企业创造利润。能为企业创造利润的员工是企业渴求的人才。

在回应客户的不满情绪时，不用总是向客户道歉，那样往往会引起客户更大的反感。如果只是双方意见不统一，只需向客户表达理解与关心即可；如果确实是自己或公司的错误导致客户遭受了损失，就应该真诚地向客户道歉。

二、实施参考方案

（1）接待人员："对不起，是我们做得不够好。那个柜员是新近上岗的，看来还需要加强培训。上午 10 点到 11 点，下午 3 点到 5 点是办理业务的高峰期，尽管我们已经在这个时段加派了人手，但还是存在客户排队时间长的问题。如果可以的话，请您避开这个时间段，排队时间会减少。”

（2）经理可以对张三说：“小张，你一向不推诿工作，今天是有什么情况吗？你愿意说说吗？”

工作训练

下面将出现 7 个不同的服务场景，请大家仔细体会，并在完成知识的学习后改写客户服务人员的回答，以更好地体现对客户的理解与关心。答案应该不止一个，但必须满足一个原则：保证每一个改写后的回答都能更好地表现出对客户的理解，能够回应客户的感受。

场景 1

客户：“我有一张 15 日晚上演出的票，可是真不巧，我的脚几天前受伤了，所以我只有在石膏拆除之后才能去看演出。请问能不能把这张票换成这个季度晚些时候演出的票呢？”

客服人员：“这就要取决于您的票的类型了，您的票现在在手边吗？”

改写：

场景 2

客户：“我因为发生了车祸今天早上把车开到你们公司进行检修，我想问一下车是否已经检修完毕。”

客服人员：“请告知您的名字、车号，我帮您查一下。”

改写：

场景 3

客户：“你好，昨天我到你们公司核对资料，在那里停留了一段时间，但是晚上回去之后我发现钱包不见了。我正沿昨天的活动路线进行寻找，我也不知道钱包是被偷了，还是不小心放错了地方。请问你们有没有拣到一个钱包？”

客服人员：“这样啊！我问问前台好了，一会儿回复你。”

改写：

场景 4

客户：“我与牙医预约的时间是今天下午 3 点，但是我刚刚想到，我必须乘下午 2 点的飞机去北京。我可不可以早点看医生呢？我牙痛已经两天了，不能等到从北京回来后再治疗了。”

客服人员：“是吗？如果每个人都像你这样，我们怎么办？”

改写：

场景5

客户：“我的硬盘坏了，可能是由于上网感染了病毒。现在我想知道怎样才能找回我的资料，它们都不见了，我没有备份啊！”

客服人员：“我们能够修复它，但是这需要一些时间。我先问您几个有关你计算机系统的问题，然后我再告诉您具体该怎么做。”

改写：

场景6

客户：“医生严格限制我的饮食，在你们的菜单上我没有发现任何我可以吃的食物。所以，能不能给我蒸一些蔬菜和米饭呢？”

客服人员：“对不起，恐怕不行，我们只提供菜单上的饭菜。”

改写：

场景7

客户：“我刚刚发现，我拿去让你印刷的东西搞错了！如果我现在赶过去，送正确的那份给你，你还能不能在中午之前完成呢？”

客服人员：“哎呀，你可真不小心。要是这样的话，我也无法确定几时能完成。”

改写：

知识拓展

除了上述最常用的回应方法，回应客户的方法还包括以下几种：

一、积极倾听，适当提问

在解决客户问题的过程中，首先要倾听客户的谈话，了解事实真相，这是解决问题的基础。在倾听过程中要记住对方所说的内容，同时注意自己的身体语言，保持与对方的目光交流。提问时，注意自己的声调，不要让客户感觉你在审问他，或者对他表示怀疑。

二、概括客户所说重点

在认真倾听客户谈话之后，要对客户所说的内容加以总结，进行强调和确认，将客户的注意力拉回对事情的处理上，而不是继续纠缠已经发生的事情。

// 案例 3-3

王先生是个善于倾听的人。有一天，他走进一家酒馆，坐在吧台前，和某个人开始谈话。他倾听着，不轻易发表意见，仅仅是归纳、重述和反馈那个人对他说的话。当他最后起身离开的时候，那个人说："谢谢，这是多年来我经历的一次最有意义的谈话。"其实，王先生除了反馈已经听到的内容之外，什么观点也没有说。

三、鼓励对方进一步表露

当客户告诉你一个事实或观点时，你应该鼓励客户告诉你更多的内容。这也是一种回应的方法。

// 案例 3-4

有一次，一位顾客打算在某百货商场家用电器部订购一套家用电器。服务人员李明招待了他并向他推荐了一套经济型家用电器。顾客很满意，打算先付订金。但是，顾客却突然变卦，掉头走了。

顾客明明很满意，为什么突然改变了主意呢？李明想了一个下午，仍然没有头绪。到了晚上，他忍不住按照联系簿上的电话号码打电话给那位顾客。

"您好！我是百货商场的李明，今天下午您来我们这儿想要订购家用电器，明明都谈好了，您为什么突然走了呢？"

"你真的不知道原因吗？"

"是的，我检讨了一下午，实在想不出哪里出错，因此特地打电话向您讨教。"

"很好！那你现在在认真听我说话吗？"

"非常认真。"

"可是下午的时候，你根本没有用心听我讲话！就在我决定付订金的时候，我提到我是为我女儿买这套电器的，她马上就要结婚了，我真的有点舍不得，而你却在专心听一个同事讲笑话，我觉得很不舒服。如果你有权在工作时讲笑话，那么我更有权力选择不买！"

李明之所以失败，在于他没有耐心地倾听顾客的话，本来顾客希望和对方谈谈自己的女儿，哪怕对方只是静静地聆听，但由于服务人员没有认真倾听，忽略了谈话的内容，让顾客感到失落，所以导致了服务的失败。其实，在服务的过程中，不光要注重聆听的形式，更应该注重内容。客服人员不仅要听顾客所说的内容，还应设身处地理解客户的感受，与客户互动，鼓励他们表达更多的内容，抒发他们的情感。

四、协助客户解决问题

客户的情绪得到平复之后，让客户满意的根本方法还是提供满足客户要求的产品和服务。了解到客户的需求以后，要尽量提供客户要求的产品或服务。当不能按照客户的要求去做时，可以告诉客户你能够做到的，或者最接近客户需要的做法是什么，让客户自己选择。

// 案例 3-5

客户："你们的设备质量太差了，现在又得买一个小配件。"

客服人员："对不起，星期二我们才会有这些小配件，您觉得来得及吗？"

客户："星期二太迟了！那台设备得停工好几天。"

客服人员："真对不起，我们的库存已经没货了，但我可以打电话问一下其他的维修处，麻烦您等一下好吗？"

客户："没问题。"

客服人员："真抱歉，别的地方也没有了。我去申请一下，安排一个工程师跟您去检查一下那台设备，看看有没有别的解决方法，您认为好吗？"

客户："也好，麻烦你了。"

案例 3-5 分析

请根据上述对话内容分析，当客服人员不能满足客户要求时，他为客户提供了几种选择？

____

____

五、真心请教对方

作为客服人员，有时会遇到对所购买的产品或服务非常熟悉的客户，这种情况下，客服人员不妨放下身段，向对方真心请教。例如，"先生，您刚才所说非常专业，您是对这方面有专门研究吗？如果您有时间的话，可否坐一坐，给我们详细谈谈您的建议？"

收获与体验

任务一的学习已经完成，请总结自己的收获与体验。

1. 新名词（新思想）

....

....

....

2. 工作技巧

……………………………………………………………………………………

……………………………………………………………………………………

……………………………………………………………………………………

思考与练习

请运用所学知识接待下列不同工作情境中的客户

（1）客户："我已经来回跑了好几次了，你们总是找借口相互推脱。"

（2）客户："我刚才跟那个年轻人说，我订购的装饰有珠宝的狗项圈有些问题，他却对我很无礼。"

（3）客户："我一直以为贵公司允许退货，哪知道你们并没有这样的承诺。但是事前并没有人告诉我这一点啊。"

（4）客户："我第一次给你们打电话时，你们表示 10 天内我就能够收到目录，可是到现在为止，我已经等了 5 个星期了。"

（5）客户："我已经退休了，收入很有限。你们的价格对我来说太高了！"

（6）客户："我定制的公文包已经收到，但是上面的字母组合却拼错了。"

（7）客户："账单上说我的急诊室费用是 700 元，可是我在那儿只待了 1 个小时啊！"

（8）客户："我想要退回这个软件，因为我的计算机硬盘空间不够了。"

任务二　发现客户需求，实现关联销售

知识目标

- 明晰客户需求不同类型。
- 理解发现并满足客户需求的方法。

能力目标

- 发现并满足客户需求，提供精准服务，实现关联销售。

素养目标

- 培养善于观察和预判的服务能力。
- 秉持求真务实、开拓进取的服务精神。

任务引入

【情境描述】

7月的一天，手表柜台前来了一个顾客，拿着一块手表需要修理。当修理完毕后，顾客请求服务员将这块手表的时间调到一年以前。服务人员仔细看了看这块手表，应该是一对情侣表，心想：为什么另一块女表没有带来呢？再看看顾客的模样，像是有什么心事，服务人员决定在这个时候做些什么……

【工作要求】

若你是这名服务人员，你会在此时做些什么？

任务分析

在客户服务岗位上，满足客户提出的要求，是岗位的职责，若能捕捉到连客户自己都没意识到而又确实存在的需求，那就是工作的艺术。英特尔公司前总裁 Andrew Grove 曾说过："服务突破来源于对客户需求的一种本能的判断！"

在与客户的互动过程中，能与客户建立这种情感沟通，显然只依靠得体的外表和礼貌的态度是无法实现的。只有通过观察，透过客户的行为和语言去发现其没有表达的内心需求，并尽力满足它，才会给客户的消费过程增添美妙的体验，从而给客户留下深刻的印象，重复购买企业的产品。

在本情境中，你认为客户的需求是什么？怎样才能透过客户的行为和语言去发现客户的需求并满足它呢？

相关知识

区分直接需求与潜在需求

一、直接需求与潜在需求

行为科学试图解释人们行为发生的内在原因，因为人们的需求产生动机，动机导致某人某种行为的发生，人们的内心需求是一切事情发生的缘起。著名的马斯洛需求层次理论告诉我们，人的需求分为五个层次，最低层次的需求是生理需求，向上逐步发展为安全需求、社会需求、尊重需求和自我价值实现的需求。每个人所处的境遇和人生阶段有所不同，因而需求也有差异，如果我们按照自己的想法去服务客户，是无法满足其需求的。

作为个体，客户往往表达的是自己的直接需求，也就是可以直接告诉别人的要求，而直接需求背后隐藏的需求，由于这样或那样的原因，客户往往不直接说出。这种不直接说出却真实存在于客户内心的需求，被称为潜在需求，需要我们去发现并满足它。例如，有个小伙子对汽车的销售人员说："我只是想买个代步工具罢了。"实际上，他可能是因为邻居们都有了汽车或为了追求女朋友，也有可能是刚开始创业为了跑业务。如果销售服务人员能够探寻到顾客的内心需求，并在沟通的过程中与之互动，就会引起客户的情感共鸣，为客户带来一次愉快的消费经历。

// 案例 3-6

如何扫出“最美”的庭院

——挖掘客户没说出的“需求”

日本人爱干净，日本茶道更有一尘不染的传统。传说有一天，日本茶道宗师千利休的儿子正在打扫庭院小径，千利休坐在一旁看着。当儿子觉得工作已经做完的时候，千利休说：“还不够。”

儿子把庭院又打扫了一遍，千利休看了一眼，说：“还不够。”最后，儿子累得气喘吁吁，对千利休说：“父亲，我已经把石阶洗了三次，树木也洒过了水，所有地方都很干净，地上甚至找不到一根掉下的树枝和一片叶子。”

“傻瓜，那不是清扫庭院的方式。”千利休对儿子说，接着起身走进园子，用手摇了摇其中一棵树，院子里刹那间落下了很多金色和深红色的树叶，这些掉落的树叶，让静谧的园子一下子充满生机（参考图 3-1）。

图 3-1 落叶让园子充满生机

如果你认为“洁净”只是“一尘不染”，你就无法脱颖而出，真正的“洁净”是为客户创造“洁净的心境之美”，而非“一无所有”。一切服务的价值，首先来自于你怎样洞察和界定客户内心深处的潜在需求。

客户往往只告诉你他需要购买的是什么，而不直接说出潜在的需求，有时客户也没有意识到自己真正的需求，他们只是通过一些警告标志或含糊不清的语言等将信息传递给你。这就需要服务人员仔细观察，并且善于引导客户，发现并满足客户内心真正的需求。

二、发现客户需求的方法

下面引入一个案例，请大家将自己作为一个水果商贩，想象自己在菜市场水果销售区域经营着一个摊位，现在正是李子上市的季节，你的摊位有几种不同产地的李子，这一天，有位老太太来到摊位前……

请依据老太太的问话，进行回应（不假思索地马上回答）。

发现并满足客户需求（一）

她来到第一个小贩的水果摊前，问道："这李子怎么样？"

"我的李子又大又甜，特别好吃。"小贩答。

老太太摇了摇头，向另外一个小贩走去，问道："你的李子好吃吗？"

"我这里有好多种李子，有大的，有小的，有国产的，还有进口的。您要什么样的李子？"

"我要买酸一点的。"

"我这篮李子又酸又大，咬一口就流水，您要多少？"

"来一斤吧。"

想一想

1．老太太的直接需求是？

2．第一个小贩的回答有什么特点？此回答为什么没有吸引客户购买？

3．第二个小贩的两次回应分别有什么特点？此回应为什么能够成功实现销售？

老太太买完水果，继续在市场里逛。这时她又看到一个小贩的摊上也有李子又大又圆，非常抢眼，便问水果摊后的小贩：

"你的李子多少钱一斤？"

"老太太，您好。您问哪种李子？"

"我问酸一点儿的。"

"其他人买李子都要又大又甜的，您为什么要买酸的李子呢？"

"我儿媳妇要生孩子，想吃酸的。"

想一想

1．客户的潜在需求在此时出现，你认为是？

2．你认为，第三个小贩的回应具有什么特点？为什么能成功地引出客户的潜在需求？

“老太太，您对儿媳妇真体贴，您要多少？”

“我再来一斤吧。”老太太被小贩夸得很高兴，便又买了一斤李子。

小贩一边称李子，一边问老太太：“您知道孕妇最需要什么营养吗？”

“不知道。”

“孕妇特别需要补充维生素。您知道什么水果含维生素最丰富吗？”

“不清楚。”

“猕猴桃有多种维生素，特别适合孕妇。”

“是吗？好，那我就再来一斤猕猴桃。”

“您人真好，谁摊上您这样的婆婆，一定有福气。”小贩开始给老太太称猕猴桃，嘴也不闲着。

想一想

1．第三个小贩成功实现了关联销售，他与客户的交流具有哪些特点？

2．第三个小贩对客户的赞美值得点赞，你认为为什么？

“我每天都在这摆摊，水果都是从批发市场找新鲜的批发过来的，您媳妇要是吃好了，您再来。”

“行。”老太太满意地提了水果，一边付钱一边答应着。

想一想

1．作为一个菜市场的小商贩，很显然他具备不同一般的销售专业素养，销售结尾的处理也非常棒，你认为为什么？

2．请总结发现和满足客户潜在需求的方法有哪些。

这个故事告诉我们，三个小贩的不同语言表达传递给同一顾客，却产生了三种不同的销售效果。第三个小贩的语言非常值得我们推敲和感悟，也可以看出一个优秀的销售人员洞察客户心理并能用言语进行满足的重要性。

顾客的购买过程是一种体验，三个小贩不同的销售过程留给了老太太不同的心理体验，但真正让她印象深刻的肯定是第三个小贩，因为在与这个小贩的交流过程中，他给老太太带来了愉悦、兴奋、满足的感受，这种愉快的购物体验会引导消费者再次到能产生这种体验的场所重复购物。这无论是对于企业还是个体商户来说，都是培养忠实消费者的有效途径。

任务实施

一、解决问题的思路

本任务情境中顾客的直接需求是修理手表，潜在需求是内心的某种往事情怀无法释然。你作为服务人员，若能帮助顾客减轻心理的负担，也就满足了顾客的潜在需求，这一定会让顾客感动不已。

二、实施方案

该服务人员及时发现了顾客的异样，心里暗自想要为客户做点什么。他悄悄地准备了一张卡片并随着修理好的手表不动声色地递到了客户手中。当顾客拿着手表正要离开的时候，发现有一张卡片在表链中夹着，在卡片上写着："美好的回忆不会随时间而流逝，却会因时间的沉淀而变得更加美丽，祝您美梦成真。"

服务人员及时识别了顾客的潜在需求，并用较为含蓄的方式让顾客感到满意并且收获了感动。这次服务让顾客感动不已，给其留下了美好而深刻的印象。

工作训练

【情境描述】

新思维，心服务，面对面交流，心贴心建议。自2011年1月份开始，××银行响应分行行长"蚂蚁兵团，团队力量"的号召，掀开了个人零售业务的新篇章，低柜坐销与理财营销齐头并进，取得了较好成效。

客户郑先生来自上海，初到深圳的他来到最熟悉的××银行。低柜人员付姗面对面亲切问候，热情一点不比家乡少。郑先生由于不熟悉深圳，原本不打算做理财产品，打算把其名下的230万元存款做成短期的定期。付姗用专业的服务和专业的术语，简单地向郑先生介绍了与定期模式相仿的理财产品。郑先生当即表达了自己的兴趣，表示自己平日资金多用于新股申购，资金回笼时希望有额外的收益。低柜人员付姗引导客户找到理财经理叶女士，叶经理提供了全方位的理财介绍。根据客户郑先生的理财需求，叶经理推荐其购买节日产品，使客户资产收益最大化。根据客户郑先生的实际情况，她熟练运用专业用语为客户推荐了最新优势产品。为配合客户更好地使用产品服务，叶经理主动为客户想到了更多，比如产品到期后资金如何流动，比如上海深圳两地走动时，如何享受最优惠的服务等，并为其办理了钻石卡和网上银行，最终成功销售了一系列配套业务产品。

在给客户办理购买手续的同时，付姗和叶经理与客户亲切攀谈，客户表达了他的真实感受："我不曾对银行的产品和服务有深入的了解，也不会无故地对各家金融机构感兴趣，我只对自己的资产增值有兴趣，也只想要真心帮助我且为我着想的服务。"客户表示对付姗和叶经理心贴心的建议表示感动，既满意理财的收益，更满意她们根据他的情况进行的理财策划。

【工作要求】

请查询某银行的产品信息，收集相关产品知识，运用发现和满足客户需求的方法，编制付姗、叶经理与客户对话的过程。重点在于运用引导语言技巧，完成发掘客户内心需求的过程。

发现并满足客户需求（二）

相关知识

根据一位资深客服经理的经验，当一个非常满意的顾客离开后，他下次光临的意愿是一个普通顾客的 6 倍。2/3 的顾客离开后不愿意再次光临的原因是服务人员对顾客的关心不够，顾客都希望在消费的过程中，能够得到与其期望一致的服务，这就需要服务人员能及时捕捉到顾客需求的信息，及时满足客户的需求。

前文中"三个小贩销售李子"的案例清晰地展现了客户需求探寻的过程，在这个过程中，大家初步体会发现和满足客户需求的方法。下面仍需要强调几个探寻客户需求的原则。

一、综合使用开放式与封闭式问题，让客户回答和选择

// 案例 3-7

有家新开张的计算机维修店令顾客们感觉很棒。店里维修的技术很不错。可真正使它在小镇上轰动一时的却是他们的能力——他们能够透过客户需求看到客户心中的希望和未曾实现的愿望。

PC House Call 是一家位于达拉斯市的计算机维修店，它提供像许多维修店一样的便利服务，如"计算机急救室"快速通道、电话查找计算机故障等。但这些都不是关键，真正能够吸引你成为忠实顾客的是，PC House Call 似乎拥有读懂你思维的特殊能力。

一次我的朋友到那里检修计算机，坐在接待区等候取机。这时，店主琳达利用接听业务电话的间隙与他闲聊，她头上戴着一个遥控电话听筒，这使她可以在店里自由走动。她很快结束了诸如"你觉得今天天气怎样"之类的寒暄，将话题转移到类似咨询调查机构才会问的问题。

"你希望能远距离控制你的便携式计算机吗……比如当你在开会，而它却被落在了宾馆的房间里，这时你会不会想用电话线登录你的计算机？""你的计算机为何使你如此生气？""你用配备无线电话的调制解调器上网聊天吗？""你多长时间用那种昂贵的罐装清洁剂清洗一次计算机键盘？"

如果我的朋友信口回答“不知道”，她很快就会友好地避开这个问题说“那就算了”，有时也会进一步追问：“假设你确实知道，你会怎样说呢？”这位朋友突然意识到，琳达是在请他和她一起畅想如何让计算机更好地服务于自己。

后来，他收到了PC House Call送来的圣诞礼物，是印着该店徽标的一对咖啡杯，上面悬挂着的一张小纸片上写道：“感谢赐教！”，而不是老套的“我们珍视与您的合作”。

（案例选自：奇普·R.贝尔，比里耶克·R.贝尔《让客户为你着迷》）

从这个案例中我们可以看出，店主从未表达过自己的观点，而是一直努力用开放式的问题试图让顾客多表达想法，以期获得更多有价值的信息，为顾客提供更好的服务。请比较下面两种说法：

“我们所能做的只是……”

“你希望我们为你做什么？”

很显然，第一种说法是站在服务人员的角度，说明我能做的，在客户的要求比较纷繁复杂的时候，可以用这种表达明确告知服务人员的权限。但是在客户仍然不满意的情况下，第二种说法是更为开放的表达，可以让服务人员有机会了解顾客真实的想法，根据他的愿望去解决问题，当顾客感到被尊重的时候，情绪就会慢慢放松下来。

二、习惯性地使用礼貌用语

在与客户的交流过程中，客服人员应该习惯性地使用尊称，并且习惯性地使用征询类的语言，例如：

“您能告诉我……”

“您介不介意告诉我……”

“先生/小姐，我可以问个问题吗？”

“您需要帮忙吗？”

“您需要这种还是那种？”

客服人员养成这样的说话方式，意味着把自身放在了服务客户的角色中。这样的角色定位会给客户带来好感，往往会使客户的情绪逐渐放松，使得你可以和客户继续交谈下去，有利于你引导出客户的潜在需求。

三、尊重客户最初的兴趣

客服人员不能以自己的判断来否定客户最初的想法，而是应该以客户最初表达的想法为线索探寻和求证他心中已有的想法，切不可把自己的想法强加在客户身上。

例如，在化妆品柜台，有位顾客这样说：“感觉最近皮肤上的斑增多了。也许是因为去幼儿园接送孩子或者陪孩子到公园玩水之类的外出机会太多的缘故吧。”

面对类似的问题，我们经常听到的回答会是这样的：“斑一旦出现会越来越厉害的呀，还是得注意护理。”如果顾客听到这样的回答，她会感觉服务人员是在责备她没有好好护理皮肤，并且会更加担心自己的皮肤。她会失去和服务人员进一步交流的欲望，如果服务人员这时还向客户推荐商品，无论产品多好，客户都会感觉像是在医院里抓药似的。

但是，如果客服人员换一种说法，事情又会怎样呢？

“是啊，孩子小的时候，妈妈就是容易被晒黑。而且，妈妈早上还得为孩子准备早餐、换衣服，时间很快过去了，一不留神就会忘记涂防晒霜……越是好妈妈越容易忽略自己。”

听到这些话，你作为顾客现在又会有怎样的感受呢？你会感觉“这人真理解我，我愿意和他继续交谈下去”。你会自然想到“从现在开始好好护理，不让斑点继续增加”，并且会产生尝试一下的想法。

通过交流，尊重顾客最初的愿望，并根据相关信息提出相应的建议，才能得到顾客的信赖。

// 案例 3-8

理发师：“李小姐，您的工作还总是出差吗？”

李小姐：“是啊。上周就有三次出差，真是忙得团团转呀！”

理发师：“真辛苦，出差的时候早上必须早起吧？”

李小姐：“早的时候 4 点就得起床啦。”

理发师：“哇！那么发型如果过于复杂不好整理的话就更费时间了吧？”

李小姐：“是啊。”

理发师：“上次大胆地换了个发型，比平时多了些卷，效果怎么样啊？”

李小姐：“早上省事多了。因为是卷发，虽然稍微有点乱，但抹点发胶就好了。”

理发师：“头发好收拾之后省事不少吧？况且，清爽的感觉很适合您的气质。”

李小姐：“烫了卷之后也想染点颜色，但是我的头发比较敏感，还是不染的好吧？”

理发师：“现在专供皮肤敏感者使用的染料也越来越多了。”

李小姐：“哦，是吗？”

理发师：“是啊，比如特别添加了营养矿物质水或者护发剂之后，即使皮肤敏感的人也可以放心使用。”

李小姐：“是吗！那么，这样我就不用放弃啦！”

理发师：“对呀，现在受环境的影响，皮肤敏感的人越来越多。为了能使像您这样因皮肤敏感而不能染发的人也能享受时尚，生产厂家已经开发了各种各样的产品。如果不放心，也可以先做个皮肤过敏测试。”

李小姐：“好的，那我一定得尝试一下。”

这个理发师真是以客户的最初愿望为线索进行私人谈话的高手啊！他从来不否定客户，而总是以客户的兴趣为出发点，所以让人感觉很愉快。

他的谈话也不是单纯的盘问似的对话，而是将真诚地分担客户喜忧和给客户提供专业性的建议很好地融合起来。客服人员只有拥有了与客户互动的能力和专业知识，才有可能发现客户的潜在需求。只有满足客户的潜在需求，才会带给客户难忘的消费体验。

案例 3-8 分析

请根据上述案例，回答下列问题：

（1）表示“分担客户喜忧”的语句有：

（2）表示“尊重客户最初想法”的语句有：

（3）体现服务人员专业性的语句有：

【服务经验】

（1）注意使用开放式的问题，让客户回答。

（2）注意礼貌用语。

（3）你使用的语言要使客户感觉到你是在探寻和求证他心中已有的想法，而不是把自己的想法强加在客户身上。

试操作

（1）请依据工作训练中的情境描述，用语言描绘出一个完整的、符合工作要求的服务过程。

____

____

____

（2）各学习小组分角色模拟此服务过程，在模拟过程中需要运用相关知识和服务经验。

____

____

____

知识拓展

满足客户的潜在需求不仅能帮助你与外部客户之间建立良好的关系，也对你服务内部客户具有重要的意义。

// 案例 3-9

和朋友一块儿吃饭的时候，朋友问服务员：“你准备端一辈子盘子吗？”服务员说：“是啊，不然我还能干什么，又没机会。”朋友给了她一个建议：“每次结账时看看客人剩了什么菜，哪些菜几乎是没动的，问问客人为什么不吃，是点多了吃不下，还是不好吃。如果是不好吃，找出原因然后写出报告给厨师长改进。”朋友笑着说：“这样不出几日，你就可以做领班了。”几个月后的一天，朋友又来到这家餐馆，高兴地发现那个服务员果然穿上了领班制服。

收获与体验

任务二的学习已经完成，请总结自己的收获与体验。

1. 新名词（新思想）

....

....

....

2. 工作技巧

....

....

....

思考与练习

一、思考题

假设李明正在去看医生的路上，他的胸部间歇性地疼痛，这使他很担心，途中他还必须停下来给汽车加油。

问题：李明对加油站有什么需求？李明又希望从医生那里得到什么？如果你是加油站的工作人员，你会采用哪些方式满足顾客的需求？如果你是医生，你会采用什么方式满足病人的需求？

二、比较分析题

请比较下列问题的句式，分析这些问题有助于客服人员了解客户的什么情况？这些问题能够使客服人员具备什么优势？

有答案可选的问句：

（1）可以……吗？

（2）您能……吗？

（3）您愿意……吗？

（4）是……吗？

给出观点的问句：

（1）……怎么样？

（2）……如何？

（3）能不能告诉我……？

（4）能不能谈谈……？

任务三　用积极语言提升客户体验

知识目标

➢ 辨析“客户永远是对的”的内涵。
➢ 理解不用“不”拒绝客户的常用方式。

能力目标

➢ 会用积极语言提升客户消费体验。
➢ 会用正面语言拒绝客户需求，并用替代方案实现销售。

素养目标

➢ 养成细致、令人愉悦的服务风格。
➢ 形成积极助力提升人民生活品质的服务理念。

任务引入

情景剧7

【情境描述】

客户：“我的表格已经交上去很久了，怎么还没批下来呢？比我迟来的都办好了，你们这是怎么回事啊！”

客服人员:“你还怪我们？你自己的表格都填错了，当然没办法批了。”

客户：“什么？是你们让我这样填的！你们神经病呀！”

客户说话开始难听起来，客服人员站在一旁不知所措。

【工作要求】

如果你是客服人员，你认为怎样处理此事才能让客户满意地离开？

任务分析

在客户服务工作中，客户产生异议和服务人员发生分歧是常见的情况。在这个情境中，客服人员为了逞口舌之快，直接批评客户，让客户瞬间恼火起来。如果大家用这种服务方式和客户相处，每天都可能生活在“水深火热”之中，最后因不能胜任工作，而不得不辞职或被企业解聘。那么，当面对客户异议时，当不得不拒绝客户的要求时，大家应该如何处理呢？

相关知识

理解客户永远是“对”的

1. 面对客户异议

客户异议一般具有相似性，在工作中应记录客户问题，并对各种问题进行分类，然后结合企业情况事先预备最恰当的回答，这样才能做到心中有数，不至于手忙脚乱。

2. 面对突发性事件

如果是突发性事件，切记“顾客永远是对的”，把“对”永远留给顾客。商业场所不是判断是非曲直的法庭，一切应以是否有利于当前问题的解决为出发点，果断采取措施，否则服务者永远是失败的一方。

// 案例 3-10

一次，我去外地开会，住在我常去的那家酒店。我邻屋的那位顾客晚上回来时，打不开房间门便叫服务员来给他开门。可这位客人由于喝醉了酒弄错了房间，服务员怎么能开别人的门呢？两个人你一句我一句地开始争辩起来。

眼看局面就要恶化，恰好领班赶来，了解了情况后，她微笑着对客人说：“先生，这的确是您的房间，但可能是房门出了问题，您把房卡交给我，我们先扶您到其他的房间休息一下。”这样，她们把客人扶到了他自己的房间。

这位客人还一个劲儿地说：“我就说我是对的嘛！”

这个案例中这位客户是“对”了，是因为服务员让他感觉到自己是对的，而实际上客户是错的。

“客户永远是对的”不是说服务人员总是错的，而是因为服务人员把“对”让给了客户，把“错”留给了自己。

任务实施

一、解决问题的思路

当顾客犯了错误，如果直接批评对方，往往引起对方的反感。如果用“我”代替“你”，把无伤大雅的小错往自己身上揽，效果就会完全不同。

二、实施方案

情景剧8

客户：“我的表格已经交上去很久了，怎么还不批下来呢？比我迟来的都办好了，你们这是怎么回事啊！”

客服人员："稍等片刻，让我看看情况……看来，我们还需要把表格的填法重讲一遍，因为刚才我们说得不够清楚，这里有一部分应该是这样填的……辛苦您再重新填写一次，填完以后，直接来找我，不用重新排队！"

客户："喔，原来是这样啊，我知道了。谢谢你啊！"

工作训练

情景剧9

【情境描述】

一日，一位六十多岁的老奶奶来到营业厅。

服务人员："您好，请问您办理什么业务？"

客户："我想买 IP 充值卡。"

服务人员："请问您买多少面值的？我们现在是五折销售。"

客户："五折呀，不是三折吗？"

服务人员："很抱歉，我们是五折销售。"

客户："哎呀，看我这么大年纪了，来一次也不容易，就帮帮我打三折吧！"

服务人员："老奶奶，我理解您的心情，但是对于这样的事，我也是按规定办业务的。"

客户："你看我这么大年纪，你就便宜点卖给我吧！"

服务人员："我也想帮您啊，但是我们一直都是五折销售的。"

客户："可是我上次买的时候是三折呀！"

服务人员："您确定是三折吗？不可能吧，在哪里买的？"

客户："就在这儿，这个窗口。"

服务人员："是这样呀，但是我们真的是只卖过五折，这样吧，我帮您问一问。"

客户："好，帮我问问吧。"

服务人员："老奶奶，我帮您问了，您上次购买可能是因为我们搞促销活动，但现在促销已经结束了。"

客户："这样啊，那我走了。"

在此工作情境中，可以看出服务人员具备基本的礼貌素质。但是这位服务人员显然欠缺服务经验。由于客户的请求不符合企业规定，该位服务人员多次直接拒绝了客户，导致客户的感受不好，最终无奈地离去。这不是一个优秀服务人员应该创造的结果。

情景剧10

【工作要求】

请你运用正面语言回应客户，并用替代方案实现销售。

知识拓展

在客户服务工作中，客服人员会面临诸多挑战：有些客户很难相处，有些客户行为古怪，有的喜欢挖苦别人，有的一点儿通融的余地都没有。对待形形色色的客户，服务人员首先要保持良好的心态，不急不躁，并且能够依据客户的特点使用不同的沟通策略。

一、理解不用“不”拒绝客户的方法

有时候，客户提出的要求不符合企业规定，理应予以拒绝。但我们仍然需要记住不要轻易直接说“不”。下面我们练习一些运用积极语言拒绝客户的方式：

1. 用肯定的语言拒绝

在肯定客户观点和意见的基础上，拒绝对方。例如，“这确实是个好主意，不过，我们目前实行起来有一定的难度，恐怕需要一段时间。”

2. 用恭维的语言拒绝

拒绝的最好做法是先恭维对方。例如，“先生，您真是个行家，说得很有道理，只是我们……”

3. 用商量的语言拒绝

面对客户的“非分”要求，如要求你低价卖货。如果你能和客户商量着解决，往往可以折中而达成一致。例如，“先生，您刚才说的我们现在完成确实有难度，您看这样行不行……”

4. 用同情的语言拒绝

最难拒绝的是那些只向你暗示和唉声叹气的人。但是，如果你必须拒绝，用同情的语气效果可能会好一些。例如，“这可真是太气人了，碰到这种事谁都会难过的。我们可以试着帮您修改一下，您看可以吗？”

5. 用委婉的语言拒绝

咄咄逼人地拒绝客户是没有礼貌的，客服人员可以采用委婉的语言拒绝，这样不至于使双方都尴尬。例如，“先生，您看上次我们已经免费为您提供了配件，这次如果还免费，我们就要喝西北风啦。”

6. 先给客户一个拒绝的理由

有时，我们必须拒绝客户不符合行规或公司规则的要求，这时，先给客户一个拒绝的理由往往能让客户接受这个现实。请仔细对比下面两段对话：

对话 1

某银行客服人员给顾客打电话。

客服 1:“我们不能在电话里告知你的个人账号。”

客户(停一下):“那怎么办?”

客服 1:“我们将会寄给你。”

客户:“为什么会这样呢?你们银行的服务质量真差……”

客服 1:“很抱歉让您感受不好,情况是这样的,我们如果在电话里告知了你的个人账号,你的账户可能会不安全。”

客户:“早说嘛!”(生气地挂断电话)

通话时间共计:2 分钟 20 秒。

对话 2

某银行客服人员给顾客打电话。

客服 2:“先生,您好,为了您的账户安全,我们不能在电话里告知你新的个人号码,我们将会寄给你,一般三天内会寄达。”

客户:“行,没问题。”

通话时间共计:30 秒。

对比分析

请说明客服 1 接待客户的方式:

请分析客服 2 回应客户的方式包含了哪三个要素内容:

请比较两种接待方式造成的不同效果:

二、学会“正面回应”与“积极语言”

1. 为客户提供清晰的选择

让客户做选择题比做填空题和思考题容易得多。在与客户交流的过程中,语言的使用依然应以“为客户提供便利”为指导思想。

// 案例 3-11

一位顾客到某饭店吃饭,有三位服务人员过来询问他是否需要饮料。

服务员甲问:“您要饮料吗?”

顾客回答:“不要。”

一会儿，服务员乙过来了。

他问：“先生您要哪种饮料？”

顾客回答：“你还没介绍，我哪知道你们还有什么饮料？”

又过了一会儿，服务员丙过来了。

他问：“先生，您要啤酒、可乐、咖啡，还是茶？”

顾客回答：“来杯啤酒！”

看，是不是也很简单，关键在于你是否能改变自己考虑问题的角度和说话的方式。

2. 告诉客户你能够做什么，而不是你不能做什么

在服务的过程中，当你不能满足客户的要求时，如果直接拒绝说“我不会做”“我们不能这样做，因为公司有规定”“怎么可能发生这样的事情呢”，客户首先的感受是“你在抵抗和推诿责任，我不配你为我提供解决方法”，随之就会产生消极情绪，乃至与服务人员进行对抗，不会再注意服务人员所说的话或者提供的解决办法。

如果你能够学会告诉客户你能够做什么，而不是你不能做什么，结果会截然不同。你可以这样说，“让我看看我能为你做什么……”“我愿意为你做……”，这样会消除客户的战斗心理，让沟通气氛缓和下来，你不但能够告诉顾客你的解决方法，也容易让顾客接受你的解决方案。

以一件常见的事情为例，一位顾客要求退货，但退货日期超过了退货时间，而且他已将商品从包装盒里拿了出来。公司规定退货的时间不能超过商品购买后的第 10 天，且包装不能打开影响第二次销售。这时你该怎么回应客户呢？

◆练一练

请用积极的语言接待要求退货的客户。

第一种做法：客服人员对顾客说：“对不起，我们不能给你退货。”当顾客听到这样的拒绝时通常会非常生气。尽管你会告诉他不能退货的原因，顾客也听不进去。

第二种做法：客服人员对顾客说：“对不起，尽管我很愿意马上为您退货，但是您的商品已经超出了正常退货时间。不过我可以向经理请示一下，看看有没有更好的解决方法。”

第三种做法：客服人员对顾客说：“我会尽力为您解决问题的，不过您想退的商品已经超过退货期限很多天了，您可以告诉我退货原因吗？看看有没有合理的解决办法。”

很明显，第一种做法往往导致争吵和失去客户。第二种做法的结果是，也许顾客的货没有退成，但他的心里再不会有什么怨言，而且会被你的周到服务感动。第三种做法很值得推荐，因为它有利于服务人员找到更多的背景信息，从而找到对双方有利的解决方案。有时客户可能是对产品和操作规程不熟悉产生了误解，导致产生退货的冲动，如果是这种情况，服务人员的解释就会让客户放弃退货的想法。

3. 正面告知客户，你“推诿”的理由

如果客户找你解决问题，而恰恰不是你的管辖范围，或者你没有这个专业能力。有些服务人员往往会说，“我也不知道”“这不归我管，你去别处看看吧”。这样的服务人员只会给客户留下一个冷漠、木讷的印象。如果换作“积极语言”的思维，服务人员会这样回答：

（1）您问的这个问题，由技术部的工作人员专门负责解答，请前往108室进行咨询。

（2）我们有个非常专业的同事，他擅长这个方面的问题，请您稍等，我为您联系他。

向客户直接说“不”或者指责客户是服务工作中的大忌。只要大家熟练运用这些积极语言技巧并能够真诚地对待客户，与客户之间的异议往往都会迎刃而解。因为当你与顾客交谈的时候，重要的不是你说了什么，而是你怎么说。与客户的互动，注重的是过程，讲话时对他人产生的影响是一种感受却不一定是事实。给客户带来好的感受是服务人员应该追求的理想境界。

【服务经验】

（1）永远要尊重顾客心中最初的想法，不要怀疑和否定顾客曾经的经历。

（2）先肯定顾客，再说明原因。

（3）为顾客找到解决办法，尽可能在顾客理解的情况下帮助顾客。

试操作

（1）请运用所学知识和服务经验，用对话的形式描绘你会如何接待工作情境中的客户——老奶奶。

（2）各学习小组采用情景模拟和角色扮演的方式展示改进后的服务过程。

收获与体验

任务三的学习已经完成，请总结自己的收获与体验。

1. 新名词（新思想）

....

....

....

2. 工作技巧

……………………………………………………………………………………………………

……………………………………………………………………………………………………

……………………………………………………………………………………………………

思考与练习

一、技能训练题

请将下面顾客不喜欢听的话，使用“积极语言”改造成顾客喜欢听的话。

（1）“你应该把文件送来，否则我们不能给你更新。”

（2）“没看出来我们正忙吗？下午之前没时间给你送货。”

（3）“我们没有那种资料，你必须给服务中心打电话。”

（4）“我什么忙也帮不上，你必须跟经理谈。”

（5）“那不是我们该管的，你必须通过当地机构得到那些服务。”

二、案例分析题

有一天，一家商店的业务经理收到一封投诉信。一位客户声称他在上周买了商店里的一件铜制烟斗，商店的售货员声明这是一件康熙年间的物品，并在收据上表明了这一点，同时以市场价卖给了他。客户向有关专业人士咨询之后，认为这是一件赝品，根本不值那个价钱。为此，客户要求退货，并赔偿他的损失。

业务经理向销售人员了解情况之后，聘请经验最丰富的专家对该烟斗进行鉴别，确认这就是康熙年间的物品。经理认为这位客户之所以要求退货，有可能是他想转手时未能从中获利，便想到退货、赔款。如果你是业务经理，对于这位客户的不合理要求，你会怎么办？

任务四 创造客户惊喜

知识目标

- 熟记“客户惊喜”的含义。
- 理解并熟记客户惊喜的五个特征。
- 明晰创造客户惊喜的常用方式。

能力目标

- 会在服务过程中创造符合五个特征的客户惊喜。

素养目标

- 养成客户至上、服务社会的服务逻辑。
- 秉持守正创新的服务理念。

任务引入

【情境描述】

一对夫妇买了一栋新房。他们都不喜欢做院子里的园艺活儿，就问邻居应该如何选择一位打理院子的人。所有人都推荐了老吴。

【工作要求】

现在假设你就是这个向客户提供园艺服务的优秀工人，请详细描述你将如何为这对夫妇的院落提供园艺服务，并且在服务过程中你将会怎样制造惊喜。

任务分析

作为提供园艺服务的工人，把院子里的花草管理好是最基本的技能，但是如果这位工人还能和雇主很融洽地交流，在相处过程中，常常给雇主带去惊喜，让雇主感动不已，那么雇主自然会成为这个工人的“粉丝”，不断地为他宣传，成为他的忠实客户。

那么怎样才能为雇主带去惊喜呢?

相关知识

一、何为客户“惊喜”

为客户创造惊喜有别于仅仅超出客户预期提供更多服务的行为，也有别于施以小恩小惠给客户带来的短暂开心。给客户提供更多的服务和施以小恩小惠都只是服务的升级，比如用餐后，饭店赠送一份免费的甜点，这只是优质服务的延伸。

而服务中的惊喜之所以称为“惊喜”，是因为它是客户难以预见的，并能给客户带来愉悦和难以忘怀经历的行为。下面的例子将有助于理解施以小恩小惠带来的兴奋和在服务中创造惊喜所产生的魅力之间的细微区别。

// 案例 3-12

一个美国家庭收养了一名 9 岁的中国女孩，女孩的身体需要进行一次外科手术治疗，幸运的是手术非常成功。有人问她：“在波士顿儿童纪念医院，什么事情最让你惊喜？”小女孩微笑着说道：“最让我感到惊喜的是我的医生是个中国人！”

// 案例 3-13

津田妙子是日本知名的企业培训讲师，在她的培训工作过程中，曾经遇到过这样一件令她惊喜而且备受感动的事情。

“去年生日的时候，我正在福冈为某公司做培训。这两三年，应他们所邀，我一直定期去做领导人培训。

那天，我刚走进培训会场，周围便呼呼嘭嘭地响起了爆竹，接着就是大家热烈的掌声。当我正沉浸在这意外的欢迎仪式里面的时候，接下来主持人为我读的生日祝福信让我再次陷入深深的感动。

主持人还说：‘我们大家想了一件您也许会喜欢并且轻便易带的礼物。听说津田老师经常写明信片，所以就送您邮票作为礼物吧。’接着便送给了我一个包装精美的粉红色小盒子。

休息的时候，我悄悄地打开一看，更是吃了一惊。

我从未见过的、各式各样的50日元纪念邮票，有的装在玻璃纸或彩色印花纸做成的小纸袋里，有的整齐地摆在黑色的衬纸上。竟然是手工制作的礼物！当我向负责培训工作的明君致谢的时候，他告诉我说：‘这是大家从九州和冲绳各地收集起来的。我们想如果是普通的50日元邮票就没有意思了，于是，大家便决定尽量收集一些当地稀有的、比较特别的邮票……最后就做成了这样一份礼物。’

啊，该有多少人、花了多长时间、倾注了多少爱心才为我准备了这个小盒子呀。想到这里，我心中溢满暖暖的感动。”

对比分析

（1）案例 3-12 中为客户创造惊喜的方式是：

（2）案例 3-13 中为客户创造惊喜的方式是：

（3）案例 3-12 和案例 3-13 为客户创造惊喜的方式具有的共同特征是：

二、客户惊喜应具备的要素

通过对案例 3-12 与案例 3-13 的分析，创造客户惊喜行为所具备的特征逐渐清晰起来。本书提倡的客户惊喜应该具备如下五个方面的特征：

（1）满足客户需要。

（2）出乎客户意料之外。

（3）带给客户愉悦的感受。

（4）用专业相关手段触动客户内心。

（5）成本支出少。

在实践中，往往出现一些不符合实际的、不着边际的为客户创造惊喜的企业行动，产生了“出力不讨好”的结局。因而在这个环节中，客户服务人员需要紧扣这五个特征开展工作，才能收获预期效果，其中运用专业相关手段是此服务行为是否具有专业性的主要体现，成本支出少是创造客户惊喜行为的必然要求。从这两点来说，案例3-12中医院所创造的客户惊喜行为虽然看似简单，却完全符合这五个特征，这反映出这家医院高品质的、人性化的服务水准！

创造客户惊喜的服务行为对于企业的意义在于不增加成本却能提升服务效果。许多企业将注意力集中在向客户提供“更多一点”的服务上面，这种理念会在一定程度上改善消费者的实际感知，但同时也提高了客户心中对优质服务的评价标准。而更多的服务需要资源来维系，需要成本的支出。如果预算已难以增加，本来就小的利润空间也在收缩，那么怎样才能提升服务品质呢？为客户创造惊喜是最有效的方法，即使没有过多成本支出，而客户获得了更大的价值，其实际感受到的企业服务品质就会提高。企业管理者和服务人员应深刻理解客户惊喜行为的五个特征，结合实际运用它，从而为客户带去难以忘怀的消费体验。

任务实施

一、解决问题的思路

为客户创造惊喜，需要注意以下几点：

（1）创造惊喜的基础是了解客户的生活背景和生活习惯。

（2）创造惊喜的前提是做好基本的专业工作。

（3）创造惊喜的技巧是从客户的生活背景中寻找灵感。

（4）用具有自我特色的方式创造客户惊喜。

二、实施方案

你现在想出怎样为那对夫妇提供园艺服务了吗？也许你有很多想法，那么老吴是怎么做的呢？让我们一起来看看吧！

老吴开着一辆很旧的小型载货卡车来到他们家，车里装着各种园艺工具。他跳出驾驶室，穿着一条褪色的牛仔裤和T恤，戴着一顶汗渍斑斑的帽子。只见他手里抓着一沓灰绿色的卡片和一支铅笔，沿着人行道一步步走到门口，按响了门铃。

主人邀请他进门，他立即脱掉鞋子和帽子，把它们放在外面的台阶上。进到屋里后，他很自信地开始了解情况，并把了解到的情况填在手中的卡片上。很快，这对夫妇心里的疑惑就被这位说话直爽的园丁打消了。这位不说任何废话的园丁也很自然地展现了他的职业素养。

他的提问和他坚定有力的步伐一样迅速。

您每天下班后几点能到家？回家时如果发现院子里的人行道被弄湿了，您介不介意？

您从院子里采摘花朵到室内使用吗？您希望我如何与您进行沟通？

您的亲戚朋友们周末大都喜欢做什么？

去钓鱼时您喜欢带上什么？

您有没有需要养在室外的宠物？

您对院子里的什么事物最不满意？

这片社区里您最欣赏谁家的院子？

我能再来一杯冰茶吗？

在老吴第一次修剪植物那天，房主一早就去上班了，下午回来时，他们看到院子里干净整洁，而且邮箱里放着一张灰绿色的卡片，上面用铅笔写着一行字，“我把你们种的冬青树挪到了一个更阴凉的地方，免费！—— 老吴。”第二次，老吴没有在邮箱里留消息，只留下一篇关于绿色肥料的文章。

又一个星期，老吴在和房主商量后，把夏季天竺葵全部换成冬季三色堇。这次他们回家，又像往常一样看到一个干净整洁的院子，看到院前的花圃里种满冬季三色堇。邮箱里只有一张老吴签名的灰绿色卡片，上面写着：“去水泥地那边的大橡树下看看。”这对夫妇赶紧往后院跑去，他们看到一个很大的塑料杯，里面的湿土中装满了蚯蚓。杯子上写着：“希望你们这周末都能钓到大鱼！”老吴记得他们本周末要去钓鱼，因此送了一份“大礼”，这使他们兴奋不已。

大家周围的技术工人、所谓“干粗活”的群体，给人的印象是不是脏兮兮的、粗鲁的、粗糙的呢？阅读完这个案例，你的眼前会浮现出怎样的老吴呢？老吴是个园艺工人，可老吴在大家的眼中是一个干练、专业、体贴、细心的园艺工人，他的服务过程让人感动和难以忘怀！原因只有一个，不管老吴的学历高低，他都是一个具有服务意识的人，在服务意识的长期指挥下，他的行为自然体现出令人愉悦的教养。

让我们把“为客户创造惊喜”的服务理念植入心中，让我们从现在开始训练自己吧，不久的将来，你也会成为像比尔那样浑身散发着魅力的劳动者！

工作训练

【情境描述】

股票市场低迷，以下是某营业厅内几位客户的聊天内容。

客户甲：“唉，这行情再这么下去可就惨了。”

客户乙："是啊，这次被套也不知何时才有解套的机会。"

员工微笑着却无言以对，营业厅里的气氛有些沉闷……

【工作要求】

假如你是该证券公司的客户经理，每天看到你的客户枯坐在股票交易市场，眼看着股票走势不佳，担心自己随时赔钱或者被套而心情沮丧，你能做些什么？

知识拓展

创造客户"惊喜"的方式

1. 惊喜需要适度

"惊喜"的魅力部分取决于其大小。红色地毯和豪华轿车对于明星们也许非常重要，但是过度奢华却会令普通的客户感到尴尬，过分的表示也可能为客户带来不必要的负疚感。对客户表示出简单的友好姿态，意味着"我关注你"；而对客户表示出与其身份不相符的隆重，就会让客户感觉不自在。总之，给客户一个惊喜的目的是创造一种出乎意料的、不可预期的、令人感动的服务体验，而不是让客户"受宠若惊"。

一对夫妇在第一次乘坐名人旅游船公司（Celebrity Cruise）的邮轮出海远航的旅途中，他们在船舱里发现了一个果篮。由于赶着去码头买东西，他们碰都没碰桌上的那个果篮。大约两个小时回来后，他们发现，在这个果篮边又留下了两只小碟和一把餐刀。原来这是领班为每一位忠诚客户准备的礼物。五次乘坐"名人号"出航后，这对夫妇仍然对第一次旅途中那次感动他们的体贴服务津津乐道。

2. 从结果之外的结果寻找惊喜

"结果之外的结果"，这意味着客服人员应考虑客户在获得现有的服务结果之后还希望得到什么或者还有哪些需要处理的事情。举个例子，假设你是一个汽车销售员，你的客户所预期的结果也许就是购买一辆物有所值的汽车。当你看着客户的汽车尾灯在你的视野中逐渐消失时，你可能认为你的工作已经圆满完成了。但是，此时的你是否意识到了客户购车之外的需求，如开着崭新的汽车回家的那种满足感。这时你是否应该考虑为增加客户的满足感做些什么呢？例如，用气球和小彩旗为其筹备一个购买新车的庆祝仪式，这种举动会给客户带来惊喜，使客户久久不能忘怀。

作为销售服务人员，你应该在心里仔细分析客户现有需求得到满足后可能要做的事情、要考虑的事情，以及要感受的事情。你如果能够很好地满足客户的这些需求，就能为客户创造惊喜，客户就会陶醉在你的服务中，你也会为客户的满足而感到兴奋。

有时，在顾客购买过程中与其拉家常可能会为你带来了解客户意图的机会。假如你是男装部的销售服务人员，你了解到顾客购买夹克是为了一次出海远航，那么你应该试着卖给他做工考究的短裤、一条宽领带，或者一顶巴拿马草帽。顾客穿上效果好，会因此在心中赞赏你。

假如你是电子产品的销售人员，你还可以问顾客："你打算下周用照相机做什么呢？"而不要问"你打算如何使用你的照相机？"

假如你是旅馆服务人员，你可以问顾客："有没有什么我们没有考虑到但可以使你对我们旅馆的服务感觉更加特别的事情呢？"而不要问"还有什么问题吗？"

这样客户就会为你提供满足其需要的线索，当你真的因此而做出改变，满足客户需求时，会又一次带给客户被尊重的惊喜！

// 案例 3-14

杰西是一家跨国公司的客服部经理，她在客服领域已经工作了 20 多年。她认为一个顶级的客服人员，要把顾客变成"你最好的朋友"，像对待王室成员一样对待他们，让他们知道，你会照顾他们。顾客来这里是来花钱的，就要让他们高高兴兴地花钱。

杰西每次去纽约出差都要住 Memory Hotel，尽管这家酒店离自己的办公地点很远，但在那里会有一种回家的感觉。

杰西说："我第一次入住那家酒店就给我留下了美好的印象，当我第二次入住时有几个细节更使我终生难忘。事情是这样的：我第二次入住该酒店，在我走出房间准备就餐时，服务员微笑地问道：'杰西小姐去吃早餐吗？'我很奇怪她怎么知道我的名字。服务员微笑着说：'这是我们酒店的规定。客房服务员要知道每个住店客人的名字。'这真是令人感到惊讶。

来到餐厅，餐厅的服务员一见到我就说：'杰西小姐，里面请。'又是疑惑，她怎么也知道我的名字？服务员很快解除了我的疑惑：'客房部有电话说您要来就餐。'走进餐厅，服务小姐微笑着问：'杰西小姐还坐老地方吗？'这使人更加感到惊奇了。'我刚才查过资料，您上次来的时候，是坐在里面靠窗的位子。'服务小姐主动解释。服务小姐问：'还是老菜单？'真是让人兴奋到了极点，我立即回答道：'老菜单，就要老菜单。'"

由于工作的原因，杰西一年没有到纽约出差，所以也已经一年没有去那家酒店了。一年后，就在她生日的那天，突然收到了那家酒店寄来的贺卡："亲爱的杰西小姐，您已经有一年没有光顾酒店了，我们酒店的全体员工非常想念您，希望能再次见到您。今天是您的生日，祝您生日快乐！"

杰西说当时她激动得热泪盈眶，并决定推荐她的亲人、朋友去纽约时一定要选择这家酒店。

这家酒店用热情、真诚与信息化管理手段不断地给客户创造惊喜，感动了客户，让客户对它产生了忠诚感，愿意再次见到酒店的工作人员，愿意再次到那里接受服务。

3. “有所不为”地创造惊喜

“有所不为”是相对于“无所不为”来说的，也就是说，创造客户惊喜是有限制的，即在不违背道德、法律、安全等因素的前提下，创造性地为客户带去惊喜。如果企业创造客户惊喜的方式不符合整个社会的主流价值观，例如，前些年个别餐饮企业推出的“人体盛宴”（食物摆放在人体上，供人就餐），由于其不符合社会主流价值观，违背了道德因素，结局就是这些餐饮企业没几天就草草收场、关门歇业了。如果你创造客户惊喜的方式不符合法律的要求，等待企业的就是法律的制裁；如果你创造客户惊喜的方式没有安全保障，等待企业的也许就是关门的惩罚。

4. 用你的慷慨大方（时间与精力）创造客户惊喜

在自己的能力范围内，尽可能地为客户提供所需的帮助，可以成为制造“惊喜”的重要来源。

// 案例 3-15

奇安纳克是多伦多机场假日高级酒店的前台服务员，某天深夜，他正为两个客户办理登记手续。在办理手续的过程中，一位客户不断地表示他的愤怒，因为航空公司弄丢了他们的行李。这两位客户次日一大早都安排了重要的会谈，但现在却失去了合适得体的服装。奇安纳克示意另一个服务员过来替他，自己回家为这两位客人拿了两套西服、两件衬衫，以及其他恰当的必需品。第二天，两位客人穿着奇安纳克的衣服顺利地结束了会谈。当他们回到酒店时，告诉了酒店的总经理：“奇安纳克是一个令人惊奇的服务员！我们打算告诉所有人！”

（案例选自：奇普·R. 贝尔，比里耶克·R. 贝尔《让客户为你着迷》）

// 案例 3-16

深圳市某国际货运代理有限公司专门向深圳某学院发来感谢信，对该学院的全体老师表示感谢，并对其校毕业生的综合素质给予高度评价。感谢信部分原文如下：

贵校推荐给我们公司的同学都非常优秀。尤其是刘宏同学，他不仅在工作上表现出认真踏实的作风，而且在服务我公司客户方面也细致入微。1月24日，刘宏正在处理一票大件货，他拨通了客户张小姐的电话，并用标准而礼貌的用语告知客户货到的事实，计划与对方约定送货的时间。这时客户在电话里传出一阵连续的咳嗽声，刘宏立刻停止了预约用语，并询问客户咳嗽的原因。得知对方是因为感冒引起的咳嗽后，刘宏先对客户进行了问候，然后双方才预约好送货时间。之后，刘宏来到了一家药店购买了一些咳嗽药后前往客户处。当客户收到药和包裹时非常感动，同时也对我们的服务质量做出了很高的评价。

鉴于刘宏的优秀表现，我公司决定给予刘宏记大功一次并通报全集团的奖励，我们将为其提供更广阔的职业发展空间。

// 案例 3-17

某快递公司接收客户一单向境外客户寄货品的业务。申报品名为灯，申报件数为 5 只，申报价值为 100USD，采用香港空邮包裹渠道。客户 3 月 1 号提交预报并交货到华强北分公司。3 月 2 号客服人员刘婷看到客户的 QQ 留言，请求帮忙扣下包裹，因为新来的同事装错货（客户要 5 只，新同事却装了 50 只），客户恳求一定要帮忙扣下货物，否则亏损严重。

客服人员刘婷立刻电话渠道方—— 邮局要求帮忙扣货，但是，对于邮局件，邮局的惯例是不接受扣件、退件以及更改地址的，一切问题由客户自己负责。客服人员刘婷利用公司与邮局是长期合作的关系优势，得以通过邮件通知相关邮局领导以及负责这条渠道的后线同事，请求帮客户尝试扣件。领导回复，让后线尝试向相关操作货物的同事留意 3 月 2 号交到邮局的货物并扣下指定货物。3 月份，邮局货物运输量极大、处于爆仓状态，货物当时正存积在香港邮局，尚没有安排航班运走。3 月 9 号，后线同事邮件告知，货物已经让邮局扣下来，马上安排退回深圳。

听到这个消息，该客户非常高兴，给予了公司以及客服工作人员高度赞赏。该客户因此成为公司的长期客户，而且随着其业务的发展，货物量每年呈上升状态，一年支付的运费达 50 余万元。

奇安纳克、刘宏和刘婷都是普普通通的一线工作人员，他们因为拥有服务意识而被客户和企业高度认可。他们完全融入了以客户为导向的文化中，这种强烈的慷慨和热情会被传递给客户，而客户反过来也会回报以感激和忠诚。奇安纳克和刘宏的特殊赠予相较于例行性的赠予，带给客户的感受更深。本书不提倡例行性的赠予，因为例行性的赠予迟早会丧失吸引力，最终还是会走进一条死胡同。

只有持续地为客户创造惊喜，才可以产生一种看不见的力量—— 能够使客户忠诚的强大力量。在企业经营的领域里几乎没有什么比持续有力地吸引客户选择你的产品或服务更令人兴奋的了，报偿也会更加丰厚。

5. 围绕着关键词“客户体验”创造惊喜

传统的营销方式已经渐失影响力，成功的企业在营销方式上已经转变为通过活动和专题让客户参与到企业的经营活动中来，培养企业的“粉丝”群体，通过他们宣传企业，吸引其他客户的参与。不管是已经成为业界典范的小米科技，还是各行各业那些不是十分出名、但有着良好业绩的企业，它们都在致力于客户“参与感”的培养，以此创造客户的良好体验，给客户带去惊喜。

// 案例 3-18

圣地亚哥的野生动物园为参观者提供了在野外与野生动物的一种“出乎意料的亲密和个性化”的体验。游客们将乘坐四面全用玻璃构成的“火车”按照规划的线路穿越动物园。设计者为尽量避免这条线路过于平静和毫无新奇，因此在线路中故意设计了一些突然的转弯，使得游客在野生动物园的经历显得更加真实，更加令人兴奋。如果你看见自己正在慢慢靠近一只长颈鹿，你需要足够充裕的时间做好思想准备，因为突然一个急转弯你和长颈鹿就会碰个面对面。这种感觉将更加真实，自然也更加难忘。

【服务经验】

你试着往一个装满了水的杯子里继续加水，水肯定会溢出来，没办法留在杯子里，但是往空杯子里倒水呢？人的心情也是一样的，不把旧的、无用的、负面的东西清理出去，怎么能装进去积极的、快乐的东西呢？因而，有些举措虽然不能给客户直接增加效益，但它可以改善人的心情。例如：客户临时带着小孩来营业部办事，你可以主动过去领着孩子看书，做简单的游戏，解除客户的后顾之忧，加快办事的效率；了解到客户喜欢美食，就不时留意网上的美食介绍，及时推荐给客户，同时不忘提醒客户吃健康、均衡的食品，等等。

人一旦把不良的情绪宣泄完毕，就可以决定很多事情。

所以，客服人员目前关注的重点不是为客户带来物质性的利益，而是帮助客户调节心情。

试操作

你会怎样为枯坐股票交易市场的客户带来惊喜，以改善他们的心情呢？

____

____

____

收获与体验

任务四的学习已经完成，请总结自己的收获与体验。

1. 新名词（新思想）

……………………………………………………

……………………………………………………

……………………………………………………

2. 工作技巧

……………………………………………………

……………………………………………………

……………………………………………………

思考与练习

一、思考题

客户“惊喜”应该具有怎样的特征？

二、技能训练题

任务：以某个企业为背景，设计创造让客户惊喜的方案。

要求：

（1）以提升客户体验为核心、体现企业产品与服务为根本、让客户难以忘怀为目标，来形成忠实客户。

（2）简要说明企业情况。

（3）方案既要创新又要可行。

任务五 提供个性化服务

知识目标

- 熟记个性化服务的内涵。
- 掌握个性化服务的基础。
- 领悟个性化服务的方法。

能力目标

- 能够提供个性化服务，实现令客户难以忘怀的服务质量。

素养目标

- 养成谦逊与热情的服务品格。
- 秉持守正创新的服务理念。

任务引入

【情境描述】

如果你作为一家中等规模的、在当地具有一定名气的中餐厅的经理，在竞争日益激烈的市场环境中，你必须时刻思考怎样留住客户。这个问题让你感到颇有压力。

【工作要求】

若想留住客户，你可以做些什么呢？

任务分析

让你所在的餐厅有别于其他餐厅一定是吸引消费者的好方法。菜品不同，可以采纳。服务不同，当然更可以采纳。可是，你的努力怎样才能让客户有所体会，让他们感受到餐厅的别具一格？提供个性化服务应该是一个有效率的选择。

相关知识

一、何为个性化服务

“个性化”服务的基本含义是指以标准化服务为基础，但不囿于标准，而是以客户的需求为中心，为客户提供有其个人特点的差异性服务，以便让接受服务的客户有一种自豪感和满足感，从而留下深刻的印象，并赢得他们的忠诚而成为回头客。

个性化服务与标准化服务是并行不悖的。标准化服务是个性化服务的基础，没有服务的标准化就没有基本服务质量，在此基础上谈个性化服务就是本末倒置。有标准化服务，而忽略个性化服务，那企业的服务质量就达不到让客户愉悦的高度。标准化服务实则是最低要求，而个性化服务乃标准化服务的升华，是标准化服务建成之后的飞跃。个性化、差异化服务在目前市场环节中被认为是企业赢得竞争的不变法则，实施个性化服务能够培育客户的忠诚度，有利于市场扩张。

但是在本书中，为了向客户提供有魅力的服务，我们还应该站在服务者的角度理解个性化服务，它也可以指服务企业和员工提供展现自己个性和特色的服务项目。这样，个性化服务的本质表现在两个方面：一是满足客户的个性化需求；二是表现企业和员工的独特性。

// 案例 3-19

丹麦有家银行，为了改善银行的经营状况，用沙发和茶几代替了传统的银行柜台，把客户进入银行的路线装饰得舒适温馨，让客户可以在轻松休闲的环境中进行业务的办理。2000 年，欧洲很多银行都面临着亏损，而这家银行在差异化的经营思路下，创造了惊人的成果。

// 案例 3-20

某地有很多各种各样的快餐店，其中有一家快餐店生意火爆，经常排队吃饭的人很多。人们在排队的时候就会奉上开胃茶，而且店内时时传出店员自编的朗朗上口的问候语，成为该店的特色。

这两家企业都通过具有个性的差异化服务奠定了市场地位。

二、实现个性化服务的基础

每个人的生活方式都是独一无二的，因此我们从事工作的方式也应该是独一无二的，也就是为客户提供有针对性的个性化服务。

为客户提供具有其个人特点的服务，必须建立在了解客户的基础上。了解客户往往可以通过以下几种途径：

1. 建立客户信息管理系统

信息化管理水平是衡量现代企业管理水平的重要指标。众多企业都逐步引进企业管理系统，实施了信息化管理。其中客户管理系统是一个重要模块。它记录与积累客户的基本信息和交易信息等。在此基础上，通过收集和分析客户信息来学习客户的兴趣和行为，能够更好地理解客户，发现客户隐藏的兴趣和行为规律，从而制订相应的服务策略和服务内容，进而按照客户的个性化信息主动地推荐服务。

电子商务企业依托互联网开放、及时的优势，在提供个性化服务方面已经取得长足进展。这些企业建立了个性化服务系统，通过个性化服务技术，诸如用户兴趣和行为的表达、用户建模技术、分类和聚类技术、个性化推荐技术、个性化站点技术和用户隐私保护等技术，就能够根据用户的喜好为用户推荐可能感兴趣的内容或者可能购买的商品，或者寻找具有相近兴趣的用户群而后相互推荐其感兴趣的信息，甚至还依据资源间的相似性给用户进行推荐，从而实现个性化的、有针对性的服务，避免了对客户的骚扰和企业的无效推广。

2. 办理会员卡

在办理会员卡时，客服人员应该引导客户尽量详细地填写便于了解他们信息的项目。但是由于现在每个人对于自己隐私的保护意识越来越强烈，会员卡提供的信息会比较有限。

3. 和客户聊天

通过与客户聊天，询问他们喜欢什么类型的产品或者该产品用于什么样的场合。

// 案例 3-21

一位中年女子来到服装部，穿着得体，化着淡妆，气质很优雅。客服人员不能马上辨别出这类顾客的职业，所以就不能直接说："我可以为您提供服务吗？"因为对方一旦说可以，而你却不知道提供什么样的服务，这会很尴尬。可以问顾客想看什么样的服装，如果对方说只是想随便看看，那我们就可以问对方是在什么场合穿，这样就可以知道她的工作范围了。下面是服务人员和一位顾客的对话：

"请问您想看哪一类的服装？"

"我想随便看看，还没确定。"

"请问您打算在什么场合穿？"

"在工作的时候。"

"请问您的工作对服装的要求严格吗？"

"套装，颜色最好不要太鲜艳，风格简洁、明快，穿起来不要有太重的束缚感。"

案例 3-21 分析

当你听到上述对话时，能否初步判断客户的职业特点和消费能力？你将为其推荐何种风格的服饰？

职业特点：

消费能力：

推荐的服饰风格：

通过案例中的对话，我们可以判断客户的工作性质应该属于白领，因为她要求的是简洁、明快和自由感，这也是这类人群比较明显的特征。这些顾客需要产品有一定的档次，但是价格不能太贵，款式最好新颖，但不能过于前卫，对服装要求穿着舒适、颜色淡雅，能体现脱俗的气质。这类人群对于衣服的细节也很在意，如领子的形状、衣襟的形状、裙子的摆度，所以为她们提供衣服时一定要注意细节，并将客户有疑惑的地方解释清楚，以取得顾客的信任。

最后，这位顾客为自己选择了一套白色的套装，服务员为她挑选了一个银色的领花，并请她写了一份详细的会员记录。顾客走时向服务员表示了诚挚的谢意，并承诺下次来一定会带来她的同事和朋友。

4. 记录并积累客户的资料

俗话说："好记性不如烂笔头。"在和顾客打第一次交道后，客服人员就应该记录顾客的购买信息，把他们当成你的长期客户来看待。

// 案例 3-22

有这样一位百货公司的客服经理，她详细记录了与她保持客户关系的客户个人资料。她这样记着：

迈克，男，40岁。生日为10月10日；身高180厘米；体重85公斤；职业是律师；爱好看书、运动（尤其擅长打高尔夫）；性格幽默，善于思考，最喜欢从小处发现问题。

经常光顾的柜台：①男士服装部（尤其喜欢购买领带）。喜欢款式简单、颜色稳重的衣服；光顾的频率大约是每季度一次，时间在当月的月初。②运动器械部。喜欢运动，但因为时间有限，所以经常把运动器械带回家，在家里锻炼，他所购买的运动器械一般是便于携带的小型器械，但有的时候光顾只是为了在这里运动而已。③生活用品部。因为他是一名律师，工作起来常常会忘记时间，所以他经常利用休息时间购买大量的生活用品以备不时之需，他使用的生活用品大部分是宝洁公司生产的。

我们的建议：律师要求穿着稳重得体大方，而且经常与各种不同层次的人接触，会出席一些重要的场合，所以他的服装一定要能突显自己的身份并别具风格。他适合的服装品牌一般是有绅士风格的品牌，每当有新款到货时要及时通知，尤其是在每个季度换装时必须为迈克提供几套换季衣服。因为迈克喜欢运动但时间有限，所以每次来这里购物时一定提醒他到器械部做两个小时运动，并向迈克介绍新型器材。但记住介绍商品时间不能过长，五分钟以内就行，不能耽误客户运动的时间。在迈克购买生活用品时我们不易介入，但是如果迈克已有一两个月无购买生活用品的记录，他可能是没有时间，但是这时他也可能"弹尽粮绝"了，那么我们要打电话询问是否需要我们直接把生活用品送到他的家中，而商品的内容是否和他上次购买的一样。

案例 3-22 分析

你对这位百货公司客服经理的评价：

5. 搜寻人际网络

搜寻人际网络不适用于广大的终端消费者，它适用于企业的各类合作伙伴。

我们通过客户的朋友或者客户的客户，可以了解他的喜好和特别之处。这就需要我们在工作中广交朋友，建立广泛的人际关系网络。

任务实施

一、解决问题的思路

“个性化”服务是指在不违反国家法律、法规和社会道德的前提下，针对客户的喜好提供个别服务。“个性化”服务意味着餐厅可以根据经营理念做出不同于其他餐厅的行为，例如，我国台湾地区有家知名餐厅在餐厅里营造出医院的氛围，所有服务员都穿白大褂，菜单上全是药品名称，进来吃饭的食客需要进行“身体检查”等。“个性化”服务还意味着餐厅在不增加成本的情况下对顾客付出的关爱。

二、实施方案

首先要保证风味独特，能够提供物有所值的菜品。然后可以参考以下几种做法：

1. 特色座位

例如，有的客人喜欢靠窗户边的座位，有的客人喜欢背对窗户的座位，有的客人喜欢一个人坐包厢等。只要条件允许，这些客人每次来用餐时，都应该被安排在他们所喜欢的厅房或台位。

2. 为随行儿童提供服务

例如，在家庭聚餐上，常常有随父母一起用餐的儿童。不管是出于安全考虑，还是为了营造温馨的用餐环境，餐厅和宴会厅应该主动为这些儿童准备好儿童椅、高椅、垫高座，以及供儿童饮牛奶、果汁用的一次性塑料杯和一次性的儿童用餐围兜。

3. 提供个性化的菜单

首先，餐厅的午餐菜单内页每天都要更换。尽管所换的内容只是一小部分，如日期、星期、当日特价菜，但是有了这些最新的内容再加上与当天（如某个节日）相配套的问候语印在菜单第一页的顶部，客人一打开菜单就能感受到他们所享受的是最新的服务，并且能产生一种亲切感。而不是像某些餐厅那样一份菜单用一年，里面的内容也从来不更换，甚至连不再推出的菜品也仍然留在菜单上。

其次，餐厅还应该坚持按照预定记录本上的相关信息给 VIP 客人提供特别的菜单。也就是说，只要餐厅有 VIP 客人或者有在餐厅举办特别聚餐活动的客人，餐厅都会在客人到达前做好印有下列文字内容的个性化菜单：

"××× 餐厅欢迎 ××× 先生一行。"

"本餐厅专为 ××× 女士及其同仁准备。"

"祝 ××× 生日快乐。"

等等。

准备这样的菜单，表面上看虽然有点浪费纸张，但是其潜在的作用是不可估量的。

工作训练

【情境描述】

假如你是一家酒店的服务人员，当你进入一间客房时，房间状态是这样的：有一台便携式计算机和打印机放在咖啡桌上，书桌上有很多凌乱的文件，书桌下有很多卷成团的面巾纸，没有开空调，电视机上有客人的身份证，床头柜上有 4 瓶开了口但没喝完的啤酒和一份精美的礼品。你清理完房间后客人非常感动。

【工作要求】

请分析该客房服务人员可能为客户提供了怎样的个性化服务？

知识拓展

领会个性化服务的方法

个性化服务意味着依据客户的生活背景提供满足其个性化需求的服务，很显然这不是企业的常规服务，提供个性化服务自然会增加不确定性，同时也会影响企业的成本。本书提倡的个性化服务以不增加企业成本为原则，最终通过个性化服务行为带给客户人性化服务的感受。在不增加成本的情况下，怎样提供个性化服务呢？请大家认真领悟和感受以下几个案例蕴含的方法！

1. 温暖内心

// 案例 3-23

凯瑟琳是一家知名百货公司的客服经理，她已经在客服领域工作了二十几年。这天她要接待一位重要的客人——皮特。皮特此行的目的是决定是否在这家百货公司售卖其公司的产品，以及是否把自己产品的售后授权给百货公司。凯瑟琳的主要工作是在这位客人面前充分展示自己公司的实力，获得对方的信任。

距离会议开始还有 15 分钟，凯瑟琳打了两个电话，一个电话是问会议室是否已经布置完毕，另一个是让部下把相关的资料送过来。这两个电话大约有 5 分钟，第一个电话的内容是这样的：

“我想确定2点钟的会议是不是在3号会议室。”

“是的，经理。”

“3号会议室的主要色调是蓝色的吧？”

“是的。”

“一会儿送饮料的时候，记住皮特先生的饮料是纯净水。”

“好的。”

“皮特先生的椅子一定要有松软的靠背。”

“记住了，请问还有什么指示吗？”

“目前没有了，辛苦你们了，再见！”

原来这位皮特先生从小是在海边长大的，对海有着很深的感情，尽管成年后在世界各地忙于自己的生意，但是每年他都会花上几天的时间回到自己的家乡，寻找一下自己童年的美好回忆。会议室色调是蓝色的会让皮特先生有一种舒适、放松的感觉。另外，由于他从小是在海边长大的，所以从小就有轻微的风湿症，再加上后来的劳碌，病就有些加重了，坐在松软的椅子上就不会感觉到特别的劳累了。皮特先生的血压有些高，所以他的医生告诉他不要喝太甜的饮料，建议他长期饮用纯净水。

第二个电话就是通知她的部下把这次会议的资料拿过来，她要看看是否有缺漏的地方。不一会儿，秘书送来了这次开会的资料。凯瑟琳仔细翻阅了一遍，没有发现什么缺漏，就在椅子上开始闭目养神，并把会议的整个过程在脑中过了一遍。还剩下几分钟，凯瑟琳整理了一下自己的仪容；自信地拿起材料向会议室走去。

凯瑟琳来到会议室时，自己部门的相关人员已经到了。她环顾了一下会议室，满意地点点头。这时外面有人通知客人到了，于是凯瑟琳带着自己的部下出门迎接。

眼前的皮特是一个高高瘦瘦的中年人，看起来就是对生活要求极其严格的人，可能是工作劳累的缘故，看起来略显严肃。凯瑟琳把客人引入会议室，当皮特看到屋内的色调时，脸上顿时多了一丝笑意，严肃的表情开始有些舒缓。凯瑟琳接着把皮特引到自己的座位上，看着那把与众不同的椅子，皮特先是一愣，没有说什么就坐下了。

会议上先是销售部发言，接着是售后服务部发言，两个部门的发言让皮特觉得对方对于产品的了解在某种程度上居然胜过了自己，真是让人惊叹。最后凯瑟琳做了总结性的发言，主题是如何在其公司销售该产品以及做好相应的售后服务。凯瑟琳说完话后，皮特好一会儿没说话，突然他向凯瑟琳提出了一个问题：“请问你们是怎么做到如此了解我们的产品的？”

“很简单，我首先让每个参与这个项目的人都试用它，因为我知道，要想让顾客相信你说的话，你必须先相信自己说的话，我们说的话就要来自于我们自己的亲身体验。”

“你们今天给我上了一课。”皮特说，“从我进门的那一刻，直到现在，你们一直在给我惊喜，也许对我来说是惊喜，可能对你们来说那正是努力的表现。”

“我们可以马上签合同吗？”皮特紧接着说道。

“当然可以。”凯瑟琳自信满满地回答。

案例 3-23 分析

凯瑟琳在接待客户皮特时，做了哪些关爱客户的安排？

2. 关注细节

凯瑟琳作为一家知名百货公司的客服经理，具有卓越的服务素养，她的工作风格需要长期的积累才能养成。而接下来这个案例则是一线员工所为，只有这样，才能逐步成长为专业的高级管理人员。

// 案例 3-24

我前不久刚刚从日本出差回来，日本的风光和服务都给我留下了深刻的印象。我住在日本东京的某酒店，每天都要往返于东京和大阪两地。负责为我订票的是该酒店的前台服务员美子。我第一天刚到的时候曾向美子咨询过关于订票的事宜。

“请问我有什么可以帮您的？”

“我想问一下这里可以帮忙订火车票吗？”

“当然可以，请问您想要到哪里的火车票？”

“每天往返于东京和大阪之间的，连续订三天的。”

“请问您是出差吧？”

“是的，一共出差三天。”

“这样啊，那您有时间一定要去看看富士山，那里真的很美，一定会为你忙碌的工作带来快乐的！”

“谢谢，我也很想去，我一直想看看富士山，在来的时候我就看了很多的旅游景点介绍，专门了解了关于富士山的情况，但是这次出差的时间很紧，恐怕来不及了。”

“那可真是遗憾，您的火车票我会帮您订的，有什么需要可以直接打电话找我！”

“谢谢。”

“不用客气，祝您有一个愉快的旅行！”

第二天，我拿着美子为我订的票坐上了开往大阪的火车，我很幸运自己能坐在窗口，可以通过窗户看到美丽的富士山。回来的时候我的位子在左窗口，仍然可以看到富士山。连续三天的情况都是一模一样的。这为我紧张忙碌的工作平添了很多的快乐，使我暂时忘却了一个人独自在外的孤单寂寞和工作的烦累。

我要离开了，当前台的那位小姐向我道别时，她说："希望在火车上您对富士山的眺望能弥补您这次不能游览的遗憾。"她怎么知道我能从火车上看到富士山？我很诧异，于是问美子。她说："因为您每次的车票都是我亲自嘱咐他们的，位置是我特意选的，这样才能保证您每次都能欣赏到富士山的美景！希望您能过得愉快！再见。"

案例 3-24 分析

美子小姐通过哪些具体行为实现了个性化服务？

美子小姐的服务让客户难以忘怀，她付出过多的精力了吗？她付出额外的成本了吗？回答是否定的。她只是具有个性化服务的意识，通过与客户看似漫不经心的聊天，了解到客户的具体情况，然后做出相应的服务方案。呈现给客户的实际感知就是她的体贴入微，这让客户备受感动。

3. 体现尊重

服务的个性化实质上传递的是这样一个信息：给予客户最大的尊重。这是一个优秀的客服人员应该具备的专业素养。

很多优秀的客服经理都有记录当天发生的客服事件的习惯，请看下面这篇案例：

// 案例 3-25

8 月的一天上午，我作为巴尔的摩万丽湾景酒店窗景餐厅的值班副经理，在查阅当日的预订记录时，注意到当地会展及观光局的一位会展推广经理预订了两个人的午餐台位。我估计这是一次与其业务有关的工作午餐，于是便吩咐迎宾小姐为他们预留了紧靠窗户可以看到海湾的一张两人台。随后，我又及时与这位经理取得联系，问清了他的客人的姓名。等这位经理带着他的女客人按预定的时间来到餐厅，在我们预留的窗前座位坐下后，餐厅的迎宾小姐热情地呈上了我们预先准备好的菜单。当这位经理和他的客人打开菜单时，"××× 餐厅祝 ××× 女士巴城之行圆满成功"的字样几乎把他们惊呆了。这位女士当时十分高兴地对服务员说："我太激动了，我真没有想到你们会专门为我准备了这份菜单。谢谢你们！"客人离开后的第二天，会展及观光局的这位经理高兴地给我打来电话说，昨天来的那位女士是来巴城为一次全国性的大型会展活动选址的会展策划人。目前，她已经决定把会址定在这里。这位经理说他要感谢酒店餐厅提供的优质服务，尤其是那一份专为他们准备的菜单给他的客户留下了深刻的印象。

案例 3-25 分析

该餐厅经理通过怎样的个性化服务行为让客户倍感尊重？

4. 模块化定制——低成本实现个性化服务

体验经济环境是在互联网技术广泛运用的时代背景下产生的，互联网所具备的开放性、个性化、即时性等特征让企业为客户提供低成本的个性化服务成为可能。

大规模量身定制成为企业运行的必然要求。但是，量身定制意味着更多的不确定性，在这种情况下，实施模块化定制可以作为过渡性的应对策略，通过对大量消费者需求进行分析，针对其中较为共性的需求，将相关产品与部分服务内容打包形成“体验通用模块”，而针对其中的特殊个性需求，则将产品与服务打包形成“体验专用模块”。当面向单个消费者体验需求时，可以通过“体验通用模块＋体验专用模块”组合的方式来提供服务。当环境与技术更为有利的时候，企业就要充分利用现代技术，探索符合自身实际的个性化服务模式，满足客户追求的感官体验和实现客户对企业的思维认同。

5. 创新无处不在

新技术的不断出现会触发商业模式的不断创新，随着新技术出现的周期缩短，创新也就无时不伴随在我们身边。从网络经济到社区经济再到粉丝经济，无不是商业营销模式的创新。另外，客户服务工作是与人打交道的工作，如果你能在服务工作中彰显个性，充满热情地为客户提供创新性的服务，你就会成为一个优秀的、充满魅力的客服人员。但是需要强调的是，这里的“彰显个性”强调的是服务个性，创造性地服务客户，而不是突显个人个性，比如怪异的着装、浓艳的彩妆或者某种脾气。

// 案例 3-26

品牌企业除了产品创新外，也会一直追求营销模式的创新。例如，国内某知名连锁火锅品牌，因其创新的营销模式而深受市场追捧，它的营销模式概括起来主要有以下三种：

（1）情感营销。该企业高层通过周到的福利，关心内部员工，在员工与老板之间建立起信任关系，进而员工在企业与顾客之间创造信任关系。

（2）服务营销。该品牌火锅店被顾客广为赞叹的是其“无所不至”的服务，例如：代客泊车、免费擦车；等客区提供擦鞋、美甲等免费服务；根据不同人群提供围裙、手机袋、眼镜布、橡皮筋和发卡、靠垫、玩具、化妆品等物品；每桌配有一名服务员，搭配酱料，添菜；熟悉顾客名字；服务员可自主为顾客换菜、送菜、打折、免单。这些给顾客带来了良好的消费体验。

（3）口碑分享。上述的优质服务给顾客带来了良好的差异化体验，以致顾客愿意为其进行口碑宣传，形成有竞争力的口碑，带动更多的顾客前来消费。

正是依靠这些服务创新的举措，该品牌在火锅行业独树一帜，保持了长时间的生意兴隆。

通过对以上内容的学习，你能否体会到本书所提倡的个性化服务，基本不需要增加服务的成本，只需要服务人员提供更有针对性或更细微的服务。如果需要通过大规模的投入才能实现的个性化服务，那就超出了本书所探讨的范围。

【服务经验】

（1）细致、周到、体贴的服务是个性化服务的本质。

（2）对客户的了解程度是个性化服务的前提。

（3）专业的服务人员是个性化服务取得良好效果的保证。

试操作

请描述服务人员会为客户提供哪些个性化服务，从而赢得了客户的感动呢？

____

____

____

收获与体验

任务五的学习已经完成，请总结自己的收获与体验。

1. 新名词（新思想）

……………………………………

……………………………………

……………………………………

2. 工作技巧

……………………………………

……………………………………

……………………………………

思考与练习

一、思考题

1. 为客户提供个性化服务的基础是什么？
2. 为客户提供个性化服务的基本方法有哪些？

二、技能训练题

以下行业开展个性化服务的方向是什么？请阐明具体的方法和理由。

1. 传媒行业。随着信息技术发展和应用的深入，如果读者愿意，每天都会被淹没在海量的网络信息中，传媒行业该怎样提供个性化服务增强读者的忠诚度呢？

2. 酒店行业。作为传统的服务行业，怎样通过个性化服务提升品质呢？

3. 第三方物流行业。作为现代重点服务行业，其运输功能、仓储功能和包装功能可以怎样提供个性化服务呢？

4. 教育行业。作为知识性服务行业，可以怎样提供个性化服务呢？

任务六　真诚感动客户

知识目标

- 熟记“三种思维”的组成部分以及训练步骤。
- 熟记“三种态度”的组成部分。

能力目标

- 能够真诚地服务客户。

素养目标

- 成为具有“温柔之心”的人。
- 养成真诚、宽容和细致的服务风范。

任务引入

【情境描述】

贝尔和他的妻子南希都是科罗拉多饭店的客人。科罗拉多是一个位于圣地亚哥的特别适合度假的地方，可以为客人们提供许多的游玩方案。他们在午间时分办理了住宿手续，你作为服务员陪他们上楼并一同走进了他们的房间。糟糕的是，这个房间和他们原来预想的差了许多。机敏的你感觉到了贝尔夫妇的不满……

【工作要求】

这时，你会怎样帮助他们？

任务分析

已经完成的系列技能训练能够帮助你在与客户互动的过程中，为客户带去愉悦，让服务过程顺利、和谐。可这只是优质服务的基本体现，距离高品质的服务仍有一段距离。只有“真诚之心”才能帮助你追赶上“品质服务”，因为“真诚之心”具有让客户为之感动的魔力，让客户久久不能忘怀。那么“真诚”是什么呢？

相关知识

一、何为“真诚”

提到“真诚”，大家也许会想到“真心”“真实”，也许会想到“站在别人的立场上考虑”“不做对方讨厌的事”“关怀体贴”“帮助困境中的人”，等等。这些似乎是我们从小就被教导的理所当然的事情。而就是这些看似理所当然的事情却往往容易被忽略。下面是一个真实的案例，你们当中有多少人享受过这样的真诚服务呢？

// 案例 3-27

我来到某化妆品专柜。虽然时间紧迫，但是那天却有特别需要买的东西。当我对店员说想要某系列的粉底并告诉她是初次使用时，她亲切地向我介绍道：“若是初次使用的话，您最好还是先试用一下。首先要确认一下颜色，另外，这个系列的均匀度、滋润感以及渗透性都特别好。它与其他粉底的不同也能感觉出来，所以请您务必试一下！”

她的神情充满了诚恳，但是我说没有时间，并请她为我结账，同时向她解释说：“只要是赭色的就可以。”

她说了声“好的”便飞快地奔向里面的收银台。当我正在感慨她怎么这么快的时候，她已经飞奔了回来。

“让您久等了，这是产品。本来在买之前应该先让您确认一下颜色的，但是由于今天比较匆忙来不及试用，所以也给您装上了同样颜色的样品。”

“为什么呢？”

“我想，您先用样品确认一下颜色，然后再开始使用产品，这样才是最放心的。如果觉得颜色不合适，请您将产品拿回来。我们将会为您调换。”

“那太好了！”

“欢迎您再来！谢谢您的光顾！”

她真诚地注视着我的眼睛，认真解说的神情令我感动。哪怕对于只有一面之缘的顾客，她也决不让其蒙受损失，在有限的时间和规定内尽她所能为我争取了利益，我怎么会不把她的服务留在心中呢！

案例 3-27 分析

1. 你认为，该服务人员的哪些行为传递了真诚？

2. 请总结“真诚”的含义。

现在，市面上已经有很多服务技巧的训练手册，很多人会买来学习并会参加各种培训活动以掌握这些服务技巧。这样确实避免了由于服务人员拙劣的服务技能为客户不断带来恶劣心情的可能，但是否能够打动客户，每个受训的服务人员存在着巨大的差别。原因就在于有的服务人员只是机械地执行书中的技巧，而有的服务人员则是发自内心地为客户着想，就像案例3-27中那个化妆品专柜的柜员一样自然体贴。

成为这样的服务人员是一件美妙的事情，你的人生会因为你对他人的体贴而变得更加美好，你的人生也会因为服务而美丽。可是，“真诚”虽然是司空见惯的词汇，却没有方法可以教导。不过，大家可以按照“三种思维”进行修炼，在修炼的过程中，可以借鉴三种对待客户的态度。

二、“三种思维”的内涵与养成训练

第一种思维：肯定自我

肯定自我是心灵的源泉，是“生命之树”的树根，只有拥有“肯定自我的思维”，生命之树才会枝繁叶茂，开花结果。

能够肯定自我的人，会拥有信心挑战未来，遇事就会产生“凡事都尝试一下”“只要努力就一定行”的想法。他们因此拥有了成功的可能，更容易体会到生命中的幸福感。这种内心的愉悦会感染周围的人，让更多的人愿意与之相处，渐渐形成生命的良性循环。

而不能够肯定自我的人，无法体会生命中的幸福，与别人相处时往往盯住别人的缺点而忽视优点，因而就无法融洽地处理人际关系。他们整天郁郁寡欢，无聊度日，更谈不上给别人带来幸福。他们即使有想做的事，也会首先想到“反正我干什么都不行，干脆不干了”。这样倒落得轻松，但由于长期对自己进行消极暗示，畏首畏尾，最终陷入生命的恶性循环。

其实对于大部分人来说，尤其是青少年时期，都会经历这样一个无法认识自我的阶段。如果我们能够“吾日三省吾身”，不断思考自己，就会慢慢地走出迷茫的阶段，从而认识自我，肯定自我。如果我们得过且过，只会在浑浑噩噩中终其一生。

下面四个步骤可以帮助我们培养自我肯定的思维：

第一步，试着用“过滤眼镜”审视自我

首先要从了解自己开始，重要的是要戴上容易关注积极面的“过滤眼镜”来审视自己。如果真有一些无法加以肯定的地方，把它作为我们的消极面去好好认识同样至关重要。

“√”代表积极面，包括优点、强项、特长；可以是琐事；可以凭主观，不去理会别人的眼光，大胆地去发现自己的优点。

“×”代表消极面，包括缺点、弱项。

将“√”“×”都写在纸上。

日本有一位家庭主妇津田妙子，为了改变家庭的经济状况，在29岁时开始进修书法，成为教孩子书法的家庭教师，在40岁时，成为多个知名企业的培训讲师。在她想要改变的时候，曾经对自己做过这样的“审视”：

积极面：

√善于表达
√块头大、容易引人注目（作为讲师比较容易让人记住）
√责任感强
√感情丰富
√健康
√拥有喜欢的工作
√将丈夫培养成“家庭妇男”
√每天带两只爱犬散步
√每天给 84 岁的母亲寄明信片
√体谅丈夫
以下省略，共计 60 个“√”。

消极面：

× 不擅长收拾房间
× 冲动购物，常常吃亏
× 不能从事事务性的工作
× 对数字比较迟钝
× 因琐事与丈夫争吵
以下省略，共计 20 个“×”。

第二步，重点关注优势

接下来请大声读出写在纸上的所有的积极面。

然后，请大声说：“我会的事情原来有这么多！我可真能干！我竟如此优秀！我真的很不错！”这样，你就会发现自己能做的、拥有的竟有这么多。慢慢地，便会自信起来了。

第三步，试着改变对“×”的态度

例如，津田妙子的“不擅长收拾房间”怎样才能变成“√”呢？

首先，思考“为何如此？”

“为何不擅长收拾房间？”

↓

“因为琐碎的事情太麻烦”
“因为比起在家里做事情更愿意出去活动”
“因为性格豁达，不拘小节”

然后，用“正因为”的观点来重新思考。

“因为琐碎的事情太麻烦”

"因为比起在家里做事情更愿意出去活动"

"因为性格豁达，不拘小节"

↓

"正因为如此我才适合外出工作"

换个角度，对于"×"我们也能积极正面地去理解。自己也好，别人也好，哪怕是容貌，所有的一切都可以从"×"变成"√"。

× 优柔寡断

↓

√脑子转得快，善于进行发散性思维

√性格温柔，考虑周全

× 眉毛稀少

↓

√可以自由随意地画眉

√比浓眉毛显得温柔

第四步，为自己加油

请从自己的"√"中选出格外满意的三项。然后，站在镜子面前为镜子里的自己加油。

请听津田妙子怎么说：

"妙子，你那么善于表达自己，端庄大方，责任心又强，真的是非常优秀。这么美好的你，今天也一定能出色地工作，度过美妙的一天！"

这么做，最初也许你会有点不好意思，不过很快便会习惯。你越是大声说，效果就越好，你很快就会精神起来。

◆练一练

第一步，请依照津田妙子的方式，列出自己的积极面和消极面。

积极面 ="√"：

消极面 ="×"：

第二步，请你大声读出写在纸上的所有的"√"，并大声地用"我会做这么多的事情"之类的话大胆地赞美自己。

第三步，用积极的眼光看待自己的"×"，用"正是因为'×'中的弱点，我才具有'√'中的优势"的方法将所有的"×"转换为"√"。

第四步，从"√"中选出自己最满意的三项，并用这些优点组织一小段鼓励自己的话，然后在教室中大声地说出这段话。

第二种思维：善待他人

拥有“善待他人”思维的人，总是能够发现别人的优点，与周围的人融洽地相处，自己也会感到幸福。而不具备“善待他人”思维的人，总是盯着别人的缺点，自己的心情不好，神情就会自然流露出来。如果你对某人心生厌恶，对方也不会对你抱有好感。试想在别人不喜欢你的情境中，你高明的社交手腕又将如何施展呢？

人的一生中，被别人喜爱绝对是一件幸福快乐的事情。所以，让我们先去主动喜欢别人吧。

1. 主动去接近别人

在笔者走访企业的过程中，有些学生对自己实习的企业会有抱怨，个别人就采取了消极的处理办法，对工作越来越不感兴趣，没几天就辞职了。学生的抱怨有些是合理的，在我和其工作的部门经理进行交流时，我就向他提了一些建议，经理说：“是啊！其实我们也想听这些实习生说究竟哪里不满意。可是实习生太安静了，也不和我们讲话。”

津田妙子在对某商场的中层管理者进行培训时，问到他们喜欢什么样的员工，大家的回答各种各样，如“工作努力的人”“早上早来进行打扫的人”“机灵的人”，等等。但是，仔细一想这些人都是“主动接近他们的人”。妙子接着问，你对所有下属都有相同的了解吗？答案是：对于那些主动接近自己的人了解得多一些。当然，妙子建议这些基层管理者要去主动接近那些不善言谈的人。

◆练一练

作为一线员工，你从基层管理者的说法中得到了什么启发呢？

2. 戴着“过滤眼镜”去发现别人的优点

要想喜欢上对方，就必须从发现他的优点开始。如果遇到即使你戴上“过滤眼镜”也发现不了优点的人，那就请用前面“肯定自我思维”中介绍过的“积极转换法”将“×”转换成“√”。

3. 向对方表达善意

尽量发现对方的优点，然后用语言或态度将这一信息传达给对方。如果你不表达出来，无论你怎么喜欢别人，而对方却不知道，那也毫无意义。但是，有很多人不习惯向他人表达善意，这时表达方式就显得格外重要。如果过于直白和牵强，就会让人感觉到你在献媚。最好是说能让对方开心的具体事，哪怕是说话时顺便加上也可以。

“你总是神采奕奕，看见你我也精神倍增似的。”

“你字写得真好！真令人羡慕啊。”

“你做文件总是又快又好，我也想向你学习学习。”

类似这样的语句，都能很好地向对方传达你的善意。

4. 常常发出善意的信号

当善意的表达成为习惯，当我们发自内心自愿地去表达善意时，对方一定能感受得更加深刻。善意的信号可以有：微笑、问候、打招呼、认可、赞美、感性、期待、倾听、提问、谦让、安慰、说出对方的名字，等等。

// 案例 3-28

有一次，我一走进一家企业的大门，站在那里的门卫便亲切地对我说：“早上好。很高兴再次见到你！”

我上次来这里大概是四个月前，他都能记住我，这令我很开心。于是，我对他说了声“谢谢”，并站在那里跟他聊了一会儿。

然后，我发现门卫的桌子上放着不少绿色植物，每个都是那么小巧可爱、郁郁葱葱。“您真有生活情趣啊！摆放了这么多的植物。”

“是一些小学生送的。”

原来，这个门卫平时总是热情地与在上下学时间路过的孩子们打招呼，常常跟他们说“早上好”或者“回去时小心点”之类的关心话。渐渐地，就与一些孩子成了朋友。

对于四个月前仅有一面之缘的人和与自己的工作毫不相干的孩子们都毫不吝啬地投以“善意信号”，这个门卫真是令人感动！

◆练一练

请你选择班里你不熟悉的同学，试着去发现并在下方写下他的优点，在合适的时间走近这位同学，向他表达你的善意。

5. 善待服务行业的工作人员

服务行业的工作性质是“以客户为中心”，因而本书全篇都在训练学习者怎样做到“以客户为中心”，由此也看到服务行业的工作人员所承担的压力。本节探讨“善待他人”，当然也包括善待服务行业的工作人员。请阅读案例 3–29 和案例 3–30，去体会“善待他人”的意义。

// 案例 3-29

2016 年 8 月 2 日，第 4 号强台风“妮妲”正面袭击珠三角，深圳进入Ⅰ级紧急防御状态，全市停工停业停市停课。傍晚时分，“吃喝玩乐在深圳”网站发布网友爆料的一段视频，当天，一外卖小哥因疾风暴雨未能按时送达客户的点餐，被客户在家门口足足数落辱骂了三四分钟。这个外卖小哥迟到了一个多小时，原本视频中的男子叫餐是跟朋友一起吃的，结果朋友走了也没吃上，感觉很没面子，要投诉小哥，让公司赔偿他的损失。视频应该是这位客户的邻居录制的，可以清楚地听到这位客户不断数落外卖小哥，措辞很凶，不时夹杂着各种羞辱。此处摘录个别，“你有病啊……晚了一个半小时，你们好意思吗……封路和我有关系吗……你看你长的，你这不行啊……我的朋友都走了，你们公司能赔我的损失吗……几句不好意思就完了……你瞅瞅你长得像个……”对方用手指头戳着外卖小哥的头说：“你永远都是个送餐的，知道不！知道不！”。外卖小哥一直低声解释道歉也无济于事，最后客户干脆直接把外卖扔到门外，重重地关上了门。

外卖小哥无奈地整理好东西，慢慢离开了。上传视频的人留言：“看着外卖小哥离去的背影，感觉有点想哭……”

职业无分贵贱，多一分理解，多一分信任！希望大家能尊重每个辛勤劳动的人，希望人人心存善意，同时也能被温柔相待。

// 案例 3-30

原　谅

尤今

在上海的一家餐馆里。

负责为我们上菜的那位女侍，年轻得像是树上的一片嫩叶。

她捧上蒸鱼时，盘子倾斜，腥膻的鱼汁鲁莽地直淋而下，泼洒在我搁于椅子的皮包上！我本能地跳了起来，布满阴霾的脸变成了欲雨的天。

可是，我还没有发作，我亲爱的女儿便旋风似的站了起来，快步走到女侍身旁，露出了极为温柔的笑脸，拍了拍她的肩膀说：“不碍事，没关系。”女侍如受惊的小犬，手足无措地看着我的皮包，嗫嚅地说：“我，我去拿抹布来……”万万没想到，女儿居然说：“没事，回家洗洗就干净了。你去做事吧，真的，没关系的，不必放在心上。”女儿的口气十分柔和，倒好似做错事的人是她。

我瞪着女儿，觉得自己像一只气球，气装得过满，要爆炸却又爆不了，不免辛苦。

女儿平静地看着我，在餐馆明亮的灯火下，我清清楚楚地看到，她大大的眸子里，竟然镀着一层薄薄的泪光。

当天晚上，返回旅馆之后，母女俩齐齐躺在床上，她这才亮出了葫芦里所卖的药。

负笈伦敦 3 年，为了训练她的独立性，我和先生在大学的假期里不让她回家，我们要她自行策划背包旅行，也希望她在英国试试兼职打工的滋味儿。

活泼外向的女儿，在家里十指不沾阳春水，粗活细活都轮不到她，然而到了人生地不熟的英国，却选择当女侍来体验生活。

第一天上工，她便闯祸了。

她被分配到厨房去清洗酒杯，那些透亮精致的高脚玻璃杯，一只只薄如蝉翼，只要力道稍稍重一点，便会破成一堆晶亮的碎片。女儿战战兢兢、如履薄冰，好不容易将那一大堆好似一辈子也洗不完的酒杯洗干净，刚松了一口气，没想到身子一歪，一个趔趄撞倒了杯子，杯子应声倒地，“哐啷、哐啷”连续不断的一串串清脆响声过后，酒杯全变成了地上闪闪烁烁的玻璃碎片。

“妈妈，那一刻，我真有坠入地狱的感觉。”女儿的声音里还残存着些许惊悸，“可是，您知道领班有什么反应吗？她不慌不忙地走了过来，搂住我说：‘亲爱的，你没事吧？’接着，又转过头去吩咐其他员工：‘赶快把碎片打扫干净吧！’对我，她连半句责备的话都没有！”

还有一次，女儿在倒酒时，不小心把鲜红如血的葡萄酒倒在顾客乳白色的衣裙上，好似刻意为她在衣裙上栽种了一季残缺的九重葛。原以为顾客会大发雷霆，没想到她反倒过来安慰女儿：“没关系，酒渍嘛，不难洗。”说着，站起来，轻轻拍拍女儿的肩膀，便静悄悄地走进了洗手间，不张扬，更不叫嚣，把眼前这只惊弓之鸟安抚成了梁上的小燕子。

女儿的声音充满了感情：“妈妈，既然别人能原谅我的过失，您就把其他犯错的人当成是您的女儿，原谅她们吧！”此刻，在这静谧的夜里，我眼眶全湿。

（案例来源：《读者》2012年第19期第23页）

两个案例形成了强烈的对比，我们为什么要善待他人？怎样善待他人？相信你们都有了自己的答案。

对比分析

通过案例3-29和案例3-30的对比，你认为“善待他人”的内涵和意义有哪些？

第三种思维：相信未来

（1）打动顾客的人。

（2）令顾客产生“下次还找这个人买东西”想法的人。

（3）给顾客带来真实感动的人。

他们都是积极而开朗的人。

曾经一家全球知名家居公司客服经理在公司的内部网站上发过这样一条消息：“……第一届服务明星评选结果出炉啦！让我们为入口处热情为顾客服务的春霞和退换货处始终保持微笑的佳佳鼓掌吧！……”这再次证明了那些积极而开朗的员工更容易获得企业的认可。

这样的员工都是善于肯定自己和别人的人，总是向着自己的目标努力前进。目标不一定是那种“我十年后要成为亿万富翁”“我二十年后要成为总统”之类的远大目标，“我要成为对顾客有用的人”同样是实际而有挑战的目标。向目标挑战时最重要的是坚信“只要付出就会有回报”的“相信未来”的思维。

积极的人即使过去遭遇过挫折，也总是将目光放在未来，并努力寻找出路。他们总相信“从现在开始”“试试看”之类的积极想法。

而消极的人总是拘泥于过去的失败或成功之中，始终不愿向前看，没有勇气面对未来。他们总是把不顺的原因归结到别人身上，总是怨天尤人。情况不仅不会因此改变，还极有可能恶化。

没有梦想的日子是无聊而枯燥的，我们要努力活得真实，活得明白，为自己营造一个积极向上的人生，请按照下面四个步骤来对待自己的未来吧。

1. 想想自己的理想

（1）你理想中的自己是什么样的？

（2）几年后，你想成为什么样的人？

或者，你现在根本不清楚自己，理想也很模糊。不要紧，只要你对未来有所期待，有不甘落后的想法就够了。

如果你有所改变，未来也会随之发生变化。大胆想象一下理想中的自己。

例如：“希望对顾客有用”“希望能带给别人快乐”。

2. 想想该为理想做些什么

那么，希望成为对顾客有用的人，该怎么去做呢？

例如：“获得产品专业知识”“积极参加进修班或研讨会”“认真阅读相关杂志、网络等”“学习同行公司的案例”“仔细研究顾客的期待与需求”……

3. 把握现在

上面列举的项目中，现在能做的有哪些呢？现有条件下无法去做的事情也许会有很多，如果一味等待条件成熟，一切将毫无进展。所以，我们要把重点放在那些现在能做的事情上，一件两件都行，只要有办法就努力去试试。

不去播种便没有收成，不去尝试便没有成功。能够实现目标的只有那些积极行动的人。

4. 想象“成功的感觉”

这是指事先想象着自己要做的事情“已经成功”。也就是说，要让自己坚信“胜利已在掌握之中”。这样一来，就能树立起不可动摇的信心。也许有人会说不是每件事都会如我们期待的一样，确实如此。可是充满信心总比胆怯地面对事情更容易成功，而且你是想要“满怀期待”的生活状态还是“毫无生气”的生活状态呢？

请大家按照这三种思维坚持训练自己，你一定会有好的改变。当你改变的时候，你的生活也会发生意想不到的变化！

任务实施

一、解决问题的思路

还记得我们前面学习过的内容吗？这时，你首先应该想到的是用开放的语言引导客户说出自己的想法；然后积极想办法改正错误；最后如果能采用合适的方式弥补给客户带来的不愉快，那就十分完美了。

二、实施方案

机敏的服务员感觉到贝尔夫妇的不满，就开口问他们："你们似乎对这里的住宿环境不太满意，是吗？"贝尔解释说："我们原先订的是一个面对大海、安放一张加大床铺的房间，而现在只是能看到海景、放了两张单人床的房间。"服务员说："好的。让我看看能为你们做点什么，我很快回来。"

几分钟后，他回来了。他告诉贝尔夫妇这是因为前台的服务员犯了个错误，饭店可以重新为他们安排房间。但是他们想要的房间目前还未进行清洁，因此服务员建议贝尔夫妇在现在的房间里等一个小时左右，或者可以去海边愉快地散散步，然后由他负责把他们的行李搬到新的房间并把那里的钥匙留在前台。贝尔夫妇开始对这里有了不错的感觉。

晚上，他们在饭店的餐厅享用了一顿美味的晚餐。当他们回到客房没多久，门口又传来一阵敲门声。还是那个服务员，他说："我想你们可能会喜欢来点睡前饮品……"他看着贝尔的眼睛说，并热情地伸出手："这是我们表达的歉意。"原来，他向餐厅询问了贝尔夫妇餐前喝的酒水是什么，然后准备了一份作为赠送给贝尔夫妇的睡前饮品。

直到现在，每当贝尔和南希想起科罗拉多饭店，记忆中那个服务员特有的表情仪态甚至比具有百年历史的饭店更加栩栩如生。

工作训练

【情境描述】

某日上午，一位阿姨手拿存折满头大汗地从自助银行区走过来，大声责问大堂经理。

阿姨："存折打不出来啊！"

大堂经理："我们的自助服务终端是三合一多功能的。你要先认真阅读操作指南，按操作提示操作才行啊。"

阿姨："我年纪大了，你们的操作指南太多，我看不明白。你帮我打一下吧！"

大堂经理：“可以，我这里有一本多功能自助服务终端指南，你带回家看吧！”

阿姨：“太复杂，我不看。还有，我想知道每月扣费情况。”

大堂经理：“操作指南上有详细代码说明，你还是要看。”

阿姨：“唉！太复杂，我看不懂啊。”

【工作要求】

这位大堂经理对客户显然不具备“真诚之心”，请你作为大堂经理，真诚地接待这位阿姨。

知识拓展

具体到客户服务工作，你还要在工作和生活中具备下面三种态度，这样才能建立和客户之间的和谐关系。

一、第一种态度：喜爱顾客

如今，人的优质服务成为企业可以增值的方式。如果要让人们像对待自己一样对待顾客，那是有难度的。但是如果让人们像对待朋友一样对待顾客，就没那么困难。

培养喜爱顾客习惯的三个步骤如下：

1. 观察——以积极的心态去观察

所谓“以积极的心态”就是不要拘泥于成见，以全新的眼光去观察顾客，发现顾客的优点。当你带着欣赏顾客的心情说“你好！欢迎光临！”时的效果，与心里什么感觉也没有时的效果将是截然不同的。

2. 想象——想象一下顾客的生活背景以便更好地服务顾客

根据顾客的携带物品或者服装、表情、谈吐等想象一下顾客的生活背景，并且想象一下自己做什么能使顾客更好（更漂亮、更健康、更成功等）。

3. 会话——在 1、2 的基础上用积极的语言与顾客交谈

通过观察和想象得到的信息可以成为你与顾客顺利交流的良好开端。关键是用令顾客愉快的语言与对方交谈。

假设在化妆品店，带有消极眼光和积极眼光的售货员的反应将会截然不同。

（1）消极者：

“哇，那么时髦的蓝色套装！”

“妆也化得那么美，一定是想引人注目吧。”

“看上去不像是普通的主妇，感觉挺厉害的。”

（2）积极者：

“好漂亮的绿松石色套装啊！”

“真是精神啊！”

“拿着那么大的公文包，肯定是上班一族吧。”

“自己那么果断地拿主意，真棒啊！我也想向这种有主见的人学习。”

这些积极的想法都会随着你与顾客打招呼时的表情、态度自然地流露出来，顾客也能感觉得到。

“绿松石色的套装和橘色系的口红很相配，真的很适合您啊！”

“您一直都用橘色系的口红吗？这里有新款的，是深红色系，我觉得很适合您今天穿的套装。”

“若是对于不善于表达的人，这款口红就太艳了。但若是您涂上的话，就会非常与众不同。”

二、第二种态度：与客户相遇是“一期一会”

要做到发自内心的热情周到、温柔体贴，还有一个秘诀就是把与顾客的邂逅看作是“一期一会”。也就是说，与眼前这个人只有在这一瞬间，只有在这个地方才能相遇。

所以，请用心去感受生命中遇到的一切，并常怀“今天能遇到你真好”之类的感动之心。如果能这样想，那你一定能拥有一颗至善至诚的心。你的表情将会由于内心的感动而柔和，你的行为将会因为感动而尽心尽力，客服人员应该用有限的时间和权力去服务顾客。

有一次，笔者前去某企业调研，因为路上很顺利，因而提前到了目的地。我就决定在附近的咖啡馆先坐坐再进企业去拜访。

服务员（三十多岁的样子，看上去像是领班）将咖啡端来的时候，我和她搭讪：“今天早上可真冷啊！”

于是，这位女士眨了眨眼睛说：“是啊，真的是很冷！请您在这儿好好暖和暖和吧！”因为她温暖的话语，这个早上的咖啡我喝得非常愉快。

结账时我对那位女士说：“咖啡很好喝，谢谢款待！”而她在递给我零钱的时候说：“您好像没有时间好好暖和一下，真是太遗憾啦。请保重身体！”

这样的交谈让我觉得她刚才的话不仅仅是口头上的寒暄，而是发自内心的关怀。因此，我非常高兴，并且心中充满了暖暖的感动。

三、第三种态度：努力钻研成为本专业的行家

你目前也许没有自己明确的专业方向，可是将来你们一定会在服装、餐饮、银行、酒店、房地产、机械等行业中的某个行业中工作。行业虽然不同，但相同的是你们都需要与客户打交道。若你想用真诚感动客户，除了必须具有上面我们修炼而成的温柔之心以外，你还需要娴熟的专业技能，这样才能最终赢得客户。

如果你是一名服装领域的工作者，你就要熟悉各种布料的质地，掌握流行趋势和具

备一定的审美能力；如果你是一名餐饮行业的工作者，你就要熟悉各种食品的保健功效；如果你是一名银行业的工作者，你就要熟悉自己银行各种业务的流程；如果你是一名电梯工，你就要熟练掌握电梯各种问题的处理方法；如果你是一名汽车修理工，你就要能在最短的时间内发现汽车的故障并能快速把故障排除。我们很难想象一个专业娴熟同时具有高超服务技能的人，客户会把他忘记。

让我们来看看约翰·里普斯是怎样经营他的服装店的。

// 案例 3-31

这是一家高档服装商店，1922 年就开始营业了，号称“得克萨斯的手工传说”。墙上贴着的相片表示有不少显赫一时的人都曾经在这里定制过衣服。如果你是一位从未光顾过这里的新顾客，约翰·里普斯会热情地欢迎你——他会进行一番充满自信的自我介绍，然后对你的光顾表示最诚挚的欢迎和感激。如果你是一位老客户，约翰一眼就看得出，寒暄之后，他的问题变得快速、简洁和具有针对性。接下来，约翰会热情坦诚地讨论你身上的衣服看起来不错（或不怎么样），然后兴趣盎然地向你描述他穿衣着装的经验，或者哪种颜色更加适合你。进了他的服装店，就像病人走进手术室，你会觉得自己已经落入行家手里，渐渐失去任何心理防御。

顺理成章地，约翰会用纽约第五大道大师级裁缝的专业技术开始为你量体裁衣，其间他会认真耐心地回答你的任何疑问。无论你在这里购买了什么，两天之后你都将收到约翰寄来的手写便签，通常会提及你说过或做过的某些事情。如果你定制或购买的服装有特别要求，你可能会在几天之后接到一个令你兴奋的电话，电话的内容往往是这样的：“嗨，伙计！你订的西裤刚刚到货，它可真是光彩照人。”通过不断地与客户沟通，约翰得到了更多客户的认同。能够为客户带去更多热情的问候，也使他有更多的机会向客户表达：“是的，先生！您的裁衣尺寸就在我的跟前！”一旦犯了错误，约翰也会勇敢而诚实地承认。他的爽直和真诚使他成为生意场上非常值得信任的人。

专业的娴熟需要通过学习的积累和工作的磨炼。在现代社会，很多技术人员不具备良好的客服意识和技能，他们很难成为企业的优秀员工。反过来，相当多的客服领域的工作人员不懂得产品，他们也很难为客户提供优质服务。所以，通过学校学习和社会实践练就高超的服务技能，并且掌握一定的产品知识，再通过基层工作的深化，对产品越来越熟悉，相信大家都将成为对客户有用的人，而对客户有用的人就是企业最需要的人。

【服务经验】

（1）每个人都喜欢别人的鼓励，所以要多用鼓励性的语言温暖客户。

（2）根据不同的情况，向客户适当表达你对他的关心。

（3）不管你有多温柔，娴熟的专业技能对客户来说是最有帮助的。

试操作

请运用所学知识和服务经验，用对话的形式描绘你会怎样接待这位阿姨。

____

____

____

收获与体验

任务六的学习已经完成，请总结自己的收获与体验。

1. 新名词（新思想）

....

....

....

2. 工作技巧

....

....

....

思考与练习

一、思考题

真诚服务客户的要领有哪些?

二、技能训练题

1. 镜子练习：

（1）为镜子里的自己加油。大声说出自己的优点。

（2）说出的优点可以是三个也可以是五个（最好每日变换，循环往复）。

（3）每天早晨坚持练习。

2. 试着列举出与你关系较远的人的优点：

同学、同事、朋友……请从他们中挑出与你关系较远的人，然后写出这个人的优点并用对方可以接受的方式当面赞美他（她），逐步与之建立朋友关系。

Project 4

项目四 处理客户投诉

综合实训任务书

【实训任务描述】

项目任务：在真实企业环境中，妥善处理客户投诉，在此基础上，总结你所用到的投诉处理技巧并分析如何有效运用这些投诉处理技巧。

工作要求：

1. 可自行选择有条件进入的企业（如兼职、家族、朋友的企业）开展客户投诉处理实践工作。企业类型、规模不限。
2. 在事件处理过程中有意识地运用所学投诉处理技巧和相关服务技能。
3. 记录你处理客户投诉的过程并分析怎样能更有效地运用这些服务技能。
4. 选用文字、图片、视频等形式对服务过程进行记录。
5. 将上述成果做成你满意的形式（如PPT）给同学们演示并讲解。
6. 在投诉处理过程中完成投诉处理记录单（见后文）的记录。

【实训目标】

素养养成目标：

1. 秉持客观公正的服务理念，妥善处理投诉。

2．培养“奉献、机智、抗压”的服务素养。

专业能力目标：

1．“以事实为依据、以客户为中心”制订投诉解决方案，赢得客户满意。

2．运用专业知识，解决客户复杂问题。

【实训成果形式】

演示文稿一份（可以是PPT，也可以是其他软件制作的演示文稿）；团队成员运用演示文稿，展示并讲解所完成的工作成果。

演示文稿须包括如下内容：

1．所在企业简介。

2．事件发生背景简介。

3．处理经过和结果。

可综合运用文字、图表、具有吸引力的图片、模型等辅助工具讲述事件处理经过（可用视频回放），但在讲述时最好讲、演结合以更好地体现服务技巧的运用。

4．总结事件处理过程中用到的投诉处理技巧和其他服务技能。

5．总结有效运用这些技巧的体会。

【实训方式】

1．全班学生分成若干小组，每组6～7人，每组集思广益、合理分工，创造一份实训成果。

2．投诉处理在企业完成，课堂中按要求汇报展示处理过程。

3．每组汇报时间10～15分钟。

【评价标准】

评价项目	分值	评价标准（等级分）			学生评价（40%）	老师评价（60%）	最终得分
平复客户情绪方式的选择	10	道歉、感谢用语或其他方式运用自然（10）	用到道歉或其他方式，但感觉生硬（7）	忽略客户情绪（5）			
使用了相关语句引导客户快速切入主题	10	引导客户果断、反应机智（10）	对客户进行了引导但过程长（7）	与客户纠缠不清（5）			
确认客户信息的方式	10	总结投诉内容和要求简明扼要，语言平静（10）	遗漏了要点信息，语言带有情绪（7）	确认方式欠妥（5）			

（续）

评价项目	分值	评价标准（等级分）			学生评价（40%）	老师评价（60%）	最终得分
投诉事件解决方案	10	站在客户角度考虑问题，兼顾企、客双方的利益并符合逻辑（10）	有客户至上理念但运用效果一般（7）	解决方法牵强、效果一般（5）			
投诉处理技巧运用	10	步骤完整、获得客户满意（10）	遗漏个别环节、但效果较好（7）	敷衍客户、效果较差（5）			
服务仪态给人留下良好印象（可用自然、亲切、善解人意、让人感动等形容词评价）	20	能用四个或以上的美好形容词描绘服务人员的表现（20）	能用两至三个美好形容词描绘服务人员的表现（15）	能用一个美好形容词描绘服务人员的表现（10）			
服务人员沟通语言的特征	10	具体准确、重点突出，整个过程使用敬语和征询语气（10）	使用了敬语和征询语言，但表现不充分（7）	表达不流畅（5）			
演示文稿的制作	10	专业、具有吸引力、条理清晰（10）	具备一定的吸引力、条理较清晰（7）	条理不清晰（5）			
演讲人的表现	10	语音语调适中、语言标准、仪态自然大方（10）	语音语调语言有待提高，仪态略显紧张（7）	仪态拘泥、不能吸引听众的注意力（5）			

公司客户投诉处理记录单

接待者：__________　投诉日期：__________

订单号：__________　事件编号：__________

客户姓名：________　电话号码：__________　传真：__________

客户地址：____________________

销售人员姓名：__________

客服部经理姓名：__________

投诉内容与要求：____________________

____

____

第一次改进行动：____________________

____

第一次改进行动人员：__________

第二次改进行动：____________________

____

第二次改进行动人员：__________

第三次改进行动：______________________________________

____

第三次改进行动人员：__________

投诉最终处理结果：____________________________________

____

结案时间：______________　　审核：______________

任务一　掌握处理客户投诉的方法与管理流程

知识目标

- ➢ 理解客户投诉的价值。
- ➢ 明晰客户投诉处理的黄金步骤。

能力目标

- ➢ 会解决客户投诉，重新赢得客户满意。
- ➢ 能依据具体的投诉事件，提出解决方案。
- ➢ 会归纳客诉的类型，减少同类投诉的发生。

素养目标

- ➢ 建立诚信、法治、友善的服务价值观。
- ➢ 具有以客户为中心的服务质量持续改善意识。

任务引入

情景剧11

【情境描述】

某日，高先生来到一家五星级酒店，入住时已经是晚上10点钟了。他十分疲倦，但为了不耽误第二天早上的飞机，他就给酒店前台打了电话要求酒店第二天早上6点叫醒服务。前台说："好的。"高先生放下心来，呼呼大睡，等他醒来时，发现已经早上10点，飞机早起飞了。电话怎么没响呢？高先生心中升起一股无名火，就来到前台找服务员理论，这时酒店大堂副理走了出来，接待了高先生，结果一番交流之后，高先生怒不可遏……

请看高先生与酒店大堂副理的接触过程。

【工作要求】

很显然，视频中的酒店大堂副理服务素养较差，让客户的抱怨升级成了严重投诉。请你作为酒店大堂副理，重新处理客户的投诉，重新赢得客户的信任。

任务分析

有些企业将大量的资金投入到广告和促销项目上，对于客户抱怨与投诉却不够重视，有些服务人员往往会将客户抱怨发展为客户投诉。一件投诉事件的处理，会为企业提供将投诉客户转变为忠实客户的机会，妥善处理客户投诉是企业客户服务中一项极为重要的工作。

相关知识

一、客户流失的规律

某知名咨询机构曾做过一项关于客户流失的调查，发现客户流失情况呈现以下规律：

（1）1% 的客户去世了，对此企业毫无办法。

（2）3% 的客户离开了，企业无能力顾及，除非提高运营成本。

（3）5% 的客户，随着时间的流逝，其价值观发生了变化，改变了消费习惯和行为。

（4）9% 的客户，因竞争者的价格比较低而离去。

（5）14% 的客户，因无法接受企业的产品或服务质量而离去。

（6）68% 的客户，因为企业置他们的要求于不顾而离开。

从这组数据中我们可以看出，在客户服务和流失管理中，有些客户的流失是无法避免的，如第（1）（2）（3）种情况中的客户。但是，作为客户服务人员，我们需要做的是致力于改善服务水平，避免以下情况发生：客户因竞争者较低廉的价格而离去，因无法接受企业的产品和服务质量而离去和因企业置他们的要求于不顾而离去。这部分客户占流失总数的 90% 以上。

二、客户投诉的价值

在对企业有不满情绪的客户中，能够向企业投诉的客户只有极少数，据美国华盛顿技术援助研究项目提供的统计数据显示：96% 的不满顾客不会进行投诉，只有 4% 的不满顾客会投诉。这些绝大部分不投诉的顾客不愿意花费时间和精力去找麻烦，他们只会选择默默地离开，并一定会将自己糟糕的消费经历告诉周围的人。相关调查表明，每一个满意的顾客会将满意告诉 5 个人，而每一个不满的顾客至少会将自己的不满告诉 15 个人。

因此，当顾客愿意向你抱怨或投诉的时候，请一定要善待他们，因为这些投诉的客户将成为你所在企业的利润来源。

1. 投诉代表客户对企业的信赖

如果顾客对企业的产品或服务彻底丧失兴趣，他们是不会抱怨或投诉的。麦肯锡公司的调查数据表明，提出意见的顾客比不提出意见的顾客其购买意愿高出一倍。

客户前来投诉，虽然表面上看他们情绪激昂、言语犀利，但内心仍然对企业有所信赖和期待。所以，服务人员一定要把握这个机会，抚平客户心中的不满情绪，增强客户对企业的信赖。

2. 投诉带来企业服务品质的不断提升

3M的总裁曾经骄傲地说："我们2/3的产品改进灵感来源于客户的意见。"20世纪90年代，海尔集团也正是因为采纳了顾客的意见而生产出了具有"软冻层"的"小王子"冰箱，该款冰箱风靡一时。松下幸之助说："人人都喜欢听赞美的话，可是顾客光说好听的话，一味地纵容，会使我们懈怠。没有挑剔的顾客，哪会有精良的商品和周到的服务？所以，面对挑剔的顾客，我们要虚心请教，这样才不会丧失进步的机会。"

3. 投诉带来忠实客户

显然，这个结果只会出现在妥善处理客户投诉的基础之上。麦肯锡公司的统计结果表明：能迅速处理不满的公司比不善于处理不满的公司，顾客重复购买的意愿之比为82%:54%。

其实，顾客深知，任何一项产品和服务都不可能没有缺点，重要的是企业对抱怨与投诉的回应态度是否积极。因此，绝大部分顾客在投诉获得满意的解决后都会成为忠实的客户，并且有可能成为企业不用付费的口碑广告。

三、投诉处理技巧

投诉处理具有比较明显的技巧性或者说是节奏感，掌握投诉处理的技巧将大大提高客户投诉处理的效率。本书将投诉处理的技巧总结为"投诉处理的八大黄金步骤"，方便学习者学习。

第一步：平复客户情绪

从心理学上讲，只有把心中的不满或委屈全盘托出，当事人才能够平静或产生满意感。客服人员可以试情况采用以下几种方式平复客户情绪：

1. 表示理解

"我明白您的意思。"

"我能明白您为什么觉得那样。"

……

2. 表达歉意

很多人认为，如果向客户道歉，就会使企业蒙羞或者承担更多的责任。但实际上，你的道歉表明了你的企业对待客户的诚意，使客户感到其自身的价值和重要性，会很好地平复客户的情绪。

3. 仔细倾听客户的投诉内容

如果你试图阻止客户表达情感，反而会使他们恼羞成怒。最好的办法是保持沉默，但一定要不时点头，不时地说“嗯”“啊”，保持眼神交流，让客户知道你在聆听他的讲话。

记住：当客户发怒时，服务人员能够保持平静和耐心是力量的表现，并不意味着软弱。最聪明的人总是能在混乱的时候保持冷静。

第二步：表示感谢或致歉，并解释为何感谢客户的抱怨

请阅读下面的案例，该案例来源于网友在度假胜地的真实经历，去体会表达歉意与表达感谢在处理客户投诉中的作用。

// 案例 4-1

在菲律宾的宿务，我找到了一家度假中心。一楼房间的落地窗一推开，就能直接滑进偌大的礁湖中游泳，放眼望去有沙洲、椰林，再加上一望无际的水波，风景真是棒极了。真好，我当下就决定多待上几天。没想到第二天一大早推开落地窗，天啊，原先的一大池水怎么全不见了？映入眼帘的景象换成了几个工作人员，拿着震天价响的清洁机器，站在池子中央来回地工作。

我的水呢？沧海桑田，竟然发生在一夕之间。我看着身上的泳装，决定打电话问个明白。两分钟后，饭店的当班经理珍娜亲自回了电话，以下是她的回答：

“张小姐，谢谢你打电话来告诉我们你的不满，让我们有立刻改进的机会。很抱歉由于我们的客房通知系统出了问题，没将泳池定期清理的消息通知你，造成你的不便，的确是我们的错误，我感到非常的抱歉。”

原来如此，我心想，知道认错道歉，态度还算不错！

她继续说：“我了解你之所以选择敝饭店，是因为我们的景观以及戏水的方便性，为了表达我由衷的歉意，昨天晚上的房价帮你打对折。”喔，我没开口她就自动提出，果然有诚意。她又继续说：“但由于池子大，要清洁上两三天，即使打折也仍然不能解决你在这无水可游的问题。这样吧，如果不会造成你太大的不便，接下来的几天，我很乐意帮你升等到私人别墅，里面有自己的露天泳池及按摩池，你觉得这样的安排合适吗？”

“我觉得这样的安排非常合适！”我乐不可支地说。原先的不满一扫而空，当时的心境只能用心花怒放来形容了。搬进别墅的当晚，我正在泳池中仰头赏月，服务人员敲门送进来一瓶不错的红酒，是来自珍娜的特别问候。

这家度假中心这次的投诉处理有造成情绪存款吗？你想呢？我不但决定要尽早再去这家每个工作人员都叫得出我名字的度假中心；而且在回来之后的一个月内，我已经大力推荐这家度假中心给两个企业经理人作为春节员工旅游的地点：五星级设备，六星级服务，去了你绝不会后悔！

第三步：通过明确问题，引导客户将注意力转移到事实上来

有些服务人员总是被客户的情绪牵着走，客户愤怒，他们也愤怒，结果只能更糟。你越能把注意力转移到事实上来，就越不容易被卷入情感的漩涡，问题才能得到解决，而工作也不会那么痛苦。

你可以说：“先生，我很愿意继续听您说话，但为了尽快帮您解决问题，您需要提供给我一些必要的信息。”

通过提问的方式，可以收集足够多的相关信息，以便解决客户的问题。类似的提问还有：“请告诉我您的姓名或者电话号码。”

“为了便于我尽快找到您的购买记录，请告诉我您的订单号。”

“请描述一下，当您打开机器时发生了什么情况？”

“机器不转了？是指机器不能启动了？还是机器不能按说明高速运转了？还是机器在不该停的时候停下来了？”

// 案例 4-2

马女士进入某空调服务中心，怒气冲冲地来到总台，追问服务人员，安装空调的韩师傅哪里去了。服务台刘小姐忙问有什么可以帮忙的。马女士说，韩师傅早上安装的空调质量太差，要求退货。

面对怒气冲冲的马女士，刘小姐没有急于询问是什么原因，而是把马女士请到接待室，端来一杯茶水安慰对方不要着急，并告诉她有什么问题一定会得到解决，公司决不会不负责任等。

面对礼貌的服务人员，马女士不好意思再盛气凌人，于是便开始道出缘由。原来，马女士家早上刚刚安装的空调，中午刚开机不久就停止运转了，无论怎么遥控，也无法启动，她认为空调质量不好，要求退货。

面对马女士的要求，刘小姐没有辩解，而是与马女士商量，先派师傅随同前往，检查一下空调，如果确实是质量问题，保证调换或退货。对于这合情合理的安排，马女士表示同意。

于是，空调师傅立即前往马女士家，经过检查发现是因为空调专用的电源开关保险丝容量过小，导致超过负荷而熔断。空调师傅重新换上大号的保险丝后，空调运转正常。

面对良好服务，马女士顿感自身行为的不妥，不仅向空调安装师傅致谢，还特意打电话向刘小姐表示歉意。

客服人员刘小姐面对怒气冲冲的顾客，既没有慌张也没有厌恶，而是用平和的语气和自信让顾客首先平静下来，然后引导顾客讲出缘由，对于顾客的质疑刘小姐没有反驳，而是按照工作常规安排人员查找事故原因，原因查明后，顾客自然无话可说。

当你理解客户的问题后，还需要确认你的理解与客户表达是一致的。你可以说：

“我想确认一下，您刚才说的意思是不是……”

“您觉得……”

“如果我没理解错的话，您的意思是……对吗？”

第四步：表明积极弥补的态度，提出问题处理时间表

这里分两种情况，有些问题通过重开订单、去掉零头、更换次品或者维修等措施，就会轻而易举地解决，这类问题应该立刻帮助客户解决。但有些时候，比如涉及原因的查找、赔偿等，会复杂一些，这时你需要向客户明确表明原因以及解决问题的预计时间表。

第五步：根据投诉事件内容和客户要求，思考两种以上的解决方案

针对复杂事件，需要参考客户的投诉要求、企业服务政策和国家相关法律法规，提出两种以上解决方案。

第六步：在约定时间之前致电客户磋商解决方案

经过调研得出解决方案后，应在与客户约定时间之前致电客户，与客户沟通与确定解决方案。

请阅读下面案例，这个案例中的客服主管表现出了极好的服务素养和工作经验，圆满地解决了一次较为复杂的投诉事件，值得夸赞！

// 案例 4-3

某计算机生产商客服中心投诉受理代表王艳某天接到这样一个投诉电话：潍坊客户刘先生以计算机死机故障未良好解决为由，要求退换机器并告知已经咨询过法律顾问相关事宜，现在要求索赔。

询问并记录完客户的投诉信息后，王艳立刻回答客户：“非常感谢您直接告诉我们您的真实想法，我一定会协助您解决好这个问题。但牵涉索赔事宜，我需要半天时间了解事件经过以便请示给出更好的解决方案，我明早一定主动联系您，告知处理结果。”

放下客户的电话，王艳立即开始从销售和代理维修负责人那里了解客户投诉问题的真实过程，得知其在购买该品牌计算机的 15 日后，发现机器偶尔会死机。期间维修站工作人员登门处理过，后来在购买的三个多月后自行送修，经维修站更换相同主板，并连续使用三日后，都没发现有问题。客户取回使用了一个月左右报修 CMOS 掉电，就坚决不让企业再维修并开始要求退机。

针对这种情况，王艳思考了三种解决方案。第一种方案：更换性能更好的主板并从这次维修起再重新计算保修期。第二种方案：告之客服监督部处理中的情况，协商请求超“三包”规定给客户更换不低于其主机性能的计算机。第三种方案：按客户使用时间计算计算机折旧费用，退款金额为购买金额扣除折旧费。

王艳及时给客户回电话。首先，告知第一种解决方法，客户不接受。然后，王艳与之协商第二种方案，其家人也比较同意这种做法，但是该客户考虑了三天还是要求退机，并把他要索赔的意向再次表露出来。这时，王艳回应：可以退并告知第三种方案的代价，请客户三思而后行，等客户决定了就可以执行第三种方案。

在此之后，王艳采用了适当冷却该事件的做法，没有再主动与客户联系。几日后，客户主动找到她，态度坚决地表示要求退并且说已准备好具体的报告，将向报社投稿并以有法律顾问撑腰要挟王艳就范。此时，王艳不慌不忙地开始向客户分析“三包”法规中包含的客户权益。客户的机器可以启动只是偶尔死机，“三包”规定这种情况客户可以修或是换。我们提供了超出承诺的服务为您更换一台不低于您购买计算机配置的新计算机，但您不接受。接着，我们又以特殊方式照顾你，以低于“三包”折旧率的费用满足您的退货要求，您不仅不体会我们的良苦用心，还要索赔，您可以再向有关部门咨询，是否有这样的赔偿规定及赔付率。

客户听了这段话，气焰收敛了许多，开始说很感谢王艳这么尽心尽力地解决该问题，虽然要求没达到也不想退了，实在不行就把它放在家里做摆设了。王艳一听客户的语气已经改变，马上就安慰客户说：“您还是我们的客户，无论怎样，我们还是会尽快给您解决问题的，请您再考虑一下我们的几种解决方案。”经过一周的等待，代理处传来消息，客户同意换机，王艳立刻着手协调总部配送一台主板和内存比其现有配置好的计算机给客户。

这次投诉处理结果企业虽然有所亏损，但是令客户比较满意，从节约人力和物力角度考虑，客服部门和代理商也都比较满意。

（改编自《客服投诉处理心得》，中国客服论坛）

案例 4-3 分析

1. 客服代表处理该投诉经历了哪些步骤？

____

2. 每种解决方案存在怎样的逻辑关系？

____

3. 本案例给予你最强烈的启示是什么？

____

第七步：处理后确认客户满意度

投诉问题得到解决后，请不要以为服务人员的工作已经结束。若能进行跟踪服务，服务水平便能更上一层楼。例如，客户汽车驾驶出险后，往往都能得到相关保险公司的及时妥善处理，客户会感到满意。但当第二天又接到保险公司的回访电话，确认满意度时，再次询问：“您好！您对昨天我们的服务和处理结果满意吗？还有什么可以帮助您吗？”客户往往会感到意外，同时也会觉得自己受到了企业的重视，心里对企业的好感又会增加几分。

第八步：检讨工作流程，避免同类投诉重复发生

优秀企业的客户服务部门大多设置专门的服务质量监督专员，收集与分析客户投诉的类型和原因，归纳同类问题产生的原因，并责成相应部门进行整改。优秀企业会定期梳理服务流程，改善服务流程和内容。

任务实施

【参考方案】

高先生："你们酒店是怎么搞的？！我明明跟你们前台说好的，6点叫我起床，你看看现在都几点了？！飞机早飞走了……我分分钟几百万元的生意，你们知道我损失了多少吗？"

副经理："先生，您好。请先坐下来喝杯水消消气。先生，请问您贵姓？"

高先生："我姓高。"

副经理："好的，高先生。我是这家酒店的大堂经理小林，请问您能让我了解一下到底发生了什么事吗？"

高先生："昨天晚上我特地给前台打了电话，预订今天早上六点的叫醒服务，可结果呢？电话从来都没有响过。我一觉睡到10点，错过了8点钟的飞机。我今早11点还有一个非常重要的会议！"

副经理："好的，高先生。您是说您昨晚跟我们前台预订了今天早上6点的叫醒服务，电话却没有按时叫醒您，不仅让您误机，还让您的工作受到影响，是吗？"

高先生："是的。你说现在该怎么办？"

副经理："真的很对不起！由于我们工作的疏忽，导致这件事情的发生，为此我们深表歉意。请您稍等两分钟，我需要去了解一下情况，相信我们一定会给您一个满意的答复！"

两分钟后……

副经理："高先生，感谢您的耐心等待。刚才我了解了情况，您的电话确实没有响过，是我们的失误，对于我们的错误，我们向您郑重道歉。

我们为您准备了三个弥补方案：一是我们有资源可以为您预订最快的航班，如果需要可以出具书面解释，也可以免费送您去机场；二是我们酒店有一个会议室，可以提供远程会议服务，我们可以免费为您安排；三是为了表达我们的歉意，您昨晚的住宿费用85折。您看您想怎么解决这个问题呢？"

高先生："呃……你们酒店还算是有诚意的。这样吧！对方的会议室可以联网，我选择远程视频会议参加这次会议。请你们马上替我安排。"

副经理："好的，高先生。十分感谢您对我们酒店的支持和理解！现在请往这边走，会议室我们已经准备好了……"

在高先生开完会议之后，副经理为了表示歉意给高先生办理了张 VIP 卡，以后只要是高先生过来，都会享受 9 折的优惠。高先生也对酒店的服务非常满意，并表示下次一定还会来住。

工作训练

【情境描述】

4 月 28 日，李小姐来到小区维修店维修计算机，维修结果是更换主板。

5 月 1 日，李小姐因为计算机突然黑屏再次来到店里，怀疑刘老板上次没有把计算机修好。两人争吵一番之后，憨厚的刘老板退还了李小姐的维修费并帮李小姐再次维修计算机。但遗憾的是，即使这样，李小姐并未对结果表示满意，还是愤愤不平地离开了维修店。

（请听两人间的对话）

李小姐："师傅，这个事你一定要给我个解释！"

刘老板："李小姐，你好。"

李小姐："为什么上次我在你这里修的计算机回去用了三天就坏了，本来计算机修之前只是小毛病，你硬是给我换了个主板还收了我 120 块钱，这不是坑人吗？"（喋喋不休）

刘老板："你听我说，那 120 块钱是换零件的费用，因为是邻居我一分钱修理费都没收。"

李小姐："那为什么我拿回家用用就坏了，你是不是换了旧的给我，还说一定给我换个新的，我就知道你肯定骗人！"

刘老板："你先别激动，听我说，你的计算机是用了很久的了，有些地方是老化了……"（被打断）

李小姐："你什么意思，现在就是说是我没事找事咯？"

刘老板："我不是这个意思，我的意思是每台计算机用到一定的时间，部分零件都会老化的……"（被打断）

李小姐："要不是我妹妹说你这里便宜我才不来你这里修呢，我就知道便宜一定有问题！"

刘老板："小姐你怎么说话的，你的计算机坏不是我没修好，这次是显卡出问题了，跟主板没有关系！"

李小姐："我不管有没有关系，反正我的计算机显卡之前是没有问题的，在你这里修过之后就出了问题。今天无论如何你要给我个交代。"

刘老板："那我帮你免费修好显卡行不行？"

李小姐："现在不是修不修的问题，我觉得是信用问题，天知道你是不是换了个旧主板给我。所以才把我计算机的显卡也一起弄坏了。你是师傅当然你说什么就是什么啦，你说的肯定都是假的！"

刘老板："你！哎，我也不想和你吵架，这样吧，我免费帮你修显卡再保修 3 个月行了吧？"（很无奈地说）

李小姐："那个旧主板怎么办？"

刘老板："这个主板是新的，况且我还没有收你维修费呢。"

李小姐："我要退钱！我不要这个主板啦！"

刘老板："好好好，我退钱给你可以吧？"

李小姐："修个计算机一肚子火，主板肯定是旧的。"（李小姐接过钱，边离开边嘀咕）

【工作要求】

在此案例中，刘老板既付出了维修费的代价和好脾气，也未能赢得客户的满意。如果你是这家维修店店主，你会怎样处理这起投诉事件，让客户满意地离开呢？

试操作

请你们运用所学知识和服务经验，用角色扮演的形式展示本次投诉处理的过程。

情景剧13

情景剧14

知识拓展

一、投诉管理

从不同的反馈途径看，客户投诉对企业行为的监督作用最为明显。因而管理客户投诉有助于企业在产品和服务上不断改进，提高管理效率。

客户投诉的内容可以归纳为以下几个方面：商品质量投诉、购销合同投诉、货物运输投诉和服务投诉。

二、投诉处理流程

企业处理客户投诉往往由客服中心通过电话或现场受理。处理流程包括以下几个步骤：

（1）记录投诉内容。利用客户投诉登记表详细记录客户投诉的主要内容，如投诉人、投诉内容、投诉要求等。

（2）判断投诉是否成立。了解投诉内容后，如果投诉内容不能成立，应该以婉转的方式回答客户，取得客户的谅解，并消除客户对企业的误会。

有些客户的投诉是不成立的，也就是说，这些投诉不用经过较长的投诉处理流程就可以解决。在这种情况下，只要服务人员具有高超的交流能力并且熟悉产品和服务流程，就可以帮助客户即刻解决问题。

// 案例 4-4

在某工厂车间工作的小兰，用省吃俭用攒的 8 000 多元钱，买了一款自己心爱的智能手机。

有一天，小兰在行走中不小心摔倒，手机也掉进旁边的水沟里。小兰赶紧把手机从水沟中捞起，然后用布擦，但手机始终无法开机。小兰心疼至极，不知如何是好。

小兰跑到街对面的小维修店去维修，但对方开口要500元维修费。小兰犹豫了，后经同事指点，她拨通了该手机服务中心的客服电话。

由于小兰担心维修费过高，不敢承认手机进水，希望通过抱怨和投诉得到免费维修，所以总是说手机质量不好，感觉手机很潮湿，却始终不说出手机发生故障的原因。

服务人员感觉到手机故障可能是个人原因所致，极力劝说她将手机拿到维修中心来维修，并承诺如果配件不是人为损坏的，换配件不收费，即使是人为损坏的，也只收配件成本费。

经过服务中心专业维修人员的修理，没有更换新配件，手机完好如初，而且没有收取任何费用。小兰非常开心，逢人便夸奖该手机的售后服务好。

（3）确定投诉处理部门。对于投诉成立的事件，根据投诉内容，确定相关的受理部门和负责人。如果是运输问题，提交运输部或承运商处理；若属售后技术支持问题，则交技术部处理。

（4）分析投诉原因。投诉处理部门需要快速查明造成客户投诉的具体原因，以便确定处理方案。

（5）提出处理方案。投诉处理部门应根据实际情况，参照客户的要求，提出具体的解决方案，如退货、换货、维修、赔偿等。

（6）提交主管领导批示。

（7）实施处理方案。处理责任人与客户联系沟通，尽快实施处理方案，并收集客户的反馈意见。

（8）总结评价。投诉处理部门对投诉发生的原因和处理过程进行总结和评价，对频繁造成投诉的原因应该及时更改，以降低客户投诉的次数，提高客户满意度。

◆练一练

请分析本任务工作训练中投诉事件发生的原因，并分析怎样避免该类投诉重复发生。

收获与体验

任务一的学习已经完成，请总结自己的收获与体验。

1. 新名词（新思想）

……………………………………………………………………………………

……………………………………………………………………………………

……………………………………………………………………………………

2. 工作技巧

……………………………………………………………………………………

……………………………………………………………………………………

……………………………………………………………………………………

思考与练习

一、技能训练题

一位客户要求退一个月前买的手提包。请看下列问题，选出有助于帮助这位顾客的问题。

（1）请问是哪一位售货员卖给您的？

（2）它有什么问题？

（3）手提包是否有毛病？是什么原因让您觉得它不合适？

（4）您想要退款吗？

（5）我很抱歉您不满意这件货品，有什么我可以帮您办到的？

（6）这件货品是自用的还是送人的？

（7）或许我可以帮助您找一件更切合您需要的……您是想要手提式的，还是肩背式的？

（8）请问您知不知道是什么原因使手提包的带子坏掉了？

（9）您对它做过什么？

（10）这里的拉链破了，您一定是把它塞得太满了。

（11）您多久用一次包包？

（12）我们有一系列硬壳的手提包颇为耐用，您要不要看一下？

二、案例分析题

请阅读下面的案例，分析：

（1）英子可否以“解决问题”的角色出现？为什么？

（2）在投诉受理中，英子应该以什么样的角色出现在客户面前？

英子是某网络推广服务中心的客户服务专员，专门负责客户投诉的处理工作。

按照企业服务规程规定，英子接听客户的投诉电话，要先行问好或致歉，耐心倾听客户的投诉和抱怨等问题，询问客户问题情况和投诉缘由，并将详细情况记录在客户投诉表中，及时呈报主管，由主管协调相关部门制订处理方案，再由英子出面通知客户并处理相应善后事宜。

英子对工作认真负责，一丝不苟。在客户服务工作中，总能站在客户的角度去理解客户，为客户着想。接受客户投诉和抱怨，并妥当处理客户问题，是英子的职责所在。所以，当客户提出投诉问题或要求时，英子都是以解决问题的角色出现，总是安慰客户此事由她负责，她将努力去做，一定设法解决让对方满意，等等。

于是，每当问题解决不善，或不符合客户愿望，或问题无法解决时，客户就会变得更加不满，不是埋怨就是谩骂英子，甚至对英子进行无理的情绪发泄，或转而向主管投诉。

面对这种局面，英子感到很困惑，觉得自己很为客户着想，但客户为什么不领情呢？她真的不知如何是好。每当听到电话响起时，她再也没有以前的那种兴奋感了，反倒有些害怕和无奈。

三、情境操作题

阅读下面的工作情境，并完成如下工作：

1．你作为某程旅行网的客服经理该怎样妥善处理客户马女士的投诉？

2．请分析怎样针对该次事件进行改进总结，以降低投诉率。

某程喊冤，一场没有对错的对决

一位高品质客户——马女士，厦门某管理咨询公司的首席顾问，在圈内以热心公益和环保闻名。某年5月13日购买了国内知名旅游电商平台某程的两个9999元的度假产品——非常之旅澳大利亚8日轻松行。回国后，因旅游体验得不到满足，马女士旋即向某程客服电话投诉。投诉内容如下：

（1）某程单方制订严重的“霸王条款”并剥夺顾客的知情权。办旅游签证要求提供的材料过多，准备时间短。诸多条款表述只要某程进行了说明的事项，一旦发生就免除某程的责任。

（2）度假产品实际状况与广告宣传不符，某程有欺诈和误导游客的嫌疑。广告称“直飞往返”，而所乘航班在悉尼停了四个钟头才重新飞出。广告称“全程四星酒店”，而马女士认为所住三家酒店中，只有一家达到了四星标准。

（3）行程安排极其不合理，“轻松行”丝毫不轻松。要么是连夜赶飞机，要么是坐早班飞机，还没有早餐吃。一路非常辛苦。

马女士提出了返还总金额的30%的赔偿要求。某程接到投诉后与供应商进行了核实，情况如下：

（1）马女士提交订单时间早，但一周后才付款，导致资料准备时间仓促，且办理签证所需材料，每个国家要求不一样，欧美和澳大利亚要求较多。

（2）直飞的定义是指乘坐飞机从一个城市飞到目的地城市，所乘航班的航班号不变，而不论飞机在中途城市是否有停留。此外飞机在悉尼停留的四个小时中，其中三小时为机械故障。另一方面，某程在网页上清楚表明了相关航班的起飞和抵达的时间，出具给客人的航空公司开出的机票上明确显示也是点到点的航班信息。

（3）国外星级酒店与国内星级评定略有差别，马女士去的这几家酒店确实都是四星，只是澳大利亚的四星标准硬件条件稍微差一点。相比国内酒店的金碧辉煌，澳大利亚的四星酒店要质朴得多。

（4）连夜赶飞机是由较为优惠的价格决定的，而且事前已经将每次航班的出发时间清楚列明。

鉴于某程没有较大工作失误，某程提出400元的赔偿方案。马女士拒绝并趁出差上海的机会，上门到某程总部进行投诉，5天没有更高一层的人员接待她，马女士感慨地说："你们真是店大欺客啊。"客服人员立即回应："我们没有错，就算是你说的店大欺客吧。"马女士开始在知名论坛发帖控诉，此事演化为公众事件后，马女士相继得到客服主管、客服经理、客服高级经理的接待，但没有取得一致意见。马女士投诉至消协后，某程度假产品部高级总监和行政总裁介入，某程提出第二个解决方案：5 200元的补偿和书面道歉信。马女士表示拒绝并回应："我明显看到您的解决方案没有诚意，此事已经是公众事件，请三思而后行，任何不妥的行动将带来更大的负面影响！"8月《中国经济时报》对此事进行了报道，舆论倾向于消费者。某程再次提出第三个方案，并提供两种选择：

A. 退全款，但必须在发布消息的网站做出澄清，收回欺诈的说法。

B. 维持补偿5 200块的方案，由消协出具调解书，双方签字认可，不需要做出澄清声明。

某程公司上下感受到从未有过的压力和抑郁……

任务二 弥补服务缺憾

知识目标

➢ 理解弥补服务缺憾对于企业的价值。

➢ 明晰弥补服务缺憾的方法。

能力目标

➢ 会弥补服务过程中的失误，重新赢得客户满意。

素养目标

➢ 树立提供令客户难忘的高品质服务的理念。

任务引入

【情境描述】

刘英应聘到深圳一家四星级大酒店的餐饮部当服务员。

一天晚上，有一位顾客单独要了一间房，并指定要刘英为他调送一杯咖啡。当时，刘英正为其他几位贵宾服务，忙得脱不开身，等她将咖啡送到顾客的房间时，已经延迟了20多分钟！刘英小心翼翼地将咖啡放在桌上，面带微笑地说："先生，首先感谢您对我的欣赏和信任。由于暂时没能抽出身来，耽误了您的时间，我感到非常抱歉！"顾客显然已经生气了，他指了指手表，大声地说："送一杯咖啡用得着这么长的时间吗？"

【工作要求】

如果你是刘英，为了重新赢得顾客对你的信任，接下来你会怎么做？

任务分析

在刘英服务客户的过程中出现了服务缺憾，这种情况时有发生。这种缺憾处理得好，会赢得客户对企业和服务人员更深刻的印象，客户再次光临的概率也会大大提高。可是如果处理得不好，这种缺憾就会成为永远的遗憾，客户将会走入竞争者的企业，不再光临本企业！

相关知识

在提供服务的过程中，即使最优秀的企业也不可避免地会出现服务的失败和错误，出现失误并不可怕，可怕的是失误出现之时不知道怎样弥补。弥补服务缺憾的意识和行为对于企业经营来说意义重大。

一、弥补服务缺憾的意义

1. 增进彼此的了解

人们经常说："不打不相识。"服务缺憾的出现为企业和客户之间制造了"打"的机会，在为客户服务的过程中，企业有更多的机会展现出自身的经营价值观和服务行为，使得客户可以更加了解企业，从而增进对企业的情感。

2. 避免客户流失

错误的服务出现后，服务人员若能在第一时间进行弥补，不仅能消除客户的不满，还能因为你的行动超出了客户的预期，从而重拾客户对企业原有的信心，避免客户的流失。

3. 建立客户忠诚

据有经验的客服人员统计，获得高度满意的顾客再次光临的概率比没有获得高度满意的顾客高出 5 ～ 6 倍，当顾客多次获得高度满意时，他们变为企业忠诚客户的概率就会非常高。弥补缺憾的过程会提高客户的回购率，会帮助企业建立较高的客户忠诚度，因为真心地弥补服务中的缺憾会让客户感受更深。

成功的企业能够读懂客户忠诚的价值，因此将客户的利益排在了第一位。当服务错误出现时，他们总是不计成本地弥补它，从而为自己赢得了更多的客户，使得企业总是处于良性循环的状态。

// 案例 4-5

有一家知名机械生产商，当它们得知一位客户购买的机械设备由于缺少一个螺钉配件而无法正常工作时，它们决定用航空快递单独运送这颗螺钉，为此公司付出了几十元的费用，而这颗螺钉仅价值 2 元。

二、弥补服务缺憾的方法

1. 勇于承担相应的责任

在客户服务中难免会出现失误，给顾客造成不便，这时就需要勇于承担自己的那份责任。如果客户看到我们没有因为要掩盖错误而欺骗他们，而是积极地改正错误，就会更加信任我们；否则，客户就会走向竞争者的大门。

// 案例 4-6

在飞机起飞前，一位乘客请求空姐给他一杯水吃药。空姐很有礼貌地说："先生，为了您的安全，请稍等片刻，等飞机进入平稳飞行后，我会立刻把水给您送来，好吗？"15 分钟后飞机早已进入了平稳飞行状态。突然，乘客服务铃急促地响了起来，空姐猛然意识到："糟了，我忘记给那位乘客倒水了！"空姐来到客舱一看，按响服务铃的果然是那位乘客。她小心翼翼地把水送到那位乘客的面前微笑着说："先生，实在对不起，由于我的疏忽，延误了您吃药的时间，我感到非常抱歉。"这位乘客抬起左手，指着手表说："怎么回事，有你这样服务的吗？"空姐手里端着水，心里感到很委屈，无论她怎么解释，这位乘客也不愿意原谅她的疏忽。

接下来的旅途中，那位空姐为了弥补自己的过失，每次去客舱时，都会特意走到那位乘客面前，面带微笑询问他是否需要水，或者是否需要别的帮助。然而，那位乘客余怒未消，一副不合作的样子，并不理会空姐。临到目的地前，那位乘客要求把留言簿给他送过去，很显然，他要投诉这位空姐。空姐心里虽然很委屈，但是仍然很有礼貌且面带微笑地说："先生，请允许我再次表示真诚的歉意，不论您提出什么意见，我都将欣然接受！"那位乘客脸色一紧，准备说些什么，可是却没有开口，他接过留言本，便开始在留言本上写了起来。等到飞机降落，所有的乘客陆续离开后，空姐打开留言本，惊奇地发现那位乘客在留言本上写的不是投诉信，而是一封热情洋溢的表扬信，是什么使这位挑剔的乘客最终放弃了投诉呢？

在信中，空姐读到这样的一句话："在整个过程中，你表现出的是真诚的歉意，特别是你多次的微笑，深深地打动了我，使我最终将投诉信写成了表扬信。你的服务很好，如果下次有机会，我还将乘坐你们这次航班。"

空姐用自己勇于承担责任的坦诚感动了顾客。

2. 忽略客户的怒气

面对自己遭受的"恶劣"服务，客户往往会很愤怒并会把这种情绪发泄到服务人员身上。如果服务人员此时感觉委屈，与客户辩解甚至恶言相向，只能使事情恶化。最好的解决方法就是站在客户的角度，理解他的不良情绪，用行动证明你仍然会一如既往地为客户提供热情的服务。

国内某一线城市的幸福里小区是某知名地产企业的高端项目，配套物业服务自然要有更高的水平。住户事宜由礼宾部负责协调处理。案例 4-7 来自于礼宾部年轻主管的感悟。

// 案例 4-7

真心服务 诚以待人

要想服务被认同，要想对方被你所感动且留下深刻的印象，就得区别于一般的服务，必须用心！真心服务，诚以待人！通过我们的细心观察及认真跟进服务事项，不断地反馈，不管事情是否最终能完成，对方也能感受到我们的悉心服务，倘若如期完成服务，对方的满足感一定大大提高，且会留下深刻的印象！

幸福里二栋的余小姐是一位对服务要求非常高的女士，其年纪较大，在香港及上海都购置有物业。该女士于 2010 年 1 月份购买后并未入住该单元，于 2 月初第一次回来查看自己的房子，发现家里没水没电没燃气。余小姐感到非常生气，因地区文化及物业管理的差异性，余小姐不能理解为何房内会没水没电没燃气。而对于内地物业管理部门来说，该单元若无人入住，工程部就会关闭其水阀电闸以防止漏水漏电等意外事故发生。

余小姐不能接受管理方的解释，要求马上开水电及送燃气，物业礼宾部立即通知工程部开水电并为其预约燃气点火。事情完成后，我们进行回访，余小姐表示无法理解及接受这种管理，很失望地离开住地返回了香港。余小姐离开后，我们并未放弃让她对我们改观的念头，随即通知工程部在该单元的水阀上标识"长期打开"，因电箱在房内，并未关闭，无须注明。余小姐在购买时有托管返修钥匙以便精装单位对其提出的返修问题进行维修，因此，我们对其房屋进行定期的检查，以防止事故发生。

3 月份，余小姐再次回来，开门后发现有张广告卡片（一周前礼宾员在巡楼时已发现部分楼层门缝塞有这类卡片，已及时制止并对派发者给予了处罚，对已派发的单元进行卡片回收，但极少数单元的卡片是已经被塞进了门内，并不能发现也无法取出）。余小姐再次大发雷霆，表示对我们的管理毫无信心。我们首先安抚了余小姐的情绪，她平静下来以后，我们真诚地表达了感谢，并表示物业公司在接管初期各方面仍不完善，需要像余小姐这样的高素质住户不断给我们提出意见，这样物业管理才能不断完善，希望余小姐能够谅解并给予我们进步的机会。最后，余小姐表示理解后离开了。

此后，我们仍坚持定期抽查该单元的情况。余小姐每次回来我们都微笑迎接，报修的问题我们认真跟进、详细记录。每次寒暄时都会虚心询问余小姐我们是否还有需要改进的地方，渐渐地，余小姐对我们表示了赞赏。

只要用心了，对方一定能感受得到，服务的过程其实也是我们学习的机会，促使我们不断地进步。服务工作没有止境，即使住户满意了，我们更需要坚持不懈地努力，因为改变容易但保持却很难。任何服务都没有最好的，我们要善于总结服务经验，针对不同的住户需求给予个性化的服务才能区别于一般的服务，不断提高我们的服务水平，才能做得更好！

任务实施

【参考方案】

刘英知道今天遇上麻烦了，她没有多加解释，只是在接下来的时间里，更加投入地为顾客服务，动作十分麻利，语言也特别温柔。顾客一点也不领情，仍旧摆出怒气冲冲的姿态。虽然刘英有些委屈，可她始终挂着一脸甜美的微笑。

顾客临走时问刘英："有意见簿吗？"刘英心里一沉，知道顾客要投诉她了。刘英虽然感到难过，但她仍然面带微笑，双手呈上意见簿并对顾客真诚地说："请允许我为您莅临我们酒店表示感谢，更为我今晚的服务不佳再次表示深深的歉意，我会欣然接受您的批评的！"

顾客似乎没有听见刘英说的话，他在意见簿上写了一些字，然后直接交给了大堂经理。

一周后，刘英被提升为餐饮部经理。酒店号召员工们学习刘英良好的服务态度。后来刘英得知，那晚板着面孔刁难她的顾客就是酒店的老板。

工作训练

【情境描述】

有位顾客在某药店抓了六剂中药，在吃到最后一剂时发现其中少了一味中药，而且是一味主药，随后和朋友一起找到药店，要求解决问题。顾客认为：因为少了一味主药，治疗未能达到效果而且失去了治疗时机；同时在精神上带来了痛苦。显然，顾客认为重新抓六剂中药不足以弥补她的损失，顾客声明：如果问题得不到很好的处理，他们是不会离开的。

【工作要求】

如果你是这家药店的店长，你将如何处理这位顾客的投诉？

知识拓展

弥补服务缺憾的技巧

1. 想尽一切办法弥补过失，解决客户的问题

在弥补过错的事例中，最让人难以忘记的莫过于日本东京一家百货公司弥补错误服务时的做法。

// 案例 4-8

美国一位女记者到日本东京的公婆家做客，途中在东京某百货公司买了一台索尼牌唱机。不料在家中打开使用时发现里边没有内件，是一台空心唱机。女记者准备第二天上午 10 点到公司进行交涉。然而就在 9 点 55 分时，公司打来紧急电话，对自己的过失连连道歉，并表示立刻送一台全新的唱机到她家里来。

50 分钟后，公司的副经理和一名年轻的职员来到她家。在客厅的入口处他俩便俯首鞠躬，表示特来请罪。

原来，前一天下午 4 点 32 分售货员发现这个错误后，立即报告相关人员迅速查找这位美国顾客，但其已经离开。根据这位顾客的名字和留下的一张“美国快递公司”的名片，负责人员考虑到她可能还留在东京，因此当晚连续打了 32 次紧急电话向东京和四周的旅馆询问，但毫无结果。公司又打长途电话给纽约“美国快递公司”总部，深夜接到回电，得知这位顾客在纽约父母家中的电话号码。当晚公司再打电话前去联系，女记者的父母告知他们夫妇在东京家的电话号码。因此，在打完第 35 个紧急电话后，他们终于见到了顾客。

这位顾客的感受是可想而知的。东京这家百货公司对错误的处理方式多么让人难忘啊！

2. 选择适当的“小恩小惠”进行补偿性关照

大多优秀企业都会在处理完客户投诉事件后，给以客户一些弥补性的礼物。例如：

（1）航空公司因为没带够食物使顾客没有吃上饭，给了顾客下一次乘机可用的 50 元代金券。

（2）汽车修理行因为没有按时修好顾客的车，暂借给顾客一辆车使用。

（3）一小时快照店因为冲洗顾客的假日快照时间超过了一小时，赠给顾客一本影集。

（4）饭菜里有头发，饭店不但免费换饭菜，还附送一瓶红酒。

（5）因为员工与顾客争吵而使顾客不满，公司责令员工道歉并附送给客户一定量的小礼物。

概括起来，“补偿性关照”有以下几种：

（1）打折。

（2）免费赠品，包括礼物、商品或服务。

（3）公司承担额外成本。例如，答应顾客星期二送到的货还没送到，免费连夜派专人将它送去。

（4）个人交往。当给顾客造成不便时，打电话表示歉意。当客户感受到你诚挚的关心时，这种私人交往就会重建公司的信誉。

要注意的是，“补偿性关照”服务是不得已而为之的，只有在你的基本服务正常运行的情况下它才会生效。它只是在感情上给予顾客的一种弥补和安抚，并不能代替整个服务。如果顾客发觉你在用“补偿性关照”代替预期服务，他们不但不会感受到温暖，还会觉得这是不能接受的。

// 案例 4-9

李明的住所旁边新开了一家复印店，都是新型的复印机。

李明第一次光顾时，因为员工缺乏训练，李明等了一个小时才复印完。他们向李明道歉，解释所发生的事，并给了李明一张可免费复印 100 张的赠券。李明想，不错，这样相当公平，他们刚开张，要是动作能熟练点儿，情况就更好了。

一个星期后，李明又去了，结果又等了 45 分钟。复印店的员工又道歉、解释，仍然给了李明一张可免费复印 100 张的赠券。这一次李明有点不理解了！

两个星期后，李明又去了，又发生了同样的事情。他们又提供了一次这种补偿性的服务，可是李明再也不想要赠券了！

李明认为他们的服务太糟糕，再也不想找他们复印了，他开始寻找另一家复印店。

注意：提出补偿时不要承诺你送不了的东西，承诺时留点余地，兑现诺言时尽力而为。

// 案例 4-10

一天，一位百货公司的客服经理经过二楼的休息区时，发现一位老年人斜靠在椅子上，表情看起来有些痛苦，她急忙走过去，同时让下属帮忙倒杯水，然后把老人扶正，同时询问了一下老人的病史。原来老人有心脏病，因天气太热而商场的冷气开得不够大，所以感到有点胸闷。这位经理马上向客人道歉，并执意要为老人做些补偿，同时让人将冷气调到让人舒服的温度，并在广播中向全体顾客道歉：

“由于我们的疏忽，没有及时调整商场内的温度，以至于让您有了不舒服的感觉，百货公司全体员工在此表示深深的歉意。”

当得知老人的身体无大碍后，这位经理才松了一口气，她接着问老人：“您想买些什么吗？如果那样的话我可以帮助你。”

“明天是我妻子的生日，我想送她一件礼物，可是转了半天也不知道买什么好。”

“您妻子平时都喜欢什么呢？”

“我们的生活一直不是很富裕，所以我的妻子从来没有在我的面前说过她喜欢什么。她很善良，很美丽，也很节省。我的工作经常东奔西走，一直是她一个人在操持家务，培养我们的孩子，我真的不知道该送她什么才能表示我对她的爱。”

“我帮您选吧！”

这位经理把老人带到女士头饰柜台，她让服务员拿了一个古色古香的梳子，一边让老人看一边对老人说：“这个梳子是用檀木做的，所以有淡淡的香气。您和您妻子的感情应该很深，不是金钱能够衡量的，当您的妻子每天用着您给买的梳子，她就会时时记住您对她的关爱。”

“真是一件特别的礼物！”

“由于我们今天给您带来了不必要的困扰，按照贵宾的待遇，这把梳子给您打七折吧！”这位经理说。

“您帮我选择了一件很特别的礼物，还给我打了这么多的折扣，真的非常感谢您！”

“没什么，这是我们应该做的，希望明年我还可以帮您选您妻子的生日礼物。”

“一定，真的非常荣幸。”

老人拿着礼物高兴地走后，这位客服经理才从刚才的紧张情绪中放松下来。她对助理说：“知道吗？刚才我们差点犯了一个大错误。”

“大错误？”助理惊诧地问。

“我怎么能把空调的问题忘了呢？最近温差大，上午、下午的温度反应是不一样的，幸亏没有给顾客带来更多的麻烦。”

“每次您犯错误时都是这样的吗？”

“是的，在我们这里不允许对顾客有一丝的隐瞒和欺骗。我希望顾客从我们这里离开后，能在感情上记住这里，再一次光临这里。”

助理被客服经理对顾客的那份情意感染了……

这样的一家大型百货公司有着这样的服务宗旨，有着这样的客服经理，每天都是人流如梭也就不足为奇了。

【服务经验】

当面对服务失误时，我们首先要真诚道歉，如果客户不接受你的歉意，请理解客户的恼怒，不要介意，仍然一如既往地服务客户。若有可能可以给客户额外的关照。其次，要弄清客户状况。再次，尽一切可能帮助客户解决问题。最后，如果还有些补偿行为，客户会受到感动的。

试操作

请你结合所学知识和服务经验，用语言详细描述你处理该客户投诉的过程。

____

____

____

收获与体验

任务二的学习已经完成，请总结自己的收获与体验。

1. 新名词（新思想）

....

....

....

2. 工作技巧

....

....

....

思考与练习

一、思考题

你认为该如何弥补服务过程中出现的缺憾？

二、技能训练题

阅读下面的情境，试想你就是该情境中的服务人员，除了感到委屈之外，你觉得自己哪句话不该说呢？你会运用所学的知识和沟通语言更好地处理客户的问题吗？

【情境描述】

客户来到咨询台，要求营业人员帮其查询相关费用。

客户："不知道这些费用是怎么来的，每个月都有。"

服务人员查过后说："这个其他费用是属于时尚短讯，包括时尚手册、咨询娱乐、铃声及图片下载等。请问您使用过这些项目吗？"

客户很肯定并生气地说："我没有使用过，只不过它老是发短信过来，难道收短信也要钱吗？况且我并没有理会它，也没有要求它开通，你们怎么能不经过别人同意就帮人开通这些项目呢？"

服务人员："先生，您别冲我发火啊，又不是我弄的。您这些费用可能是您不注意时申请的，不行的话就给您取消吧！"

客户很不满，准备投诉。

Project 5

项目五

调整客服人员的情绪与压力

综合实训任务书

【实训任务描述】

项目任务：在真实的企业场景中，你作为工作人员为客户提供一次卓越的服务，令客户满意并难忘。同时运用所学知识分析、评价完成工作过程中的感受，进一步就如何提高客户服务满意度形成自己的观点。

1．行业不限、企业规模不限。

2．用摄像机记录服务过程，保证清晰，不影响分享效果。

3．在真实的企业场景中完成工作，须选取典型的、具有一定复杂性的事件为载体。

4．尽可能从宏观的角度通过与客户接触点的设计、体验设计、服务传递多层次地构建令客户满意的服务环境。

5．提出如何提高客户满意度的观点。

6．将上述成果做成你满意的形式（如 PPT）给同学们演示并讲解。

7．各组互评并打分。

8．老师评价并打分。

【实训目标】

素养养成目标：

1．培养高效、谦逊、贴心的服务品质。

2．拥有诚信、法治、友善的服务理念。

3．建立站在客户角度考虑问题的服务逻辑。

4．守住“道德、法律、安全和政治正确”的服务底线。

专业能力目标：

1．在体验经济和数字经济时代背景下，创造性地提供优质服务。

2．营造良好的客户消费体验，提供精准服务，实现关联销售。

【实训成果形式】

演示文稿一份（可以是 PPT，也可以是其他软件制作的演示文稿）；团队成员通过演示文稿，展示并讲解所完成的工作成果。

演示文稿须包括以下内容：

1．所在企业简介。

2．事件发生背景简介。

3．综合运用视频、文字、图表、具有吸引力的图片等辅助工具展现服务过程。

4．总结提高客户满意度的观点。

5．小组中的每个成员，用简洁的语言，总结、对比学习本课程前、后对于客户服务的认知。

【实训方式】

1．全班学生分成若干小组，每组 6 ～ 7 人，每组集思广益、合理分工，提供一份实训成果。

2．服务过程在企业实地完成，课堂中按要求分享展示服务过程。

3．每组汇报时间 10 ～ 15 分钟。

【评价标准】

评估内容	评分标准：每项评估内容分为四档，每档递减 2 分（视具体情况，可有一定增减）	分值
方案内容	能否充分体现本实训主题的主旨（事件典型、内容丰富）： 差　一般　好　很好	20
反馈度	能否全面体现对全课程教学内容的理解： 差　一般　好　很好	30
准确度	接受、理解、反馈教学内容的准确度如何： 差　一般　好　很好	30
创新度	对教学内容演进的发挥与创新度如何（对所学知识有自己的理解和发展）： 差　一般　好　很好	10
展示形式	形式的选择能否反映其观点（文字、数字、图片、影像综合运用程度）： 差　一般　好　很好	5
汇报人	口头表达具有逻辑性、口齿清晰、具有感染力： 差　一般　好　很好	5
总计		100

任务一 调控情绪

知识目标

- 理解人类的情绪。
- 了解情绪管理的意义。
- 熟悉控制情绪的方法。

能力目标

- 管理自我的情绪。

素养目标

- 养成友善的服务风格。

任务引入

【情境描述】

某客户在广州拨打市内电话出现了计收长途话费的情况，投诉处理部门并没有在规定时间内回复客户，导致该客户第二次投诉。客户多次投诉没有结果，就带着很大火气来到营业厅，并且有意影响其他客户的判断。

该客户来到电信营业厅（自从客户进入营业厅就一直大吵大闹，骂声不断）。

一些营业员面露难色，不敢向前。客户径直走到柜台前，怒气冲冲地说："你们公司是骗人的，你们是混蛋！大家千万别上当，他们乱收费！"

营业员小声说："我们可以给您退费！"

客户马上说："退费？退什么费？我发现了问题你们就退费，如果没发现，你们就欺骗顾客。我不需要你们退费，我要你们在媒体上公开向我道歉！"

营业员说："先生，对于您这个问题我首先代表公司向您道歉，对不起，请您谅解，我要将您的情况反映上去，同时我公司将会请专人跟您联系，3个工作日内一定给您一个满意的答复，希望您能谅解。"

客户说："3个工作日，又是3个工作日，我已经等你们无数个工作日了，但你们一直未解决，叫你们负责人出来！"

营业员已经被盛怒中的客户吓得不知所措了。

【工作要求】

假如你是这位营业员，你会怎么处理这件事情？

任务分析

该营业员不仅没有及时安抚客户情绪，而且自己的情绪也受到了客户的影响，不能正常工作。

客服人员面对带着不良情绪甚至极端情绪的顾客的情况并不少见。如果客服人员不能正确认识人类的情绪，控制自己的情绪，那么将无法胜任客服岗位的工作。客服人员首先要学会管理自己的情绪，才有可能管理客户的情绪，让事情向积极的方向发展。

相关知识

一、关于情绪

研究情绪的专家们至今对“情绪”二字没有共同的表述。我们可以暂且接受以下的定义：情绪是“心灵、感觉或感情的激动或骚动，泛指任何激烈或兴奋的心理感受并经由身体表现出来的状态”。

在每天的生活中，我们绝大多数时候都在有意无意地受着情绪的控制。它既能使人精神焕发、充满激情、思维敏捷、干劲倍增，又能使人萎靡不振、情绪低落、思路阻塞、消极懈怠。心理学家把人的情绪分成正面情绪和负面情绪两大类。正面情绪包括满足、分享、祝福、喜悦等状态，负面情绪包括发怒、贪欲、抱怨、诅咒等状态。正面情绪对人有正向的、积极的作用，负面情绪则对人有负向的、消极的作用。对于正面情绪，要尽力发展；对于负面情绪，则要严格控制。

情绪完完全全是个人的真实感受。对于同一件事情的解读，不同心情的人会有不同的理解，每个人会产生不同的情绪。假设你看到别人突然拥有很多财富，如果此时你刚好是处在低潮或是缺钱的阶段，那么这时候的你很难不产生忌妒或是羡慕的情绪。但是，对一个已经很富有，或是经济情况比较好的人，他却会觉得自己目前的状态也很好，会感觉很满足。

二、管理情绪的重要性

1. 让自我拥有平静的内心，发展自己

在很多情境下，我们并没有发现自己会朝正面情绪或是负面情绪去发展，有时很小的事件，却能让人产生很强烈的忌妒心，但是别人可能看不到，因为这个忌妒心隐藏在很深层的内心。忌妒心是人类的本性，它让人们懂得通过竞争去追求生活。

但是，这种情绪会给人的心境带来不好的影响，因为忌妒和内心不平衡，我们就会打扰别人听我们说这样或那样抱怨的内容，这就影响了一个人自身的发展和其身边人的发展。所以，我们应尝试着去管理自己的情绪，有了平静的心情，才能做更多对自己有意义的事情，才能让自己向前发展。

2. 远离“恶魔”，接近“天使”

每个人的情绪都是在波动着的，有时高涨，有时低落，情绪的波动也会影响每个人

的心情，所以，适当地管理情绪是很有必要的。对于每一个具体的事件，我们会先产生信念，最后才会生成情绪。信念的产生，就是天使和恶魔的一场博弈，简单地说，就是积极和消极的斗争。我们会产生各种各样的情绪，这大多来自生活态度的影响。只有学会适当调控自己的情绪，学会管理情绪，我们才能活得更释然。

当然，我们并不是每时每刻都能保持积极的情绪，就像“祝你笑口常开”永远只能是一种祝福，但是学会对自己的情绪负责仍然很重要，不然，我们会活得很累。

我们应该学会管理自己的情绪，对自己的情绪负责。也许我们不能时刻保持积极的生活态度，但我们应该以它为努力的方向。

3. 能够控制自己的情绪是一个人成熟的重要标志

人的情绪是一种巨大的、神奇的能量。它既可以是激发人的无穷动力，又可以把人推向万劫不复的深渊。一旦情绪失控，就意味着行为失控，一切失控。所以，很多心理学派把能否有效控制自己的情绪看作是一个人是否成熟的标志。

4. 客服人员的工作需要

客服部门是一个直接和客户打交道的部门，每天有很多电话呼出和呼入，要接待各种不同的客户，听他们诉说自己的要求。在这种岗位上工作，其激发负面情绪的机会自然就会增多，例如，遇到难缠、暴躁或不守信用的客户，业绩的压力，上司的不悦，同事的误解，等等，这些都会激发负面情绪。因此，如何管理自己的情绪，对于客服人员来说，就显得格外重要。

任务实施

一、解决问题的思路

第一，不能让自己的情绪随着客户情绪的起伏而起伏，要用平和的心态面对发怒的客户。第二，避免客户一强烈投诉就赶紧将“退费”的方法搬出来，这绝非合适的处理方式。第三，处理此类客户投诉时，应想办法尽量不要让其在大厅内喧哗，否则会给其他客户带来不良影响。如果该客户不肯进接待室，就要迅速与其他客户进行解释说明，帮助其他客户快速办理完业务离开。

二、实施方案

某客户来到电信营业厅（自从客户进入营业厅就一直大吵大闹，骂声不断）。

客户径直走到柜台前，怒气冲冲地说：“你们公司是骗人的，你们是混蛋！大家千万别上当，他们乱收费！”

营业员：“先生，我想一定是我们的工作有让您不满意的地方，才让您这么生气，请您消消气，我想您来这里也是想尽快解决问题的，让我来帮您解决问题，好吗？”

客户停止了叫喊，看了看服务人员。

营业员："请您放心，我们都很重视这个问题，请您跟我到接待室休息一下，我来帮您解决问题。"

客户说："我打客服热线投诉收费问题已经几个月了，可他们是干什么的，投诉这么久都没有回复。"

营业员："先生，真的很对不起！我现在马上帮您查询是什么原因导致了收费错误。"

营业员开始查询，并联系了相关业务部门进行核实，然后说："先生，我代表公司向您道歉，确实是因为我们系统升级导致了个别客户的收费错误。但解决这个问题还需要点时间，您能给我3天的时间吗？"

但客户说："3天，又是3天，我已经等你们无数天了，但你们一直未解决，叫你们负责人出来！"

营业员说："先生，我真的有诚意为您解决这个问题，我也会全程跟进您的事情。请您相信我，我的工号为×××，3个工作日内我一定给您一个满意的答复。"

客户离开。

营业员说："谢谢您的理解，您慢走。"

工作训练

【情境描述】

小李是一家商场的收银员，在收银过程中，顾客往往会由于排队等候而变得不耐烦，经常把怒气撒到收银员身上。有一次，小李碰到一位顾客肆无忌惮地指责他："你怎么这么慢，你有没有长脑子啊，你真是笨！"小李终于忍受不了了，就跳槽到一家知名银行的客服中心做了一名电话服务人员，工作待遇很不错，这让小李感觉到快乐。可没多久，小李发现在这个岗位上仍然会碰到一些无礼且不可思议的客户，时不时地被他们无端谩骂。他感觉到前一份工作的烦恼又席卷而来。可这份工作报酬很好，他不想轻易辞职。这种斗争让他整天若有所思，郁郁寡欢。

【工作要求】

小李的这种状态需要尽快转变，否则会影响到工作。若你是小李，你能调整好情绪，精神饱满地投入到工作中吗?

知识拓展

控制情绪的方法

英国生物学家达尔文说："脾气暴躁是人类较为卑劣的天性之一，人要是发脾气，就等于在人类进步的阶梯上倒退了一步。”《菜根谭》里有一句话：“情急招损，性躁无功。”

因而，我们应该从以下几方面来训练自己的性情，以控制自己的情绪向积极的方向发展。

1. 理解自己和他人的情绪变化

人类的情绪是我们面对的一个重要周期。美国的雷克斯•赫西教授曾经进行了一项科学研究，结果表明人类情绪周期平均为 5 周。也就是说，一个人的情绪从高兴到沮丧，再回到高兴往往需要 5 周的时间。

你们可以注意观察自己的情绪变化，慢慢地就能发现自己情绪变化的规律。知道了这一点后，你就可以预测自己的情绪变化，避免在情绪低迷的时候安排重要的事情。当你情绪低迷时，也会安慰自己这种情况很快就会过去。理解情绪周期后，你就会明白你的顾客、你的家人或者你周围的人也有情绪周期，当你兴高采烈地告诉周围的人你的新想法却没有收到你预期的反应时，千万不要让别人的情绪影响你，因为他们可能处在低落期，几天以后那个人可能就会变得开心起来，对你的想法大加赞赏。

2. 从对方的角度考虑问题

从对方的角度考虑问题，就是俗话说的“将心比心”，体会别人的情绪与感受，有利于防止自己不良情绪的产生，或消除已产生的不良情绪。

// 案例 5-1

李开复在《做最好的自己》一书里，举了这样一个例子：他在美国苹果公司任副总裁的时候，有一个员工的妻子被裁员，那个员工就把怒气发在李开复的身上。他当面说出了一连串很难听的话，其语言的粗俗程度即使在最鲁莽的美国人中也极为罕见。当时李开复非常愤怒，但随即又想，人难免会在亲人受到伤害时失去理智；又想到一定有别的员工也有这种情绪，只是不敢表达而已；最后想到自己代表公司的利益，不能因为一时的愤怒而影响工作。于是李开复很冷静地说：“我理解你的心情。等你冷静下来，我们可以仔细聊一聊。”

李开复的风度和宽容让所有的员工感动。

3. 不说话

朱自清说过：“沉默是最安全的防御战略。”假如你发现自己已经被愤怒包围，或者被疯狂控制了，就要控制自己，在这种情绪消除之前不说话。沉默能缓和气氛，能让自己慢慢冷静下来，想出更好的应对策略，以免在激烈的反应中“口不择言”“动不由己”。

4. 远离现场

无论做什么事，都会有环境的效果。一旦坏情绪开始释放，就很难控制了。我们一定不要让它发生。最好的方式就是离开情绪现场。很多事情远离现场冷静一下，你就会找到自己的错误，从而原谅别人。

5. 自我暗示

有些人在感觉怒火即将喷射的时候，就会一直叨咕：“我不发火，我不发火，我不发火！”这种念叨会产生咒语一般的力量，扑灭你心中的火焰。当愤怒的感觉出现时，你可以对自己说：“我不能发火，发火不能解决问题。息怒！”如果这样默念5分钟，就会有一定的效果。或者深呼吸三次，再喝杯水，捏捏耳垂，都会有不错的效果。

◆练一练

心理学研究表明，一个人的肢体动作可以创造情绪。这是身心互动的原理。进一步说，要有愉快的情绪，先要有愉快的动作。要有愉快的动作，先要有强烈的、夸张的表情，包括呼吸状态和走路方法。现在你需要按照老师的要求做出相应的动作。

【训练步骤】

（1）全体学生站起来，相邻两个同学之间要保持一手臂长的距离。

（2）全班学生回忆自己最兴奋的时候是什么样子，然后一起做出一副快乐的样子。教师要引导、激励学生尽可能地投入进去。

（3）教师播放一段3分钟的快乐音乐，让学生投入地做各种自己认为开心的动作。

（4）活动完毕，学生畅谈并写下活动后的感受。

想要自信怎么办？就要做出自信的动作：雄赳赳，气昂昂，双眼有神，走路快速，腰板挺直。想要成功怎么办？就要像成功人士那样：富有朝气，气定神闲。当你们有不良情绪的时候，就必须变换此前的动作和环境。例如，你在床上哭泣，越想越难受，这时你一定要离开床，去做点别的事。你可以这样做：

沮丧时，引吭高歌。
悲伤时，开怀大笑。
病痛时，适当休息。
恐惧时，勇往直前。
自卑时，换上新装。
不安时，提高嗓音。

只要你能做出来，就能感受到积极的情绪了，一切就会慢慢好起来。

6. 用一种不伤人的办法转移怒气

这是美国杰出总统林肯经常使用的办法，见案例5-2。

// 案例 5-2

一天，陆军部长斯坦顿来到林肯那里，气呼呼地对他说，一位少将用侮辱的话指责自己偏袒一些人。林肯建议斯坦顿写一封内容尖刻的信回敬那家伙。斯坦顿立刻写了一封措辞激烈的信，然后拿给总统看。“对了，对了。”林肯高声叫好：“要的就是这个！好好训他一顿，写得真绝了，斯坦顿。”

但是，当斯坦顿把信叠好装进信封里时，林肯却叫住他，问道：“你干什么？”“寄出去呀。”斯坦顿有些摸不着头脑了。“不要胡闹。”林肯大声说，“这封信不能发，快把它扔到炉子里去。凡是生气时写的信，我都是这么处理的。这封信写得好，写的时候你已经解了气，现在感觉好多了吧，那么就请你把它烧掉，再写第二封信吧。”

// 案例 5-3

有一个男孩有着很坏的脾气，于是他的父亲就给了他一袋钉子，并且告诉他，每当他想发脾气的时候，就钉一根钉子在后院的围篱上。第一天，这个男孩钉下了40根钉子，慢慢地，男孩可以掌握他的情绪，不再乱发脾气了，所以每天钉下钉子的数量也随之减少了，他发现控制自己的脾气比钉下那些钉子来得容易些。终于，父亲告诉他，现在开始每当他能控制自己的脾气的时候，就拔出一根钉子。一天天地过去了，最后男孩告诉他的父亲，他终于把所有的钉子都拔出来了。于是父亲牵着他的手来到后院，告诉他说：“孩子，你做得很好，但看看那些围篱上的坑坑洞洞，这些围篱将永远不能恢复到从前的样子了，当你生气时所说的话就像这些钉子一样，会留下很难弥补的疤痕，有些甚至是永远难以磨灭的啊！”

人们在愤怒时说的话往往会让自己得到发泄，但给他人造成的伤害有时却很难弥补。为了不失去亲人，不失去朋友，不失去伙伴，我们要学会控制自己的情绪。

【服务经验】

（1）现在越来越多的企业引进呼叫中心系统，使用统一的客服电话面对客户。客户往往只有这一种渠道能和企业取得联系，因而当他们遇到问题时，不免会发脾气。客服人员需要首先站在客户的角度，理解客户，这样才能保持自我的情绪稳定。

（2）遇到粗暴无礼的客户，最好的反应方式只能是不说话，让客户发泄，然后及时地引导客户把注意力转移到解决问题上来。

（3）工作中的压力是在所难免的，你应当找到适合自己的释放不良情绪的方式，如自我激励、用某种方式转移情绪等。

试操作

若你是小李，你会怎样调控自己的情绪？

____

____

____

收获与体验

任务一的学习已经完成，请总结自己的收获与体验。

1. 新名词（新思想）

……………………………………

……………………………………

……………………………………

2. 工作技巧

……………………………………

……………………………………

……………………………………

思考与练习

一、思考题

你能举出情绪失控带来重大后果的事例吗？你在日常生活中能否控制自己的情绪？如果不能，你将怎样训练自己成为“情绪的主人”？

二、技能训练题

写出管理自己情绪的方法，并每天训练自己。

任务二　管理压力

知识目标

➢ 了解压力和客服职业压力。
➢ 熟悉个人减压和引导团队减压的方法。

能力目标

➢ 会操作个人减压的方法。
➢ 能带领团队将压力转化为积极的力量。

素养目标

➢ 增强岗位抗压能力。

任务引入

【情境描述】

身为市场部经理的李先生工作堆积如山，从早上9点到晚上9点，一天都忙个没完，有时候连吃午饭的时间都没有。公司的制度严格，考核标准近乎苛刻，上司施加的压力又大，更何况，这个职位有那么多人都在虎视眈眈，稍有差错饭碗就没了，所以他脑袋里的那根弦始终绷得很紧。长期下来，造成了他身体虚弱，总觉得提不起精神，而且总是失眠。医生诊断后说他是神经衰弱。

【工作要求】

若你身处李先生的状况之中，你会如何缓解工作中的压力，以使自己能够长期保持良好的工作状态?

任务分析

在我们的生活和工作中压力会始终存在，如果能够管理压力，它就会发挥积极的作用，促使我们尽快达到目标。如果没有压力管理的意识，压力的负面作用就会日益显现，最终给个体的生理和心理带来非常消极的影响。李先生显然是个认真负责、充满上进心的职业人，但他的心理状况给压力的负面作用提供了一个膨胀的空间，长期下来，身体出现不良反应是在所难免的。对于个体来说，了解压力和掌握管理压力的方法将帮助我们积极健康地成长。

相关知识

一、何为“压力”

大多数人谈到的压力，通常指的是来自我们周围所感受到的压力。学生们谈到压力通常是因为考试成绩差，或者是一篇重要论文的最后期限到了；父母们谈到压力通常是因为要养家糊口而带来的经济负担；员工们谈到压力通常是因为他们要完成上级布置的各项任务，同时要不断地学习各种知识为自己的未来奠定更多成长的基础。

所谓压力，一般包含三个方面的含义：其一，是指那些使人感到紧张的事件或环境刺激，如上级领导要来检查工作这件事情给下属带来的紧张；其二，压力是一种个体主观上感觉到的内部心理状态；其三，压力也可能是个体对生理需求或心理需求的一种生理反应，也就是说，当人感到压力的时候，他可能会脸红、心跳加快、手心出汗等。

压力从古至今每个人都有，只是到了今天，快速的生活节奏和日益增长的期望值使人们承受着比以往任何时候都要大的压力，以致人们总是纳闷：“为什么我的快乐比昨天少了？”

二、导致压力的内、外因素

一般来说，有压力并不一定是坏事。压力可分为良性压力与负面压力。良性压力就是适度的压力，它能转变为动力；而负面压力就是被扩大了的，会给人造成消极影响的压力。

例如，我们知道今天要上班，早上就会强迫自己 7 点钟一定要起床，这便是良性压力。良性压力会对我们起到鞭策的作用。

如果我们知道明天要上班，要在 7 点钟起床，因此整个晚上都睡不着，这就是扩大了压力的影响，成为负面压力了。

负面压力通常来自两方面，一方面是自己给自己的压力，另一方面是外界给自己的压力。

1. 内在因素导致的压力

（1）缺乏目标。不知人生的意义和方向；没有激情，没有动力，没有信心；无法把握自己的工作、生活和学习；如水上浮萍，不知何去何从。

（2）过分的紧迫感。服务行业的竞争越来越激烈，对服务从业人员的要求也越来越高，同时人员的流动率越来越高，因此许多人会被紧迫感压得喘不过气来。

有人说："现在我们公司招聘，学历要求不是硕士就是博士，要是再不充电就快被淘汰了。"这显然就是扩大了的压力。实际上，只要踏踏实实地工作，每个人都会找到自己的位置，大可不必增添无谓的烦恼。李先生的压力很大一部分来源于过分的紧迫感。

（3）事事追求完美。有些人是天生的"完美主义者"，凡事要求尽善尽美，无形中会给自己和他人带来压力。其实这种"天生"的习惯是可以通过自我调整而改变的。

（4）取悦于人。有的客服人员希望能得到上司、所有顾客和同事的欣赏和喜爱，因此刻意取悦他人，导致心力交瘁，不堪重负。其实，世界上的每个人经历、学识都不同，价值观和兴趣爱好也很难一致，要取悦每一个人几乎是不可能的。所以我们没有必要过多地在意别人对自己的看法，给自己带来不必要的压力。

（5）争强好胜。有的人过于争强好胜，要求自己在任何时候、任何事情上都超过别人，赢不了就难过、沮丧，极易被压力击垮。其实这完全没有必要。

2. 外在因素导致的压力

（1）被要求做不可能做到的事。

（2）工作不胜任。

（3）工作不稳定。

（4）与难以相处的人共事。

（5）工作负担太重。

（6）重大事件发生，如出国、结婚、离婚、失恋、亲人的离去。

（7）衰老。

综上所述，有的人善于管理压力，因此压力都变成了积极向上的动力；而有的人不会管理压力，就会被来自内在和外在的过多的负面压力所击垮，从而影响自己的身体健康。

任务实施

一、解决问题的思路

李先生的压力来自内、外两个方面。外在因素是由于公司给员工设定了过高的目标，并没有及时、有效地疏导员工的压力。同时，李先生过于紧张自己的经理职位，担心被别人抢走，无形中放大了压力。

二、实施方案

首先，李先生应该正确认识自己的能力，对自己充满信心。本着“无欲则刚”的轻松心态对待自己现在的拥有，我们每个人都应该珍惜现在拥有的一切，但同时我们应该意识到没有什么是永恒不变的，所以我们不要害怕失去。即使有一天我们失去了现在的拥有，也不要沮丧，有可能“另一扇门即将为你打开”。

其次，李先生应该和自己的上级积极主动地沟通，包括目标的设定，以及自己在工作中遇到的困难，争取用事实说服上级制定合理的目标，或许上级也可以为李先生的工作提供一定的帮助。

工作训练

【情境描述】

某年7月，众多媒体相继报道了国内某知名高科技公司26岁员工张某自缢身亡的事件。进入公司只有60多天的他，生前曾多次向亲人表示工作压力太大，并两度想要辞职，为此其父亲曾两次从家乡赶来劝说儿子，但最终张某还是选择了逃避。他的行为在社会中并未得到广泛的同情，因为每个员工都有压力，对于张某来说，压力远没到把他击垮的程度。张某留下的只有苍老无助的父母在世间哭泣。这种情景让人深思。

某年3月，媒体报道某银行重要部门的一位中层领导在与客户谈判后，突发心脏病死亡，令人扼腕叹息人才的英年早逝，而在此之前该男子从未发现心脏有问题。

无论是报道还是调查数据，都在说明着一个问题，职场压力正成为一个严重的问题，对职业人造成了越来越大的伤害，已经成为一个社会问题。

如何缓解压力也成为时下被广泛关注的话题。虽然，仁者见仁，智者见智，但是普遍存在的观点则是压力的缓解在于个人心态的调整。

【工作要求】

能否管理自己的压力已经成为企业在招聘时的重要考察指标。你认为自己可以很好地管理压力吗？你会如何调整客观存在的职场压力呢？

相关知识

一、关于职业压力

在同等条件下，不同职业的人群承受的压力强度不同。其中，客服人员所受的压力强度“名列前茅”。据有关统计数据显示，职业压力位于前几位的依次是：警察、消防队员、空中交通管制员和客服人员。这里重点说明客服人员的工作压力来源。

1. 工作条件

导致客服人员产生工作压力的工作条件包括：超载工作、高负荷工作、不安全物理条件和倒班工作。超载工作是指完成工作所要求的体力和智力需要超过了客服人员的能力，例如一天 8 小时要求客服人员接打 1 000 个电话，自然是有点强人所难。高负荷工作是指客服人员要直接和客户交流，岗位工作性质要求客服人员说话的针对性要强，随时都可以了解客户的反应；要边讲述，边观察，边判断，有时还要听取意见，综合分析，十分敏捷地做出相应的回答。因而客服人员工作时很难放松。不安全物理条件是指凌乱且狭窄的空间，噪声过大、灯光不足或过强、危险的环境，令人不适的空气质量及温度等。倒班工作需要客服人员改变作息时间表，在一般人工作的时候，客服人员必须睡觉，而在一般人睡觉的时候，客服人员却在工作。

2. 职业角色

职业角色是指个人属于某一个位置时，他的上级、同事、家人和朋友对他的某些行为的期望。职业角色的模糊也是一种工作压力，尤其是在大公司或者职能组织结构明显不合理的公司中更为常见。例如，有的客服人员经常感觉自己的领导太多，同时有很多人在指挥自己，而且每个领导意见都不一致，这个时候就很容易产生职业角色模糊，产生“我到底该干什么，我到底是干什么的”等疑问和困惑。

3. 人际关系

工作中的人际关系对于工作满意程度影响很大。广泛的社会关系网，包括同事、领导、家庭和朋友的支持，可以有效地缓解工作压力。尤其对于客服这种人员相对密集的行业而言，人与人之间的交往和互动更为复杂。如果工作环境中的人际关系紧张就会成为压力的来源之一。

4. 职业发展

由于国内的客户服务行业发展的时间不长，社会知名度不够。这个行业的工作一般属于公司的重要但非核心的幕后部门。对行业的生疏导致对个人职业前景的不确定，加之客户服务部门相对扁平的管理模式，成为客服人员产生职业发展压力的重要因素。

5. 组织结构

公司不健全的组织结构也可能给客服人员带来工作压力。很多员工对于死板的结构以及监督机构和制度的不健全也很烦心，他们担心自己的权利没法得到合理的保障。

6. 家庭社会影响

很多人习惯把家庭当作自己的避难所，尤其对于大多数年轻的客服人员而言，家庭是他们释放自己，重新给自己信心的地方。但是实际上，家庭以及个人的社交圈子往往也会很容易给自己带来工作压力。因为客服人员工作性质的缘故，他们的工作状态就是和不同的顾客进行语言的沟通，因此回到家以后，在自己最亲近的人面前，很容易情绪失控，把自己工作中积累的不好的情绪和心情发泄给自己的亲人；另外，由于工作中说话太多，也很容易导致在家里不愿意与家人沟通，从而导致沟通不畅，产生不必要的误解，进而产生压力。

客服人员面对的这些压力是客观存在的，但有些客服人员可以有效地化解工作中的负面压力，逐步成长为客服岗位的管理人才。在当今社会，随着企业对客户服务工作的重视，优秀的客户服务管理人才成为企业竞相追逐的对象。而有些客服人员却因为堆积了过多的压力而出现一些“病”症。

二、客户服务综合征的症状

当出现以下症状时，请警惕，这说明你的压力已经到了需要控制的时候了。

1. 注意力下降

也许你发现自己站在柜台前发呆，明明知道过来要拿什么东西，但是到了跟前却忘记了；当顾客大声提问时，才发现自己走神了；顾客投诉的问题讲了两遍了，还没有听懂。

2. 忍耐力下降

原本对你来说无所谓的一件小事也变得令你不耐烦了。堵车令你心烦意乱，甚至在你不着急赶路时也这样。或者你可能对一个正同别的顾客打交道的销售人员也时常感到不耐烦。

3. 对快乐感到怀疑

当看到别人快乐地吹着口哨时心想：“纯粹是装出来的，成天总那样真不正常。”听到别人的大笑，有莫名其妙之感。

4. 抱怨

翻来覆去地抱怨，以致周围的人说：“又来了，又来了，快成祥林嫂了。”

5. 八种常见的顾客服务综合征症状

（1）有恐惧感，尤其在接待新顾客时。

（2）觉得精力减退了，接待顾客时感到力不从心。

（3）效率越来越低了。

（4）烦躁，想找人吵一架。

（5）很难入睡，而且睡着后会在后半夜惊醒。

（6）体重莫名其妙地增加或减少，或者味同嚼蜡地吃个不停。

（7）过分关心自己的健康状况，怀疑自己生病了。

（8）欲望越来越小，对周围的一切越来越不关心。

客服人员的工作性质要求他们每天都小心翼翼，不出差错，保持微笑，压制自我情绪，常常同发怒或沮丧的顾客打交道。因而，管理压力对于客服人员来说就格外重要。一旦有个别症状出现，就需要调整自己的心理状态，让自己远离客户服务综合征。

三、缓解与调适压力

1. “运动”疗法

对那些觉得自己快承受不了的人来说，最好的办法就是运动。

运动之后，你会觉得厌倦情绪几乎消失了，这主要是由于氧气的缘故。因为当你运动时，氧气会进入你的大脑。而没有足够的氧气，你的思维能力会降低，大脑的工作效率会减半。

如果你下班回家后觉得紧张和沮丧，不妨打起精神去运动，运动之后你一定会因为吸入了氧气而变得精神焕发。

你不必去跑马拉松，每天步行两公里就管用。你还可以选择跑步、游泳，或者其他你喜欢的体育运动。如果你想感觉好起来，以最高的效率思考，那就经常创造机会锻炼吧。

下面是一种可以在休息时运用的减压方法：

坐在一把舒适的椅子上，做几次深呼吸，曲小臂，握紧拳，向上臂方向弯曲。这样，手、前臂、肩膀的肌肉都处于紧张状态。保持 5 分钟，然后慢慢放松，注意此时的感受如何。

下一步，伸直你的双腿，脚趾向前伸。这样，大腿、小腿的肌肉全处于紧张状态。保持 5 分钟，再慢慢放松，注意放松时双腿的感觉如何。

继续运动，使你的颈部、胸部、肩膀和后背的肌肉紧张起来，当你结束后，全身都会觉得轻松舒适。这类适合办公室一族的简单运动还可以找到很多，你可以从中选择适合自己的运动方式。

◆练一练

请坐在椅子的 2/3 处，现在开始：

（1）深呼吸。

（2）曲小臂，握紧拳，向上臂方向弯曲，使手、前臂、肩膀的肌肉都处于紧张状态并保持 5 分钟。

（3）慢慢放松。

（4）请写下你现在的感受。

2. “无忧”疗法

许多人整天忧心忡忡，其实，担忧是于事无补的，要么积极行动争取改变，要么坦然接受。

如果你担心开会迟到，那么打个电话告诉另外的与会者你将晚到几分钟就可以了；如果你担心休假那天会下雨，就要告诉自己这是你无法左右的事情，根本没必要管它。

况且，许多的担心都是杞人忧天。你担心的事情 40% 从不会发生，58% 的结果会比你想象的好，只有 2% 的事情确实值得担心。

3. “宽容”疗法

有专家指出：宽容是非常重要的，这样你就不会因为向别人提供服务而感到愤懑。专家建议服务人员：

（1）不要怪自己不好——怪自己不好，会使自己不堪重负。

（2）不要怪别人不好——怪别人不好，会使自己拒绝与同事合作。

（3）不要埋怨自己的境况——埋怨自己的境况，会使自己对应该负责的工作应付了事。

4. “目标”疗法

用特定的目标衡量自己的工作，会有助于你欣赏自己的劳动成果。即使无人关注你的努力，你还是可以自己制定有意义的、简单可行的、可以衡量的目标，它能让你工作得愉快，在不知不觉中成长。例如：

（1）每天完成 20 次服务。

（2）每天完成 80 页没有错误的文件。

（3）每周发出 8 封推荐信。

（4）每天平均销售 800 元以上。

（5）每天核对 20 张凭证。

（6）每天安排好 20 份购货单。

// 案例 5-4

王丽是一名会议中心的服务员，她说：“我把（工作）当作一个游戏。在为期两天的研讨会上，第一天，我得查看咖啡和点心盘好几次，保证既是充足的，又不要太多。第二天，我要根据第一天的用量做准备，目标是午餐之前我这儿只剩一盘。要是我这儿一盘都剩不下，万一有人多要的话就不够了；但要是剩得多了，就会造成浪费。”

王丽制定的目标对她的工作来说是再合适不过了。服务人员的工作靠的是反应，里面很少有预测的成分，所以对服务人员来说，制定目标要比生产和销售人员难多了。但是不论对于什么工作，制定可以衡量的目标都会有助于积极情绪的产生，让生活变得更有意义。

◆**练一练**

为给自己的成长营造积极、健康的氛围，请你为本学期的学习和生活制定有意义的、简单可行的、可以衡量的目标。

5. 说出来

你可能会不太情愿说出自己的感受，因为这并不容易。但是，一旦你学会如何说，选择什么时机说，它就会成为有用的技巧，能给你带来很大的好处。同其他技巧一样，多一些练习用起来就容易多了。

当你在工作中和 A 发生矛盾后，你是不是曾经说给 B 听，后来你发现问题并没有解决——A 并不知道他给你造成了不愉快，或者因为 B 的转述而加深了你和 A 的矛盾。

想一想，如果有人总是一遍又一遍地对你抱怨别人，这多么浪费时间，多么无聊啊，而且问题永远也解决不了。要是你把你的感受直接对当事人说出来，尽管这不太容易，但问题一下子就清楚了，你也不会再觉得烦恼了。

仅仅直接把问题说出来还不够，还需要利用沟通的技巧，选择适宜的时间。千万不要说出“你都把我逼疯了”这样的话。

练习使用以下固定用语：

“我觉得这么做不太合适。”

“请你这么做好吗？”

把你要说的这些话反复大声地说出来，让自己能听见，这对你会有所帮助。如果有可能，最好在一个敬重你的人面前练习，但是这个人必须同你的麻烦没有直接关系。请他（她）提点意见，看看你说的话是否合理，讲话的语气如何。

要坚持做下去，每当碰到问题，想一想你应该说什么，然后直接和当事人沟通。

◆**练一练**

找出适合自己的压力管理的方法是非常重要的，其中和谐的人际关系对于我们减轻日常的压力是很有帮助的。因而我们期望通过下面的练习，相互借鉴、互相启发，把“矛盾”说出来，以建立和谐的人际关系，舒解自己的压力。

【训练步骤】

（1）教师引导、激发学生表现出他们所用过的舒缓压力的方法。

（2）教师组织学生配对练习，与“有矛盾的人”进行沟通。

（3）教师注意观察。

（4）教师选择典型的几组学生为同学们表演其沟通的过程。

（5）教师注意对特别事例进行点评和升华。

训练结束，请学生总结自己的感受。

多一个朋友总是好过多一个敌人。当我们与他人发生误会的初期，不让误会继续恶化的最好方式就是与当事人直接沟通，但一定要注意选择合适的沟通语言、沟通时机和沟通地点，这样才能取得较好的效果。

6. 为自己服务

要学会使自己保持乐观向上的精神状态，学会为自己服务。找出哪些是能给自己增添活力，令生活变得愉悦的事。通常这都是一些简单的小事，如使用自己喜爱的钢笔，和同事一起开开玩笑，听一听轻柔的背景音乐等。

7. 培养积极的心态

人的心态有两种，或是积极，或是消极。消极心态通常的表现形式有两种：

（1）过分谨慎，时常拖延，不敢当机立断。

（2）恐惧失败，害怕丢脸，不敢面对挑战，稍有挫折即后退。

在营销行业内，广泛流传着一个这样的故事：两个欧洲人到非洲去销售皮鞋。由于炎热，非洲人向来都是打赤脚。第一个营销员看到非洲人都打赤脚，立刻失望起来："这些人都打赤脚。怎么会要我的鞋呢？"于是放弃努力，失败沮丧而回。另一个营销员看到非洲人都打赤脚，惊喜万分："这些人都没有皮鞋穿，这里的皮鞋市场大得很呢。"于是想方设法，引导非洲人穿鞋，购买皮鞋，最后赚取了丰厚的利润而归。

同样是非洲市场，同样面对打赤脚的非洲人，由于一念之差，一个人灰心失望，不战而败；而另一个人满怀信心，大获全胜。可以看出，拥有积极的心态能将压力转化为动力，这样的人也更容易获得成功。你可以参考以下建议，通过长期的培养形成积极的心态。

（1）因地制宜。因地制宜，意味着放弃抱怨，不等待，不依靠，运用现有条件为自己服务。拿破仑·希尔曾讲过这样一个故事，对我们每个人都极有启发。

塞尔玛陪伴丈夫驻扎在一个沙漠的陆军基地里。丈夫奉命到沙漠里去演习，她一个人留在陆军的小铁皮房子里，天气热得受不了。她没有人可以聊天——身边只有墨西哥人和印第安人，他们不会说英语。她非常难过，于是就写信给父母，说要丢开一切回家去。她父亲的回信只有两行，这只有两行的信却永远留在了她的心中，完全改变了她的生活：

两个人从牢中的铁窗望出去，一个人看到泥土，另一个人却看到了星星。

塞尔玛一再读这封信，觉得非常惭愧。她决定要在沙漠中找到星星。塞尔玛开始和当地人交朋友，他们的反应使她非常惊奇，她对他们的纺织、陶器表示出强烈的兴趣，他们就把最喜欢但舍不得卖给观光客的纺织品和陶器送给了她。塞尔玛研究那些令人着迷的仙人掌和各种沙漠植物，她观看沙漠日落，还寻找海螺壳……原来难以忍受的环境变成了令人兴奋、流连忘返的奇景。

是什么使这位女士的内心发生了这么大的转变呢？

沙漠没有改变，印第安人也没有改变，但是这位女士的念头改变了，心态改变了。一念之差，使她把原先认为恶劣的情况变为一生中最有意义的冒险。她为发现新世界而兴奋不已，并为此写了一本书，以《快乐的城堡》为书名出版了。她从自己的“牢房”里看出去，终于看到了“星星”。

思考

目前，你是不是有一件你认为条件不具备而无法做的事情？现在你是否改变了想法？你可以因地制宜地开始做这件事吗？写出你的思路。

（2）适当的心理宣泄。当心里有太多的压力和焦虑的时候，我们要及时地宣泄自己的情绪，具体做法有：向心理医生倾诉；选择适当的场合叫喊、痛哭；积极参加各种文体活动和社交活动。要时刻告诫自己：你是你的主人，你唯一能控制的就是你自己的行为。

（3）维持心理平衡。一个健康社会的常态就应该是多劳多得，但是对待瞬息万变的社会，公平往往是相对的。我们应该尽量保持心理平衡，给自己一个健康的心态。对自己不过分苛求，对他人期望不要过高，及时疏导自己的愤怒情绪，说服自己做一些战术上的屈服，暂时逃避，不处处与人竞争，对人表示善意，等等。

【服务经验】

（1）英语中有句话“Living is Suffering”，相当于中文的一句俗话“人活着就是来接受磨难的”。因而我们每个人都应该平和地对待生活中的不如意，正是因为这些困难才让我们的生活那么真实，那么充实。

（2）当你对磨难多了一份理解时，你身上的压力就会被缩小，反之会被放大。

（3）一定要找到适合自己的释放压力的方式，及时舒缓自己的压力，不要让压力堆积。

（4）当感觉自己有抑郁症状时，需要及时就医，寻求医生的帮助。

试操作

面对日益激烈的职场竞争，请你结合自己的实际，描述你会采用哪些方法调整客观存在的职场压力。

____

____

____

知识拓展

舒缓下属情绪和压力的方法

作为主管、经理和总监乃至总经理，应当是好的“情绪和压力管理者”，他们要知道如何观察情绪、鼓励情绪、引导情绪。那么，主管如何运用情绪和压力管理来使客户服务人员保持良好的状态和高效的产出呢？

（1）拥有激情，个性幽默。即使是一位十分勤恳、聪明的主管，但如果自己缺少激情、没有幽默感，也不能创造出活跃的气氛，这个团队就会寂静一片。

（2）适时激励。当服务人员显示出超常的销售或服务表现时，他应该得到多种形式的表扬与鼓励。例如，主管可以直接对这位服务人员说："你做得真不错！祝贺你！"主管还可以在会议上当着所有人的面表扬他，尤其新人有出色表现时更应该鼓励。这样做的结果是：首先，这位服务人员受到了激励，在以后的工作中会更加努力；其次，其他服务人员也会为之振奋，因为他们看到主管愿意花时间来关注每个人，祝贺并表扬卓越者。每个人都会确信如果自己做得好，同样会得到关注与荣誉。另外，在下属情绪低落时，激励奖赏也是非常重要的。身为管理者，要经常在公众场所表扬佳绩者或赠送一些礼物给表现特佳者，以资鼓励，激励他们继续奋斗。一点小投资，可换来数倍的业绩，何乐而不为呢？下面这个案例，讲的就是这个道理。

// 案例 5-5

从前有个王爷，他的手下有个著名的厨师，这个厨师的拿手好菜是烤鸭，深受王府里的人喜爱，尤其是王爷，更是特别赏识。不过这个王爷从来没有给予过厨师任何鼓励，也从来没有当众表扬过这个厨师，这就让厨师整天闷闷不乐。有一天，王爷有客从远方来，在家设宴招待贵宾，点了数道菜，其中一道就是烤鸭。厨师奉命行事，然而，当王爷挟了一条鸭腿给客人时，却找不到另一条鸭腿，他便问身后的厨师说："另一条腿到哪里去了？"厨师说："启禀王爷，我们府里养的鸭子都只有一条腿！"王爷感到诧异，但碍于客人在场，不便问个究竟。饭后，王爷便跟着厨师到养鸭房去查个究竟。时值夜晚，鸭子正在睡觉，每只鸭子都只露出一条腿（鸭子卧地睡觉时，一般只露出一条腿）。厨师指着鸭子说："王爷你看，我们府里的鸭子不都是只有一条腿吗？"王爷听后，便大声拍掌，鸭子当场被惊醒，都站了起来。王爷说："鸭子不全是两条腿吗？"厨师说："对！对！不过，只有鼓掌拍手，才会有两条腿呀！"

（3）比下属更有心理承受能力。当服务人员连续多次达不到目标，或经常被变化所困扰时，负面情绪就会油然而生。主管的精神面貌决定了整个团队的士气，这个时候，如果主管和下属一起怨天尤人，整个团队的负面情绪常会导致积重难返。主管的心理承受力应该是最强的，她常常需要比下属更会正面地看问题，更能主动地带领大家走出困境。

（4）帮助下属度过情绪低沉期。除了日常工作中的情绪会有变化外，不少人都会有明显的情绪周期，特别是情绪低沉期，短则一两天，长则四五天。遇到下属的情绪低沉期，主管的通常做法应该是多鼓励，少施加压力。

（5）经常性地组织团队建设活动和野外活动。经常性的团队建设活动和野外活动对于情绪的调控和压力的释放都是一种有效的方式。

收获与体验

任务二的学习已经完成，请总结自己的收获与体验。

1. 新名词（新思想）

……………………………………………………………………………………

……………………………………………………………………………………

……………………………………………………………………………………

2. 工作技巧

……………………………………………………………………………………

……………………………………………………………………………………

……………………………………………………………………………………

思考与练习

一、思考题

你认为压力管理对于客服人员重要吗？当你在生活和工作中感到压力大时，你会怎样帮助自己舒缓压力？

二、技能训练题

1. 请在下面的空白处写下一个目标，让它使你的工作更富有价值和挑战性。它既可以是你曾用过的，也可以是你将要使用的。

2. 请在下面的空白处列出能使你重新焕发活力的事。

当你和别人一起工作时，哪些事情能使你感到愉悦？（这些事情既不影响你的工作，也不影响你周围人的工作。）

工作之余，你能做些什么令自己感到愉悦的事情？（这些事情既可以不超过 3 分钟，也不用花钱。）

参 考 答 案

项 目 一

任务一

思考与练习

第 1 题

（略）。

第 2 题

主要差距体现在三个方面：

（1）施工告示表述完整、专业。

（2）为降低施工噪声和灰尘采取了具体措施。

（3）拥有持续改进服务的理念和措施。

任务二

思考与练习

一、思考题

（略）。

二、案例分析题

分析其原因主要有以下几点：

（1）预示着出版业的复兴，消费者购买纸质书的需求增大。在可预见的将来，电子书取代纸质书的可能性越来越小，有数据显示，2013 年电子书在全球市场所占份额仅为 3.9%，中国市场中的份额甚至不及 1%。相较之下，纸质书的销售状况甚至好转了许多。有数据显示，美国纸质书销量在 2014 年增长了 2%，全球 10 个区域市场中有 5 个市场的纸质书销量同比上升。不可否认的是，如果电子书成为书籍未来的主要形式，那么线上书店毫无争议地将成为最具竞争力的渠道。但如今，伴随传统出版业的重新振作，相当一部分消费者购买纸质书的习惯将会延续，那就是去实体店更真实地翻阅，最终进行购买。况且，Amazon Books 承诺线上线下同价，当吸引消费者线上购买的价格优势不再存在时，线下书店作为重要选项也将被消费者考虑。

（2）将实体书店作为硬件产品的销售渠道。除了作为电商巨头，亚马逊旗下还拥有Kindle、Fire TV、Echo、Fire Tablet等硬件产品。相较于通过互联网渠道进行销售，消费者在消费硬件产品等高卷入度商品时，肯定希望能有更多的试用过程，因此线下渠道是不容忽视的环节。但如果使用非自身控制的线下渠道，在对硬件产品进行销售和推广时必然会遇到诸多不确定因素带来的麻烦，因此通过Amazon Books渠道进行硬件产品的销售，并使顾客能在门店内得到经过培训的亚马逊专业人员的答疑解惑是一个不错的办法。

（3）重视客户体验。这是一个十分重要的原因。从某种意义上讲，线下书店乃至实体商业已不再扮演简单的“商品搬运工”的角色，它们已经逐渐成为一种生活方式。无论是台湾的诚品书店，还是大陆的方所，这些成功书店的背后是因为它们都成了一种文化符号。人们逛书店的过程本身除了购买以外，还在享受一种购买的过程。这与在线上目的明确的购买行为不同，线下有着更多的随机购买，消费者也享受这段过程。当亚马逊将自身的互联网元素植入线下门店，消费者就能通过体验更深入地了解亚马逊文化，这使得企业和消费者之间有了更为直接和有效的接触渠道，而这种接触本身为业务的延伸和发展提供了更多想象的空间。

项　目　二

任务一

工作训练1　拜托，别再火上浇油了

有位客户到咨询台来投诉说：“小姐，我已投诉多次了，一直都没有人帮我处理，我现在要补打1月份和2月份的发票。”

咨询人员对这位先生说：“先生，不好意思，给您带来了这么多不便，能先让我帮您查一下是什么情况吗？”

客户将所有资料交给了咨询人员。查询后发现原来客户是在网上入网的，而且入网时已交了一笔钱，但由于系统至今没对该客户的话费做销账处理，所以无法打印出客户1～2月的话费发票。

然后咨询人员对客户说：“对不起先生，是这样的，由于你的话费至今没有销账，所以我们没办法打印出您的发票。”

客户生气地说：“为什么没销账，我要拿发票回公司报销的。我不管你们公司是怎么样的，反正我现在就要发票，要是不给，你找经理出来见我。”

咨询人员说：“先生，您先别生气，请您稍坐一下，给我5分钟时间，我去问一下经理，帮您想办法解决，好吗？”

请示过后，咨询人员对客户说：“先生，非常感谢您的耐心等待。这样吧，由于我们系统没有销您这两个月的账，所以无法出机打发票，我们出手写发票给您好吗？”

客户听后说：“手写就手写了，只要让我能报销就行了。”

给过发票后，咨询人员说："对不起，先生！给你带来麻烦。请慢走！"

工作训练 2　不能办也要有不能办的说法

营业员："您好，请问您需要办理什么业务？"

客户："我想要把这个手机号过户成我自己的手机号。"

营业员："先生，您请坐，请问您的手机号码是多少，我帮您查一下，请您稍等。"

客户："13×××××××××。"

营业员："请问原机主姓 × 吗？"

客户："是的，他是我的一个朋友。"

营业员："是这样的，先生，在电信行业凡办理这样的业务都需要您协助我们提供如下帮助，您同原机主需各自携带本人身份证，一同来到我们营业厅办理。"

客户："我现在有双方证件啊，我那个朋友现在在外地呢，你就给我办了吧。"

营业员："先生，我了解您的急迫心情，也知道您的朋友非常信任您，我能够帮助您的是当您同朋友都来现场，并持各自身份证才可以办理。您一定能够理解我们这样做也是为了客户着想，我知道您一定会谅解的，所以，先表示歉意和感谢。不过，先生，我看您这么着急办理这样的业务，是不是有什么紧急需要，如果方便，请您告诉我，看我是不是可以从其他方面帮助到您。"

工作训练 3　服务工作，个性勿扬

店长："小张，你先到中药柜台帮忙去，我来接待这位老奶奶吧。"

店长（快步拦住老奶奶，和颜悦色）："老奶奶，我可以帮助您吗？"

老奶奶（回过头来，看了店长一眼）："我可能是感冒了，想买点治疗感冒的药。"

店长说："这些都是治疗感冒的药，副作用没那么大，价格也便宜，您看看。"

老奶奶脸上露出了满意的笑容……

老奶奶走后……

店长："小张，药店主要是为顾客提供健康服务的，因此，店员一定要有一个良好健康的形象。你今天的形象很有问题，虽然有门店的统一制服，但还是难掩你身上的香水味，刚才那位老奶奶就是受不了你身上的香水味才对你不满的。下班后，你可以随心所欲地张扬个性，但是在门店不可以这样。"

张丽："我知道了店长，以后我一定注意。"

知识链接

沟通能力自测评价标准

1．面对面交流

问题 1 ～ 5：经常 1 分；有时 2 分；很少 3 分。

问题 6 ～ 12：经常 3 分；有时 2 分；很少 1 分。

2．团队里的“面对面”交流

问题1、3、5、7、8、10：经常1分；有时2分；很少3分。

问题2、4、6、9：经常3分；有时2分；很少1分。

3．提出建议、表明态度

问题1、4、5、7、8、10、12：经常3分；有时2分；很少1分。

问题2、3、6、9、11：经常1分；有时2分；很少3分。

4．书面交流

问题1、2、4、5、8：经常1分；有时2分；很少3分。

问题3、6、7、9、10：经常3分；有时2分；很少1分。

5．听的技巧

问题2、4、9、10：经常1分；有时2分；很少3分。

问题1、3、5、6、7、8：经常3分；有时2分；很少1分。

6．协商一致

问题1、3、7、9、10、11、12：经常1分；有时2分；很少3分。

问题2、4、5、6、8：经常3分；有时2分；很少1分。

综合评价标准

32分以上：具有很强的相应能力，但在某些地方或许还有提高的余地。

26～32分：具备一定的技能，但有待进一步提高。

26分以下：技能有待全面提高。

思考与练习

第1题

你的谈话可以包括以下几个层次的内容：

第一层：认可其对企业的贡献。

第二层：分析利害关系。

我们是总经理花钱请来的，通过第三方的咨询提升企业的经营能力，他要是想换人就不必花钱请我们了。

我们来了就是找问题、解决问题的。销售部门是个重要部门，当然可能暴露出的问题也就越多。你放心，对于出现的问题我们会正面陈述，以温和的方式解决，避免触及你的个人利益。没有你的支持，我的工作一定会步履维艰。我将被困在这里。

第三层：展示你的价值。

举例说明企业管理咨询成功案例，能给其带来的好处。

第四层：真诚表达合作愿望。

销售部门是企业核心部门，能得到你的配合，我们的工作一定会在短时间内完成。

第2题

（略）。

第3题

完善解决问题的步骤如下：

（1）向这些家长致歉并保证一定解决问题。

（2）请他们到会议室解决问题，也欢迎媒体旁听。

（3）倾听家长的抱怨和要求。

（4）宣传音乐厅的规定是国际惯例，在票根上也进行了说明，这在任何条件下都不能妥协，让不足年龄的孩子听音乐会。

（5）鉴于此规定对大家来说也是新鲜的，你们也是音乐会的爱好者，音乐厅愿意做出特殊处理为大家退票，但需要每家写个说明并做出保证，今后不再违反此规定。

（6）退票自第二天开始一周内完成。

（7）请媒体对此规定进行宣传，让更多的市民知道此规定。

任务二

案例 2-4　对比分析

1．规范用语让人感觉专业和舒适。

比如：接听电话开场白，“您好，这里是××，很高兴为您服务。”

2．语调轻松，语言充满主动服务意愿。

比如：我非常乐意帮助您；当然可以，我们马上替您办。

3．善于表达对客户的理解。

比如：是呀，遇到这种情况我也会很烦的。

4．熟悉工作流程。

能引导客户说出线索，找出问题，并立刻解决问题。

工作训练

试操作

客服：“您好！万事通自考网！我是王玲，很高兴为您服务。”

客户：“你好！我刚才登录万事通网站报考，网站出现了很奇怪的故障。我想咨询一下。”

客服：“您请讲。”

客户：“我和同学一起报考本次自考，我们用同一部计算机同时打开我们两个的账户窗口。事实上，我同学是报考成功的，而我因为银行卡余额不足，是没有报考成功的。可结果是，同学的账户窗口里显示了我的信息，相反，对方的信息却跑到我的账户里来了。这样，我无法报考啊……”

客服："很遗憾听到这样的消息，请问怎么称呼您？"

客户："我姓李。"

客服："李小姐，出现这样的状况确实挺让人烦恼的，为了尽快帮您找到问题出现的原因，您可以告诉我您登录的操作步骤吗？"

客户："首先……接着……最后……"

客服："李小姐，您的操作没有问题，看来需要更加专业的技术人员来解决您的问题了，我现在就把电话转给相关的技术人员，您看行吗？"

客户："好吧，请抓紧时间。"

电话转接中。

客服："您好，是张峰吗？我是王玲。"

技术人员："您好，我是张峰，有什么能帮到您的。"

客服："现在有位李小姐，她同学的信息与她自己的信息互换了，导致她没法在网站报考。"

技术人员："好的，您把她的电话转过来吧。"

技术人员："李小姐，您好，我是技术部的张峰，感谢您的耐心等待，您和您同学的信息互换了，现在无法报考，对吗？"

客户："是呀，您能不能给我解决呀？"

技术人员："李小姐，您放心，这个问题一定能解决，请您告诉我，您和您同学的账户，我需要一分钟查询账户情况，您稍等。"

技术人员："李小姐，非常抱歉，我们昨晚网络升级，造成了个别客户的账户出现了异常情况，现在我已经帮您恢复正常，可以正常登录了。"

客户："那我试试……确实正常了耶，谢谢！"

技术人员："非常感谢您的理解，我的电话是123456，如果再有任何问题，您可以直接电话我，我非常乐意为您服务！"

客户："谢谢，再见。"

技术人员："再见。"

知识链接

电话沟通能力的自我评估标准

44～45分（优秀）：你在电话中的表现非常得体，你几乎可以和每个人融洽地相处；但可能还会有某些地方需要改进，仔细检查你的答案，看看哪些题目你得的分数较低，那就是你的薄弱环节。

40～43分（良好）：大多数时候，你在电话中的表现会令对方满意；不过你应该进一步提高你的技巧，检查一下你的答案，找出存在的问题。不要只满足于现状，要不断地改进。

35～39分（不错）：你应该增强自信心，要相信自己。相信自己能做得更好，这会让你在电话中更加自如地与对方交谈。

30～34分（有待改善）：你总是想着怎样回答对方的问题，处于一个被动的位置，没有主动掌握双方的交谈过程。不管是接电话还是打电话，你要尽量主动一些、积极一些。检查一下答案，看看哪些题目你的得分较低，改进这些方面。你也应该更加自信，自如地应对电话中出现的各种情况。

低于30分（各方面都需要改进）：你在电话中的表现很糟，不能妥善处理出现的问题，把你的答案与标准答案比较一下，考虑一下该如何改进。

思考与练习

一、思考题

（略）。

二、技能训练题

第1题

电话礼节中的礼貌可以表现为：

告诉对方你是谁，你所服务的公司以及你打电话的原因。

按你约定的时间打电话。

打电话之前将所有需要的信息放在手边。

询问客户目前是不是有空。

告诉客户你接下来解决问题的具体措施。

第2题

（略）。

任务三

工作训练

情境1（参考答案）

买家：在吗?

卖家：客户，您好！我一直都在哦～有什么可以帮您?

买家：前几天已在您店铺下单华为Mate 30 Pro手机壳，物流动态还没有显示？还没有发货吗？您当时说的是当天发货。开什么玩笑，欺骗客户啊！

卖家：客户，您好！非常抱歉给您带来不便。请说下您的购物订单号，我来帮您查一下。

买家：订单号YT6472891358。

卖家：客户，让您久等了。已查到您的订单包裹已由深圳发往广州，但因广州疫情严重，全部货品进行消毒，同时路运处理封闭状态，目前我们商家需要遵循各地区防疫政策，因疫情情况不可控，运输周期比平日要慢一些，敬请您的理解。

买家：原来是这样。可以理解。

卖家：非常感谢您的理解。封闭解除，物流公司会第一时间运输派送，请您耐心等待。^_^

买家：好的。多谢店主。

此外客服可补充：

亲爱的客户，您前几日已经在本店铺购买了 HUAWEI Mate30 Pro 的手机壳，我们非常感谢您对本产品的青睐和对本店的信任，希望您满意我们的商品。（发送产品链接地址确认）如果您现在对使用我们商品以及我们的专业服务感到满意，耽误您 1 分钟时间，给我们留下好评，您就会获得无门槛消费的 5 元返利红包。非常感谢您，祝您购物愉快！

情境 2（参考答案）

亲爱的客户，听说在您下单之后产品就降价了，我们对此深感歉意。在您 10 月 15 日下单之后，产品价格确实下调了。没有及时告知您，我们向您表示最诚恳的歉意。

然而，并非我们店铺随意定价，乱改价格。真正的原因是 ×× 平台在 10 月 16 日～11 月 16 日期间是双 11 大促期，平台全面实行促销活动。在此期间下单的客户提供 9 折优惠的活动。您下单时间在价保承诺期，我们会在一天之内为您补偿差价。

思考与练习

（略）。

任务四

工作训练

为了提高客户满意度，客服中心采取了很多措施，例如，通过服务水平等参数衡量客服中心整体绩效，通过质检评判每次通话的服务质量，通过回访了解客户对服务的意见。但是，仅仅依靠这些手段，似乎还是很难达到客户满意的目标。影响客户满意度的原因很多，其中既有人的因素、产品质量因素，也有业务处理流程等因素，而目前大多数客服中心关注的主要是客服中心内部，诸如服务水平、座席代表的表现，而较少考虑企业层面的影响，如流程设计。

在该案例中，客户并没有对客服人员不满。造成客户不满的原因至少有以下几点：

首先，是流程方面的问题：

（1）企业流程不规范，政策延续性差。企业制订了金卡促销计划，却不能提供充足的金卡资源；或者促销员为了促使客户尽快购机，在没有足够金卡的情况下，过度承诺。在客户报修提出使用金卡时，相关人员一头雾水，并对于当时促销员签字确认的欠金卡事实不予认可。

（2）部门间缺乏有效的信息共享。销售部门、客服部门、后台业务维修部门这三个部门间信息缺乏共享。从客户角度来讲，最适当的流程应该是：在购买产品时填写了客户信息，报修时，只要提供姓名、电话，客服中心就应该知道客户的地址等信息；在报修后，维修人员也理所当然地知道客户的报修内容。企业虽然有详细的客户信息，但没有得到充分的利用。

（3）服务品质不规范。客户希望的是解决问题，针对相同的故障，不同的维修人员给出的解决办法大相径庭，而且，不能保证维修后不出问题。类似这种产品技能上的规范才是客户最关心的。

（4）缺乏有效的问题升级流程。当客服第二次接到客户对同一台机器、同一故障报修的时候，问题就应该升级了，而不应是重复第一次的处理流程；当维修部门接到同样的工单时，也应该意识到，此时需要派资深技术人员才能解决问题。

其次，是产品层面的问题：

（1）产品知识库的缺失。前面说的服务流程不规范，归根结底是因为产品知识库的缺失，由于缺少统一的故障排错规范，维修人员只能按照自己的经验分析故障产生的原因，所以才会导致同样的故障会有完全不同的处理，不仅给客户造成了损失，更使客户对维修人员的技术水平产生严重的质疑。

（2）产品质量的问题。如果产品质量一般，那就降低客户的期望，别给 5 年服务的承诺，这样，即使坏了，相信客户也不至于这么失望。

客户满意不仅受到客服中心座席人员服务质量的影响，还受到企业整体产品质量、流程的影响。要提高客户满意度，首先必须要在质量评价体系上有所突破，从单纯考核内部绩效，转变到人员、产品、流程等多维度的考核、评价体系。其次，要充分发挥这些客户反馈数据的作用，向其他部门提供第一手的客户反馈信息，从而带动企业产品进步、流程优化，形成企业发展的良性循环，促进客户满意度的提高。

练一练

亲爱的朋友：

由于季节更替，近期流行性感冒等症状频发，导致就诊人数急剧增加，本院运作已严重超负荷，挂号后，极可能需您等候 6 ～ 8 小时，如不属于危重病人，为确保及时就医防止病情恶化，建议您就近转移医院，如需附近医院信息，请到前台公告栏查看！

给您带来的不便，敬请谅解。祝早日康复，谢谢您的配合！

思考与练习

（略）。

项　目　三

任务一

练一练

客服人员：我非常理解您的心情！这可真不省心。让我们一起来看看是什么原因引起了这么不好的结果，有什么办法可以补救。

工作训练

第 1 题

改写 1：“很遗憾得知您受伤了，但能否换票取决于您买的票的类型，您现在可以告诉我您买的是哪种票吗？”

改写 2：“我非常理解您现在的心情，我会帮助您解决问题的。我需要先知道您票的类型，在票的左上角有所标注，可以请您给我说一下吗？”

第 2 题改写：“很高兴听到您现在愉快的声音，我这就帮您查一下，您的车号是？”

第 3 题改写：“您好，发生这种事我想您一定很担心吧。能告诉我您钱包的特征吗？这样方便我们能立即咨询前台。12 点前回复您，您看这样可以吗？”

第 4 题改写：“好的，别着急，我们会对紧急事件特别处理的，让我看看牙医最早什么时候有空。”

第 5 题改写：“遇到这种事真的让人很烦恼，不过我们也许能够修复它，但是这需要一些时间。我先问您几个有关您系统的问题，然后我再告诉您具体该怎么做。”

第 6 题改写：“请稍等，我必须先和厨师商量一下。我们会尽量满足您的特别要求。”

第 7 题改写：“噢，天哪！我们将尽力而为，您只要在一个小时内送来正确的样本就有按时完成的可能。”

思考与练习

（1）回答：“我知道您现在很烦恼，今天请让我试着为您解决问题吧？您能先告诉我遇到了什么问题吗？”

（2）回答：“非常抱歉，您遇到这样的事情，我能够理解您为什么如此生气。”

（3）回答：“夫人，我知道您很生气。现在让我们先看看如何解决这个问题吧。”

（4）回答：“很抱歉，目录在中途拖延这么长时间，我知道这给您造成了很大的不便。”

（5）回答：“您需要节省一些，这一点我当然能够理解。”

（6）回答：“哦，天哪！我为这个错误感到很抱歉。”

（7）回答："我懂您的想法，医疗费用通常都是很高的。"

（8）回答："那肯定令您很失望。"

任务二

思考与练习

一、思考题

李明的需求可以分为：基本需求、情感需求、安全需求、尊重需求。

基本需求包括：提供产品或服务的效率，干净、整洁、舒服的环境，诚实公平的待遇等。李明在这里的基本需求是加油站快速加满符合质量标准的汽油。

情感需求包括：受到热情对待，获得成就感等。加油站工作人员如果发现李明的异常身体状况并给他提供绿色通道，李明就会非常感动。

安全需求包括：得到解决问题的方案；镇定下来，对别人有信心，对自己有信心；接收到直白的语言而不是专业术语，用他们能够完全理解的方式解释；相信你站在他们一边，有人能够理解他们的需求，对他们下一步该怎么做提出详细的建议。李明就医时如果医生着装专业，就医环境、器械整齐干净，就会让李明安心。医生再用浅显易懂的语言说明李明的病情并告知处理经过和详细的后续建议，李明就会非常信任医生，产生安全感。

尊重需求包括：得到重视，对进程有所掌握，让客户感觉到他们对你很重要；客户知道你知道他们的名字，感觉你为他们做了一些特殊工作；兑现承诺等。加油站员工给予李明特殊照顾就会让李明感受到尊重。医生和李明进行交流，李明能够知晓未来将会发生什么，心里就会感到被尊重。

二、比较分析题

（略）。

任务三

思考与练习

一、技能训练题

（1）"您需要在下午两点之前将文件送到，才不会影响您的更新速度。"

（2）"因为新的包装材料中午才会到，用它会使您的礼物看起来更加漂亮，我们会在晚上六点之前送到指定地点的。"

（3）"服务中心专门负责这个业务，它们的资料非常齐全，这是它们的联系方式。"

（4）"这超出了我的职责范围，您可以找经理谈，他可以帮到您。"

（5）"您所咨询的这个事情由当地的民政部门负责处理，您通过当地部门可以得到更快捷、准确的服务。"

二、案例分析题

先真诚地道歉，感谢客户花那么多时间来处理这件事。然后表示非常同情客户的遭遇，最后向他出示专家的鉴定书，表明这不是赝品，所以不能退货。如果条件允许，可以采用适当的补偿来弥补客户的情感损失。

任务四

工作训练

客户甲："唉，这行情再这么下去可就惨了。"

客户乙："是啊，这次被套也不知何时才有解套的机会。"

员工微笑着却无言以对，营业厅里的气氛有些沉闷……

证券公司客户经理对客户说："大盘如此，我们只好先观望了，不如我们出去走走散散心吧！明天是周六，我们想组织大家到农场去摘荔枝，一早出发，下午回，带上家人哦。"

周六上午，某农场的荔枝林，许多人散坐在荔枝树下边聊天边品尝着荔枝，一片欢声笑语。

回程大巴上。

客户："在行情这么低迷的时候你们还请我们出来活动，真是谢谢了！离开营业厅和大家交流一下心得，宣泄一下，我感觉好多了。"

思考与练习

（略）。

任务五

工作训练

你可以提供以下服务：

（1）一张咖啡桌上放便携式计算机和打印机太挤，为客人增配一张咖啡桌，将打印机调整位置。

（2）将书桌上的文件整理整齐，但不变动位置。

（3）将垃圾桶调整位置（标准位置不是在书桌下方）。

（4）客人可能感冒了，增配一盒纸巾。

（5）为客人烧好一壶开水。

（6）刚好客人的身份证放在电视机上，可以确认一下今天是不是客人的生日，如果是，应请示上级，赠送鲜花和生日蛋糕。

（7）留下一张温馨的提示卡片，提醒客人注意休息，并建议客人如果感冒严重的话，可以到酒店医务室就诊。

（8）迷你吧增配两瓶啤酒。

案例 3-23 分析

（1）所有项目人员都试用了客户的产品。
（2）参照客户的生活背景，准备适应对方喜好的饮用水、椅子、会议室。
（3）自我仪容仪表准备得体。
（4）仔细准备会议资料。

案例 3-24 分析

（1）使用礼貌用语与客户温情交流、为客户推荐有价值的景区。
（2）在事先没有告知客户的情况下，为客户订了来回都可以看到富士山的位置。
（3）在客户离开时，含蓄提示自己的有心安排，触动了客户的内心。

案例 3-25 分析

（1）查询客户的预订记录，做出服务判断。
（2）为客户预留了观景的座位。
（3）在菜单中加入客户的客人名字和欢迎词。

思考与练习

（略）。

任务六

案例 3-27 分析

1.
（1）神情亲切自然（语言委婉、目光交流）。
（2）为客户考虑（先试用、快速结账、给客户装上试用妆、还可以换）。
（3）适当建议（用词谨慎、说明理由）。
（4）相当礼貌（请您、让您久等了、欢迎您再来、谢谢您的光顾）。
2.（略）。

“第一种思维”“练一练”

第三步将消极面转化为积极面。

参考答案 1:

为何如此不擅长表达?
因为所想的感受说不出口。
因为自己的想法在别人的脑海中都会被扭曲。
因为性格乐观，不说也没事。
正因为如此我才适合聆听别人心事。

参考答案 2：

为何自负？

因为太自信。

因为自己太有主见。

因为自己逻辑思维强。

正因为如此我才适合做领导者。

第四步

参考答案 1：

小琴，你那么善良，性格开朗、乐观，又善于倾听别人的心事，真的是非常不错！这么美好的你，今天也一定能度过愉快的一天，加油！

参考答案 2：

小铭，你那么有领导能力，又有责任心，逻辑思维又强，长得又好看的你，今天一定有美好的一天！

工作训练

参考答案 1：

某日上午，一位阿姨手拿存折满头大汗从自助银行区走过来。大声责问大堂经理。

阿姨：“存折打不出来啊！”

大堂经理：“阿姨您好！我们的自助服务终端是三合一多功能的。功能比较多，第一次操作确实不太容易。您需要办理什么业务呢？我来帮您。”

阿姨：“那太好了！我年纪大了，你们的操作指南太多，我看不明白。”

大堂经理：“没关系，我教您操作，您就会了，如果还不行，下次您还可以找我，我在这儿就是为您服务的。”

阿姨：“小伙子，你真不错，我想查每月的扣费情况。”

大堂经理开始指导阿姨在自助服务机上进行操作……

阿姨：“看来这机器也没那么可怕，你这么一说还挺容易的，下次我就会了。”

大堂经理：“是阿姨您能干，一学就会，您还有别的需要吗？”

阿姨：“没有了，谢谢你！”

大堂经理：“没关系，外面风大，请您慢走。”

参考答案 2：

阿姨大汗淋漓，脸色不好地走过来，大堂经理面带微笑地迎上去，并递上一张纸巾。

大堂经理：“阿姨，擦擦汗，请问我有什么可以帮到您？”

阿姨：“你们这柜员机怎么回事，这存折半天打不出来。”

大堂经理：“阿姨，我们这是三合一自动柜员机，可能用起来不习惯，您有看过指南吗？”

阿姨：“太难了，我年纪大了，根本看不懂。”

大堂经理：“没关系，阿姨，我可以在旁边指导您操作，让我们再试试？”

大堂经理认真指导阿姨操作，遇到客户隐私就在一边等待。最后，对账单顺利打印出来。

大堂经理：“阿姨，您看看扣费情况是否与您的消费情况符合。”

阿姨：“对的，谢谢你啊！”

大堂经理：“那是阿姨您聪明，一学就会。您在这稍等，我给您拿份资料。”

……

大堂经理：“阿姨给您，这是我行改版的指南，图画式的，很直观，您看了肯定会懂。”

阿姨：“还有这个，太好了。”

大堂经理：“能为您服务是我的荣幸，如果有什么问题您可以来找我，我周一到周五都在，我送您到门口。”

阿姨：“那好，再见。”

大堂经理：“再见，小心慢走！”

思考与练习

（略）。

项　目　四

任务一

案例 4-3 分析

1. 处理步骤：询问并记录客户信息——给出处理时间表——调查事件发生背景——依据客户情况制定三种解决方案——与客户磋商解决方案——冷却事件处理——有理有据地启发客户接受解决方案——促成客户接受解决方案——实施解决方案。

2. 企业获取利益逐渐减少，客户获取的利益逐渐增多。

3. 客服代表进退有度，能够把握投诉处理的进程。

练一练

1. 完善售后服务政策并知晓客户（明确客户和企业的权益与责任）。

2. 维修前检查所发现的故障（包括可能的故障）并一次性告知客户。

3．记录每一次维修的情况。

4．加强服务能力的培训。

5．事先了解电子产品使用知识及局限性。

6．维修技术是客户满意的基础保障。

思考与练习

一、技能训练题

（3）、（5）、（6）、（7）、（8）、（11）、（12）可以令客户感到放松，有助于帮助你找到解决客户问题的答案。

（1）这种问法，会让顾客以为你在质疑他。

（2）这种方式颇为无礼，而且顾客会以为你在质疑他退货的权利。

（4）这个封闭式的问题令顾客的选择受到限制。

（9）、（10）这两个问法是在假设顾客有错，会令顾客反感。

二、案例分析题

（1）（略）。

（2）（参考答案）倾听者—— 询问者—— 帮助其发现问题产生的原因——

在职权范围内，立即帮助客户解决；

超出职权——记录者——上报者——回复者——跟进者。

三、情境操作题

1．（略）。

2．（参考答案）

（1）产品定位需要更加准确。撤销这种低价差体验的度假产品销售，用高价、高品质的度假产品针对高端市场。

（2）重视客户的上门投诉，由高一层经理主动示好，如请对方喝咖啡。

（3）召集客户开一个说明会，把在将来遇到的问题向客户做一个交代，让客户有一个心理准备，或把出国行程中一些常见的问题以问答的形式编成手册提供给客户。

（4）加强客服人员的培训，避免投诉升级。

（5）对于高端产品，企业应该注重管理上的细节问题，以提升客户的美好体验。

任务二

工作训练

面对这种情况，店长一边安抚顾客，一边请示总部营业管理部门。总部指示：顾客满意就是我们处理的标准。与顾客商量之后，药店同意为顾客免费调配中药直到顾客康复。第二天，店长和中药调配员工一道来到顾客家中登门道歉，并送上鲜花一束。这位顾客的治疗持续了两个多月，每个月的药费在 300 ～ 500 元不等，这家药店的员工每次都热情地接待这位顾客。之后很长时间未见这位女顾客，员工们认为是该顾客病好了，不用再服药了。直到有一天药店收到一份本市的晚报和这位女顾客的一封信才知道，原来，这位女顾客是本市晚报的记者，在接受处理方案时她还认为这是药店的缓兵之计，没想到药店一直认真履行承诺还登门致歉，同时，药店完善了中药调剂规范，每一副中药的调剂均需调配和复核两道程序及两个人签字后才能交到顾客手中，这很令她感动。于是女记者将此事在晚报上进行了报道。

思考与练习

一、思考题

（略）。

二、技能训练题

客户来到咨询台，要求营业人员帮其查询相关费用。

客户：“不知道这些费用是怎么来的，每个月都有。”

服务人员查过后说：“这个其他费用是属于时尚短讯，包括时尚手册、咨询娱乐、铃声及图片下载等。请问您使用过这些项目吗？”

客户很肯定并生气地说：“我没有使用过，只不过它老是发短信过来，难道收短信也要钱吗？况且我并没有理会它，也没有要求它开通，你们怎么能不经过别人同意就帮人开通这些项目呢？”

服务人员：“先生，给您造成这么多不便真是对不起。请问您确实不需要这项服务吗？我可以协助您登录这个网站帮您咨询并取消相关业务。”

客户：“那好，你帮我吧，我家没有计算机，而且我并没有申请开通，为什么要我自己取消呢？”

服务人员：“是的，我们很理解您，我这就帮您取消吧。如果您还有任何不明白的地方，可以拨打这个网站的咨询热线，或者拨打我们的客服热线咨询。请问还有什么可以帮到您的吗？”

客户：“没有了，我以后不想再收到这些短信了。”

服务人员：“不会了，我已经帮您取消了。真不好意思，给您添麻烦了。先生请慢走，欢迎下次光临。”

参考文献

[1] 金才兵，杨亭．服务人员的 5 项修炼：修订版 [M]．北京：机械工业出版社，2008．

[2] 赵溪．客户服务导论与呼叫中心实务 [M]．4 版．北京：清华大学出版社，2013．

[3] 特里·吉伦．客服人员技能培训 [M]．魏清江，方海萍，译．北京：机械工业出版社，2004．

[4] 任璐璐．客户服务案例与技巧 [M]．北京：清华大学出版社，2005．

[5] 未来之舟．服务礼仪 [M]．2 版．北京：中国经济出版社，2011．

[6] 佩吉·卡劳，瓦苏达·凯瑟琳·戴明．客户服务游戏（修订本）[M]．周璟，高采平，译．北京：电子工业出版社，2017．

[7] 奇普 R 贝尔，比里耶克 R 贝尔．让客户为你着迷：吸引客户的 7 个服务秘诀 [M]．黄巍巍，张毅斌，译．北京：电子工业出版社，2005．

[8] 常丹．快乐服务 [M]．北京：中国纺织出版社，2008．

[9] 津田妙子．感动顾客的秘密：资生堂之“津田魔法”[M]．渠海霞，译．北京：机械工业出版社，2009．

[10] 孙雪映．刍议体验经济下生产力和生产关系的发展变化 [J]．商业经济研究，2016（1）．

[11] 陶岚，矫玉洁．“互联网 +”形态下的体验经济 [J]．企业管理，2015（11）．

[12] 曾德国，马兵．国外客户体验研究综述 [J]．商业经济研究，2015（24）．

[13] 约瑟夫·派恩，詹姆斯 H 吉尔摩．体验经济 [M]．夏业良，鲁炜，译．北京：机械工业出版社，2008．

[14] 李娜．体验经济时代下的 B2C 电子商务发展创新 [J]．商业经济研究，2015（31）．

[15] 王晓望．参与式营销与影响客户满意度的因素 [J]．特区经济，2012（9）．

[16] 茶山．关于服务设计接触点的研究——以韩国公共服务设计中接触点的应用为中心 [J]．工业设计研究，2015（3）．

[17] 马朋朋，刘尧．顾客体验的创新模式实证研究——以马尔代夫地中海俱乐部为例 [J]．首都师范大学学报（自然科学版），2016，37（2）．

[18] 李春，朱珍民，叶剑，等．个性化服务研究综述 [J]．计算机应用研究，2009，26（11）．

[19] 赵放，吴宇晖．体验经济的思想基础及其规定性的阐释 [J]．吉林大学社会科学学报，2014，54（2）．

[20] 景侠，杨丽．体验经济下营销策略创新研究 [J]．哈尔滨商业大学学报（社会科学版），2005（3）．

[21] 闫静．体验经济视域下服务交互管理研究 [J]．商洛学院学报，2015（10）．